LIRE LE XVIIe SIÈCLE
sous la direction de Delphine Denis et Christian Biet
38

Série *Littérature, libertinage et spiritualité*
dirigée par Sophie Houdard
5

Pascal et l'expérience du corps

Hélène Bah Ostrowiecki

Pascal et l'expérience du corps

PARIS
CLASSIQUES GARNIER
2016

Hélène Bah Ostrowiecki, agrégée de lettres classiques, est maître de conférences à l'université Paris-Est Marne-la-Vallée. Auteure de travaux sur le libertinage érudit et sur Pascal, elle traduit depuis le latin des textes philosophiques du XVIIe siècle et a procuré la première traduction en français du sixième traité du *Theophrastus redivivus* (Paris, 2012) et de l'*Éthique* de Geulincx (Turnhout, 2009).

ISBN 978-2-406-05754-3 (livre broché)
ISBN 978-2-406-05755-0 (livre relié)
ISSN 2108-9876

À Chaja, à Claire, à Alice, à Jeanne, à Sylvia,
esprits et corps de femmes avant et avec moi.

RÉFÉRENCES AUX TEXTES DE PASCAL

Pour tous les textes, nous avons utilisé l'édition de Louis Lafuma, *Œuvres complètes*, Paris, Seuil, L'Intégrale, 1963.

C'est à cette édition que fait référence la mention « Œuvres complètes ».

Pour les *Pensées*, on renvoie entre parenthèses successivement à la numérotation Lafuma (L), puis Sellier (S), d'après l'édition du Livre de Poche, texte établi par Philippe Sellier, présentation et notes par Gérard Ferreyrolles.

INTRODUCTION

Pascal a plusieurs visages. Comme à nombre de ses lecteurs français, c'est en tant qu'écrivain majeur du XVIIe siècle qu'il m'a été donné de le rencontrer pour la première fois dans un cours de littérature au lycée, puis à l'université dans un cursus de lettres. Mais cette appartenance disciplinaire de premier abord se complique assez vite si on se prend au jeu : philosophe, homme de sciences, apologiste de la religion chrétienne, la diversité des facettes qu'il présente dans son œuvre aussi bien que dans sa vie trouble les taxinomies, et a constitué, à vrai dire depuis le début, un défi pour ses lecteurs.

Aborder cet auteur sous l'angle du rôle que le corps joue chez lui est une manière de relever ce défi. En effet, pour reprendre la formule employée par Descartes dans sa lettre à Mesland du 9 février 1645[1], « ce mot de corps est fort équivoque », et Pascal fait de cette notion un usage qui la situe à la croisée des différents domaines évoqués plus haut. Dans sa dimension physique, c'est pour le savant physicien l'objet spécifique de ses investigations et de ses expérimentations ; sur le plan anthropologique, le philosophe aborde le corps sur le terrain de son implication dans le mixte humain et de son interaction avec l'esprit ; dans sa dimension rhétorique et littéraire, ce même corps offre une riche matière à l'expression métaphorique de réalités impossibles à saisir hors d'une expression figurée ; dans sa dimension religieuse, c'est encore ce terme qui sert à désigner l'appartenance spirituelle du sujet à l'Église et au Christ, par le biais des manifestations corporelles que sont la prière, la communion, les rituels.

La présente étude a pour ambition de montrer qu'en vertu de sa portée transversale, cette notion de corps permet de dégager une cohérence entre les différents aspects de l'œuvre pascalienne et des activités dont

1 Descartes, *À Mesland*, 9 février 1645, in *Œuvres*, Adam et Tannery, présentation J. Beaude, P. Costabel, A. Gabbey et B. Rochot, Paris, Vrin-CNRS, 1964-1974, tome IV, p. 166.

elle rend compte. Aussi notre propos prendra-t-il principalement appui sur les *Pensées*, tout en recourant ponctuellement à d'autres éléments du corpus : parce que ce texte exprime la foi de l'auteur sous la forme d'une intention de convertir, il mobilise comme arguments en faveur de la religion l'ensemble des réflexions faites tout au long de sa vie en tant que chrétien, philosophe, homme de sciences ; il est ainsi le lieu de manifestation privilégié de leur convergence.

Mais nous considérons que la pertinence apologétique de ces analyses est largement tributaire de l'expérience personnelle dont elles se sont nourries : elles sont issues de pratiques dans lesquelles Pascal a effectivement, au cours de sa vie, mis à l'épreuve son propre corps aussi bien que les corps extérieurs des autres hommes ou des choses autour de lui, que ce soit dans son exercice d'une activité scientifique ou religieuse[1]. L'hypothèse est ici que cet engagement personnel du corps est au fondement de la démarche apologétique que Pascal expose dans les *Pensées* : le cheminement auquel il invite son destinataire trouve sa validité dans l'épreuve qu'il fait lui-même du rôle que joue le corps dans la possibilité pour l'homme d'accéder à une juste appréciation de lui-même et de s'ouvrir à Dieu[2]. Ainsi notre exploration se contente-t-elle

1 Nous entendons mettre en relation la réflexion conceptuelle de Pascal sur la notion d'expérience, et la pratique qu'il en a en tant que savant, moraliste, homme de foi, mais aussi homme tout court. *Cf.* sur ce point Gérard Ferreyrolles, « La preuve et l'épreuve : statut pascalien de l'expérience », in *L'esprit des Lettres. Mélanges offerts à Jean-Pierre Landry*, Olivier Leplatre (dir.), Cahiers du GADGES, n° 8 Université Jean Moulin Lyon-3, p. 213-231. Cet article, que nous rejoignons dans son souci de faire de l'expérience une notion centrale et unificatrice pour la pensée pascalienne, laisse de côté l'expérience de Pascal lui-même en tant que personne physique, telle qu'elle a pu nourrir sa réflexion. Nous développons ainsi l'idée, sur laquelle Gérard Ferreyrolles s'appuie lui-même, que l'argumentation pascalienne fait une place importante à « l'expérience que l'homme fait de lui-même » (p. 227), en arguant que « l'expérience intime » sur laquelle cette argumentation fait fond (p. 228) est aussi celle de Pascal.

2 Ce faisant, nous apportons notre contribution pour répondre à la question que posait Alain Cantillon en introduction de son article « *Corpus pascalis* » : « Is there a link between the author's body and his *corpus* ? ». In *Yale French Studies*, n° 86 (1994), *Corps mystique, corps sacré ; Textual Transfigurations of the Body from the Middle Ages to the seventeenth Century*, éd. Françoise Jaouën and Benjamin Semple, p. 40. À partir de cette interrogation commune, ce sont d'autres pistes qui sont ici explorées – et notamment, si nous souscrivons à l'accent qui est mis par Alain Cantillon sur l'importance de la souffrance, nous ne pensons pas que ce soit la seule dimension du corps qui soit opératoire chez Pascal (« The body exists and is saved only as the locus of suffering », p. 46), et nous cherchons également à montrer que la relation de l'esprit et du corps ne doit pas exclusivement être cernée en termes d'hostilité, cette grille de l'antagonisme constituant la base du commentaire des différentes

d'invoquer certains aspects connus de sa vie, pour montrer comment ils confortent l'idée d'une place prépondérante donnée au corps dans sa pensée, autorisant la thèse que le corps mis en jeu dans les *Pensées* peut être aussi bien celui de Pascal que celui de son interlocuteur, et que l'engagement de ce corps sur le chemin du salut est aussi nécessaire pour l'un que pour l'autre.

La référence biographique au corps de Pascal est alors exploitée non pas tant comme un facteur étranger à l'exercice de sa pensée, et susceptible de l'avoir affecté d'une façon ou d'une autre, que comme pourvoyeuse d'une information anthropologique de première main, base de l'élaboration ultérieure de cette pensée. Ainsi est-on loin de l'utilisation critique qui a pu être faite traditionnellement de l'état de santé de Pascal, telle que Philippe Sellier a pu en noter l'insuffisance :

> Certes, on a depuis longtemps mis en rapport l'état du corps ou la structure du psychisme avec la production de certaines doctrines. Malheureusement ces tentatives étaient le plus souvent négatives et polémiques. Ainsi les souffrances de Pascal étaient convoquées pour discréditer sa peinture sans complaisance de la réalité humaine[1].

Pour notre propos, l'état du corps et ses effets ne sont pas seulement une situation subie, mais une condition thématisée par la réflexion anthropologique et religieuse. L'épreuve des limites physiques, de la maladie, des habitudes corporelles quotidiennes n'est pas ici envisagée en ce qu'elle aurait conditionné ou informé la pensée de Pascal. Il s'agit plutôt de considérer cette dernière comme la mise en forme d'une expérience physique dont elle cherche à restituer la spécificité et la valeur. Cette mise en forme pose le texte écrit non en tant que témoignage, mais en tant qu'argumentation, destinée à un lecteur, y compris s'il est écrit pour soi, comme dans le cas du *Mémorial* : une expérience a été faite par Pascal, lui donnant accès à une compréhension du fonctionnement

---

versions de la biographie de Pascal par sa sœur (*Cf.* p. 43). Mais il faut préciser que le travail d'Alain Cantillon, qui fait jouer la polysémie du terme « *corpus* » pour confronter réalité physique et réalité textuelle, ne s'intéresse pas prioritairement à ces aspects.

1 Philippe Sellier, « Pascal : imaginaire et théologie », in *Pascal, New trends in Port-Royal Studies*, Actes du 33e congrès annuel de la North American Society for Seventeenth-Century French Literature, tome I, Arizona State University (Tempe) May 2001, David Wetsel et Frédéric Canovas (éd.), Biblio 17 – 143, Gunter Narr Verlag Tübingen, 2002, p. 39. Voir aussi sur ce point Tony Gheeraert, « Les accidents de la vie. Maladie, traumatisme et création chez Blaise Pascal », *XVIIe siècle*, n° 255 (2012/2), p. 285-308.

humain ; et c'est dès lors de cette anthropologie qu'il s'autorise pour légitimer sa démarche apologétique. Ce n'est pas en tant que personne ayant fait une expérience mystique que Pascal se présente pour convaincre son interlocuteur dans les *Pensées*, mais en tant qu'être rationnel ayant cerné les mécanismes et les limites de cette rationalité sur la base de sa propre expérience du corps.

Cette approche permet de considérer à la fois que le propos de Pascal relève d'une argumentation faite pour convaincre, et que cette argumentation repose sur une anthropologie dont Pascal est justiciable comme les autres hommes. C'est aussi une façon de se situer, en en élargissant la portée, face à la question que posait Lucien Goldmann, « Le pari est-il écrit pour le libertin[1] ? ». Dans l'article qui porte ce titre, il soutient en effet que ce fragment a été « écrit pour tout homme conscient de sa condition et implicitement aussi pour Pascal lui-même[2] », position réfutée par des recherches qui ont voulu montrer que ledit fragment ne reflète pas la situation personnelle de Pascal, mais présente le personnage du libertin. Tony Gheeraert la résume en ces termes :

> On sait maintenant, grâce aux travaux de Jean Mesnard, que le fragment des espaces infinis (fr. 233) n'exprime pas [...] l'angoisse éprouvée par Pascal au regard de l'immensité insondable de l'espace galiléen ; au contraire, Pascal, chrétien éclairé par la grâce, n'est pas sujet à ce vertige des infinis, car il sait, au-delà des apparences, percevoir le doigt de Dieu dans le monde (fr. 38). La célèbre phrase a plutôt pour objet de creuser un abîme devant les libertins[3]...

Cette position invite ainsi à considérer que les éléments anthropologiques que Pascal articule pour s'adresser au libertin dans les *Pensées* ne le concernent pas lui-même, en tant qu'homme de foi, définitivement éclairé par Dieu :

> Rationalistes et romantiques ont, pendant longtemps, pris à tort pour l'expression d'une angoisse personnelle des techniques qui relèvent d'une stratégie argumentative [...] Reste l'œuvre elle-même : les œuvres les plus

1 Lucien Goldmann, « Le pari est-il écrit pour le libertin ? », in *Blaise Pascal, l'homme et l'œuvre*, Cahiers de Royaumont, Philosophie, n° 1, Éditions de Minuit, 1956.

2 Goldmann, p. 121. Et il précise dans la discussion qui suit sa communication : « ... je n'ai jamais voulu dire qu'il y eût dans ce texte un élément biographique [...] mais simplement que l'interlocuteur est un partenaire permanent et nécessaire de sa position au moment où il écrit le fragment du Pari. » (*op. cit.*, p. 151).

3 Tony Gheeraert, *op. cit.*, p. 22.

> intimes ne laissent rien percer d'une éventuelle angoisse pascalienne ; elles résonnent plutôt comme un chant où dominent l'apaisement et la consolation. Seules les *Pensées* sont un dispositif conçu spécialement pour bouleverser le lecteur[1]...

Nous pensons que les positions de Pascal sur la grâce et l'obscurité des desseins divins justifient qu'on considère que tout homme, quelles que soient son expérience religieuse et ses certitudes subjectives, est concerné par l'anthropologie très sombre des *Pensées*. Ainsi la présentation certes dramatisée de la condition humaine à des fins apologétiques n'en exclut-elle pas l'apologiste[2].

Mettant en jeu son expérience propre du corps (en tant qu'elle renvoie à celle de tout homme), Pascal est alors à même de faire valoir que cette expérience du corps recèle un moyen pour l'homme de faire un usage de sa condition susceptible de le conduire à Dieu. Le corps est un instrument, mais il ne faut pas se méprendre sur ce statut instrumental, qui ne signifie pas que le corps soit secondaire dans la démarche : nous voudrions montrer que s'il est un simple outil, il est aussi le seul. Et c'est un rôle de choix, chez un auteur qui accorde si peu à l'initiative humaine en vue de son salut. Si peu, que l'entreprise apologétique elle-même en devient paradoxale. Comme le note Dominique Descotes, « le but de Pascal n'est pas de convertir son lecteur, puisqu'il sait que seule la grâce en est capable. Mais il peut au moins lui interdire les positions erronées et les replis sur des philosophies humaines[3]... ».

Dans un tel cadre, quelle proposition positive l'apologiste peut-il faire ? Pour reprendre les termes du fragment 418, comment répondre à la question que Pascal met dans la bouche de l'incroyant : « Que voulez-vous que je fasse ? » (L 418 / S 680). Si réduite, si peu déterminante soit-elle, l'homme peut faire sa part, et agir pour parvenir à la foi.

---

1 Gheeraert, *op. cit.*, p. 23.

2 Non qu'il faille à l'inverse nécessairement y voir une conception tragique de sa part – et là nous nous séparons de Goldmann. L'entreprise apologétique elle-même témoigne que Pascal mise sur la positivité de l'action humaine, limitée mais réelle, et nécessaire. Toute notre thèse présentée ici vise à établir que l'infime marge de manœuvre laissée à l'homme pour son salut repose dans un usage de son corps. Sur la question du supposé tragique de Pascal, voir Gérard Ferreyrolles, « Goldmann visionnaire », *Chroniques de Port-Royal*, n° 49 (2000), p. 71-86, et Hall Bjornstad, *Créature sans Créateur, Pour une anthropologie baroque dans les* Pensées *de Pascal*, Presses de l'Université de Laval, Éditions du CIERL, 2010, *passim.*

3 Dominique Descotes, *L'argumentation chez Pascal*, Paris, PUF, 1993, p. 424.

Mais où trouver une règle de conduite, quand la concupiscence règne sur l'existence humaine ? Créatures corrompues, « n'aurons-nous donc pas de règle ? » (L 505 / S 672)[1]. C'est là pensons-nous que Pascal donne au corps un rôle primordial : la dimension physique de l'homme, dès lors qu'elle est dégagée de l'emprise de l'esprit, peut constituer un point de repère fiable en vertu de son inertie et des lois universelles qui régissent son fonctionnement. En se fiant aux mécanismes du corps, l'homme s'en remet à des forces qui à la fois le gouvernent intimement et se situent en dehors de sa juridiction. Ainsi peut-il sortir de lui-même et des pièges tendus par son moi présomptueux. Dans cette perspective, nous repérons chez Pascal une démarche apologétique qui passe pour ainsi dire par l'extérieur, qui est à situer dans un mouvement général clairement observé par Philippe Sellier :

> Il est caractéristique que sa spiritualité apparaisse comme tournée surtout vers l'extérieur : même s'il est convaincu de l'importance de l'« inspiration » (fr. 655), il parle surtout de sa découverte de Dieu dans le cosmos (fr. 644), dans le Christ, dans les événements inévitables, dans l'Écriture, dans le clair-obscur de l'Église, dans les pauvres gens[2].

On entrevoit ici comment cette orientation vers l'extérieur a partie liée avec la dimension corporelle : les choses du monde physique, le corps du Christ, la lettre de la bible, le corps institutionnel de l'Église, la solidarité avec le corps social.

En proposant à son lecteur cette espèce de dérivation hors de lui-même, Pascal lui permet de se soustraire à la contrainte anthropologique que Laurent Thirouin présente dans ces termes : « S'il veut échapper au dérèglement, l'homme est contraint d'inventer ses propres règles[3] ». Il lui est à notre sens possible d'échapper à ce dérèglement, en prenant appui sur le corps, fiable justement parce qu'il n'est pas soumis à son contrôle. C'est ainsi qu'il représente une extériorité, c'est-à-dire en même temps qu'une présence familière immédiate, quelque chose d'étranger, qui résiste et reste impropre à constituer véritablement une identité. Pour que le corps puisse jouer ce rôle, il faut qu'il soit le plus possible

---

1 Pour les références aux *Pensées*, nous renvoyons entre parenthèses à l'édition Lafuma puis à l'édition Sellier.

2 Philippe Sellier, « Pascal : imaginaire et théologie… », *op. cit.*, p. 55.

3 Laurent Thirouin, *Le Hasard et les Règles, Le modèle du jeu dans la pensée de Pascal*, Paris, Vrin, 1991, p. 71.

dégagé des représentations à travers lesquelles l'esprit le perçoit, et à travers lesquelles il perd sa consistance, correspondant alors à la description synthétique qu'en fait Philippe Sellier :

> À l'inconsistance de l'univers physique, étendue liquide, sans rocs et sans montagnes, dépourvue de tout point fixe, correspond l'inconsistance des sociétés, le flux des morales (fr. 94), l'évanescence du moi (fr 567). De là la prédilection de Pascal pour l'abîme, le précipice, le vide et le gouffre, si bien perçue par Baudelaire, et pour la menace des eaux qui entraînent ou qui engloutissent[1].

L'inconsistance dont il est question dans ces lignes, et dont les textes rendent effectivement compte, est non celle des choses mais celle des choses telles que les saisit le moi, qui les contamine de sa propre inconsistance.

Cette précision fait apparaître que notre étude se confronte de manière récurrente à la labilité qui affecte la définition du terme : décidément, « ce mot de corps est fort équivoque ». Aussi ne s'agit-il pas dans les pages qui suivent d'en fixer un concept pour ensuite observer comment il intervient dans la pensée et l'apologétique pascaliennes. Nous avons plutôt cherché à mettre en lumière différents aspects par lesquels cette réalité physique se manifeste et se révèle comme le support d'une évolution possible de l'homme vers le salut.

Cette enquête a été menée à partir d'une lecture attachée à la lettre du texte, considérée comme révélatrice d'une pensée, que nous attribuons à Pascal quand bien même il ne la revendiquerait pas explicitement. Ce faisant, nous avons pris acte que l'analyse d'un texte en produit une interprétation toujours distincte de la supposée intention de l'auteur – intention qui est sans doute à l'origine de l'écriture, mais ne nous est accessible que via cette réalisation textuelle, qui est porteuse de caractéristiques débordant cette intention première. Dans cette perspective, l'analyse même la plus fidèle à la linéarité du texte constitue une hypothèse, même si elle cherche à serrer au plus près l'ordre choisi par l'auteur. Pour le dire en termes pascaliens, le texte est un effet dont on peut bien chercher à déterminer des causes, et avec rigueur – mais à condition de ne pas oublier leur multiplicité et leur relativité, vu l'impossibilité où est le lecteur d'accéder à une Vérité du texte par une autre voie que celle

1 Philippe Sellier, « Pascal : imaginaire et théologie… », *op. cit.*, p. 50.

des apparences qui la manifestent[1]. C'est pourquoi nous avons adopté, en particulier pour ce qui est des *Pensées*, une démarche susceptible de rapprocher des passages qui ne sont pas contigus au niveau des liasses. On sort ainsi les mots de leur contexte immédiat (de leur cotexte si l'on veut) – mais le geste, si limité qu'il se veuille, est néanmoins inhérent à l'analyse si elle ne veut pas se condamner à redire le texte, tel quel et dans son ordre. Assumant cet inévitable écart, nous avons opté pour la mise en relief de potentialités bel et bien inscrites dans la lettre, en jouant sur les cohérences d'un contexte élargi, ce qui explique par exemple que nous citions des passages pris dans des liasses à titres sans renvoyer à ces derniers.

Nous avons ainsi pu dégager différents aspects du corps dans les écrits pascaliens, chacun présenté dans un de nos chapitres. Dans le premier chapitre, « Maladie », nous commençons par établir l'importance du corps et de l'expérience que le sujet en fait, y compris Pascal lui-même. Si la dimension extérieure du corps en fait un obstacle dans la démarche de l'homme en quête de vérité, il lui est néanmoins impossible d'y échapper, d'autant plus que l'esprit est inapte à constituer un refuge face à cette difficulté. Le deuxième chapitre, « Chair », prend acte de cette impasse, pour observer comment Pascal s'en dégage par une pensée non dualiste qui réélabore l'opposition corps/esprit. Ce réaménagement lui permet de faire un usage positif de la notion de corps, distingué de la notion de chair et de la condamnation qui la touche. Le troisième chapitre, « Sentiment », peut alors s'attacher à montrer que sur cette contestation du dualisme se développe une position antimétaphysique qui fait du corps une instance fondamentalement impliquée dans toute connaissance :

1 Apparences qui plus est démultipliées par l'histoire d'un texte connu et transmis au fil des siècles sous des formes éditoriales diverses. Le présent travail renonce délibérément à poser un ordre du texte pascalien plus valable qu'un autre en vertu de sa plus grande proximité supposée à une version d'origine. Ce questionnement où nous ne nous engageons pas est l'objet d'une étude fouillée d'Alain Cantillon, *Le-pari-de-Pascal, Étude littéraire d'une série d'énonciations*, Paris, Vrin, EHESS, 2014. Abordant l'œuvre sous l'angle de sa manifestation effective, pour ne pas dire de sa production, par des énonciations successives, l'auteur indique que, dans un contexte de recherche où « l'origine fait défaut, [où] elle se dérobe » (p. 344), « un certain mouvement actuel des études pascaliennes, qui se présente comme un retour vers une authenticité originaire » (p. 348) n'aboutit qu'à une « fausse représentation des origines » (p. 348). Et il en appelle quant à lui à une démarche qui consiste à « déployer l'éventail des incertitudes, pour rendre par là aux lectures et à toutes les énonciations à venir [...] une plus grande liberté » (p. 350). Nous ne pouvons que souscrire à cette mise en perspective.

tout ce que l'homme peut mettre en jeu pour se situer, se connaître, se conduire dans la vie, passe par l'expérience qu'il fait de son corps. Ce qu'il sait est fondé sur ce qu'il sent, et y trouve la fiabilité de données que l'être humain n'a pas produites, mais reçues. Le quatrième chapitre, « Machine », conforte ce caractère central de l'expérience du corps comme renoncement du sujet à exercer un contrôle intellectuel sur lui-même. Ce qui entre en jeu ici est la régularité du mécanisme du corps comme alternative aux errances de l'esprit qui présume de ses forces. Ainsi la Machine peut-elle procurer une régulation, en pliant le sujet aux disciplines de l'imitation et de l'abêtissement, pour laisser jouer l'inertie de l'inclination. Le cinquième et dernier chapitre, « Tout », tire les conséquences de cette auto-destitution du sujet au profit de l'extériorité du corps : dès lors que l'intérêt porté au corps ne relève plus d'une concupiscence qui conforte le moi, il ouvre la voie à une ouverture du sujet sur une réalité qui le dépasse et à laquelle il appartient. De ce point de vue, la pratique de l'activité scientifique peut avoir une fonction d'initiation à un tel sentiment d'appartenance. Exerçant le sujet à s'envisager comme partie du monde et membre d'une communauté, elle est en mesure de le préparer à s'éprouver comme membre de la totalité chrétienne, exprimant par là son utilité dans un cadre apologétique.

Ces différents angles d'approche du corps le font apparaître comme un espace de transition, par lequel l'homme est susceptible de progresser vers le salut : de la soumission aux mécanismes de son propre corps, vers la soumission aux liens organiques avec un corps total qui l'englobe. Le corps est pour ainsi dire situé de part et d'autre de la conversion : en deçà comme ce à quoi l'homme avec ses propres ressources a affaire dans son existence la plus immédiate, et au-delà comme ce que l'homme cherche et à quoi il appartient en dépit de sa faiblesse et de ses incertitudes, il est aussi ce qui lui permet de faire le chemin de l'un à l'autre point. La perspective adoptée ici prend donc son point de départ dans l'anthropologie pascalienne en tant qu'elle traite de « l'homme regardé d'en bas, non d'en haut », pour reprendre les termes de Hall Bjornstad[1]. Nous n'en tirons cependant pas la conclusion qu'on a affaire à un matérialisme imputable à l'interlocuteur de Pascal et adopté par ce dernier pour ce seul motif. Nous considérons que cet ancrage dans le corps est

1 Hall Bjornstad, *Créature sans Créateur*, *op. cit.*, 2010, p. 1.

aussi bien celui de Pascal, tel qu'il est attesté par sa pratique en tant que savant et homme de foi.

Telle est la spécificité de l'approche proposée, qui peut être vue comme une forme de réhabilitation du corps dans la pensée de Pascal, dans la mesure où elle fait de cette préoccupation du corps un fondement de sa démarche apologétique même. Il ne s'agit pas de prétendre que la place de la dimension corporelle ait été méconnue par la critique pascalienne. Nombre d'analyses en traitent, chacune dans leur perspective propre, plutôt ponctuellement, et sans en faire l'axe central de leur approche. C'est justement l'objectif singulier de cette étude, que de se centrer entièrement sur la problématique du corps. Dans ce sens, le fait de pouvoir faire référence, sur cette question à des critiques situés dans des horizons théoriques divers, voire divergents, est en soi une manière d'attester son importance : au-delà de la multiplicité des options interprétatives, le corps est présent comme un objet incontournable de la réflexion sur l'œuvre de Pascal. Ainsi le choix des auteurs que nous citons et discutons manifeste-t-il un éclectisme dont on pourra s'étonner. Nous n'avons pas cherché à adopter la démarche pour ainsi dire méta-herméneutique consistant à interpréter l'interprétation que ces auteurs font de Pascal pour dégager comment leurs lectures respectives exploitent leurs remarques sur la question du corps. Il nous a suffi que ces remarques soient à même de nourrir et d'étayer notre propre réflexion[1].

La présente étude a trouvé sa première forme, embryonnaire, par le biais d'une communication, *Une apologie par l'extérieur : la place du corps dans les* Pensées *de Pascal*, faite à l'occasion d'un colloque organisé en 2012 autour de l'apologie pascalienne, dont les actes ont été publiés sous le titre *Relire l'apologie pascalienne* (Paris, Chroniques de Port-Royal, 2013, p. 137-151). Le premier chapitre a bénéficié des résultats établis dans un article intitulé *Mise en texte, mise en ordre et mise en corps chez Pascal*,

1 C'est ainsi que nous avons pris appui sur des analyses que Jean-Luc Marion fait concernant Descartes sans chercher à nous prononcer sur l'interprétation de cet auteur qu'elles présentent. De même nous utilisons des propositions de Vincent Carraud sur Pascal, mais la question du statut philosophique de la pensée pascalienne restait hors de notre champ. Ou encore, les convergences que nous avons repérées entre notre propre réflexion et le travail mené par Gérard Ferreyrolles nous ont permis de consolider notre propos ; ces rencontres objectives, frappantes à la lecture de ses ouvrages, ne signifient ni que sa lecture de Pascal doivent nécessairement mener aux mêmes conclusions que les nôtres – et *vice versa*.

publié dans *La mise en textes des savoirs*, sous la direction de Kazuhiro Matsuzawa et de Gisèle Séginger (Presses universitaires de Strasbourg, 2010, p. 153-163). Enfin, la fin du troisième chapitre reprend les éléments d'une communication proposée dans le cadre du colloque *Témoigner à l'âge classique* organisé par le CERHAC les 15-16 au 17 octobre 2009 à l'Université de Clermont-Ferrand, et intitulée *Témoignage et constitution du sujet chez Pascal.*

La publication de cette étude m'est enfin l'occasion de dire ma gratitude à Jacques Prévot pour son constant soutien et ses éclairages précieux ; à Pierre-François Moreau pour la précision de son écoute et ses encouragements aux investigations philosophiques d'une littéraire ; à Antony McKenna pour sa rigueur et son engagement dans un dialogue patient qui a grandement contribué à l'écriture de ce livre.

MALADIE

LA FICTION D'UN HOMME SANS CORPS

Pascal fut presque toute sa vie durant un homme malade, un homme dont le corps, lieu de souffrances quasi incessantes, ne se laissa pas oublier[1]. C'est ce que nous apprennent les éléments biographiques dont nous disposons sur lui, à commencer par cette source majeure qu'est la *Vie de Monsieur Pascal* écrite par sa sœur Gilberte[2]. Ce récit au tour plutôt hagiographique[3] se voue à représenter dans cet homme, à la faveur des événements de sa vie, le développement d'une piété extraordinaire et le souci constant d'une existence tournée vers Dieu. Quoi qu'il en soit d'un tel parti pris, et sans se prononcer sur la justesse des appréciations auxquelles il conduit, cette *Vie* est une source intéressante pour réfléchir sur l'expérience que Pascal faisait de son propre corps. Ainsi pour citer Jean Mesnard,

> ce texte [...] obéit à un certain code, qui en règle le ton, les thèmes et les procédés. Ce n'est pas à dire qu'il ne soit pas documenté ; il repose sur des faits, dont le sens est seulement infléchi par le parti pris hagiographique[4].

---

1 Pour une mise au point sur cet état de santé, voir Philippe Sellier, « Pascal : imaginaire et théologie », *op. cit.*, p. 40, qui brosse le tableau suivant : « Ses souffrances physiques, intenses, ont été de deux types : des maux de tête qu'on explique par un anévrisme cérébral, dont la rupture a entraîné la mort à trente-neuf ans ; des troubles de l'appareil digestif. Seuls ces derniers pourraient être liés à une affection psychologique, mais on en reste à des hypothèses, dont presque toutes font appel à un diagnostic organique. À part cela, un épisode hystérique vers vingt-quatre ans : Pascal est atteint d'une paralysie des jambes qu'il est tentant de mettre en rapport avec la crainte de perdre le soutien du père, lui-même blessé à la cuisse en janvier 1646. »

2 « Vie de Monsieur Pascal », Pascal, *Œuvres complètes*, édition Louis Lafuma, p. 18-33.

3 Sur ce point, voir Philippe Sellier, « Pour une poétique de la légende : *La vie de Monsieur Pascal* », in *Chroniques de Port-Royal*, 31, 1982, p. 51-68.

4 Jean Mesnard, « Histoire secrète de la recherche pascalienne au XXe siècle », in *Pascal, New trends in Port-Royal studies*, Actes du 33e congrès annuel de la North American Society

Il constitue ainsi un point de départ intéressant pour s'interroger sur la place donnée au corps dans l'ensemble de la réflexion pascalienne. On lui associera ici la *Prière pour le bon usage des maladies*[1], texte de Pascal cette fois, où on trouvera des confirmations des éléments évoqués par sa sœur.

À bien des égards, ce corps qui le contraignait à des soins permanents est présenté comme un obstacle au déploiement de son esprit, dans ces textes qui donnent une forme biographique très urgente et très intense à ce dualisme. Ce qui est ainsi mis en scène dans la *Vie*, c'est la lutte titanesque d'un esprit contre un corps, auquel est dès lors assigné le rôle de l'ennemi. Dès le début du récit, Gilberte évoque le corps de son frère comme le protagoniste d'un combat, en signalant que la santé fragile de Pascal entra très tôt en conflit avec le déploiement d'un génie lui-même précoce. À propos des activités intellectuelles auxquelles il se livrait sous la tutelle de son père, elle déclare que ce dernier n'avait pas prêté assez d'attention au fait que « … ces grandes et continuelles applications d'esprit dans un âge si tendre pouvaient beaucoup intéresser sa santé ». Aussi, lorsqu'à vingt-quatre ans, son état a empiré, le chemin de la guérison proposé par les médecins passe-t-il par une réduction drastique de cette activité intellectuelle si intense. On voulait alors

> qu'il renonçât à toute occupation d'esprit qui eût quelque suite et qu'il cherchât autant qu'il pourrait toutes les occasions de se divertir l'esprit à quelque chose qui l'appliquât et qui lui fût agréable, c'est-à-dire en un mot aux conversations ordinaires du monde[2].

La présentation de la sœur de Pascal, très orientée, fait apparaître deux visions du corps : l'une, par la relation des faits, exprime la position médicale et une prescription centrée sur le rétablissement de la santé ; l'autre, par les options lexicales, exprime la position religieuse et un jugement critique sur la validité de cette prescription. Sur le plan du contenu, le récit informe sur la consultation et l'avis des médecins, qui se prononçant logiquement du point de vue de la santé du corps,

---

for Seventeenth-Century French Literature, tome I, Arizona State University (Tempe) May 2001, David Wetsel et Frédéric Canovas (éd.), Biblio 17 – 143, Gunter Narr Verlag Tübingen, 2002, p. 33. Sur cette question, voir aussi Tony Gheeraert, *op. cit.*

1 Pascal, « Prière pour demander à Dieu le bon usage des maladies », in *Œuvres complètes*, édition Louis Lafuma, p. 362-365.

2 « Vie… », *op. cit.*, p. 21 B.

commandent la réduction de l'activité intellectuelle du jeune patient. Cette réduction exigerait du jeune Pascal le contrôle de son appétit naturel, d'un élan venu comme malgré lui de son être profond, dont la suite du texte évoque la persistance tout au long de sa vie, quand Gilberte décrit les circonstances dans lesquelles Pascal, pourtant très affecté par la maladie, est comme le siège de processus mentaux qui « lui découvrirent, comme malgré lui, la démonstration de la roulette dont il fut lui-même surpris[1] ». Selon cette logique, la santé physique exigerait la modération d'une tendance psychique qui lui est préjudiciable, et c'est l'esprit qui porte atteinte au corps plutôt que l'inverse. Dès lors, le maintien de conditions tout simplement favorables à la vie relèverait d'une sorte de maîtrise de soi, associant à la prescription médicale et au souci du corps une valeur positive.

Or la manière dont est formulée cette prescription invite immédiatement à l'interpréter en sens inverse : selon les termes de Gilberte, il s'agit de s'y livrer au « divertissement », et de se consacrer à la fréquentation du « monde », expressions qui tendent à faire du remède physique une forme de compromission morale. Et la santé, associée non à une discipline personnelle mais à une compromission morale, en vient à s'opposer au salut. La représentation construite par Gilberte préfigure donc d'emblée la décision ultérieurement prise par Pascal : après quelques années (« les plus mal employées de sa vie », nous dit-on) vécues dans le monde, il revient sur ce choix :

> La raison de sa santé qui l'avait touché auparavant lui parut si pitoyable qu'il en eut honte lui-même. La lumière de la vraie sagesse lui fit voir à découvert que le salut devait être préférable à toutes choses et que c'était raisonner faux que de s'arrêter à un bien passager de notre corps quand il s'agissait du bien éternel de notre âme[2].

Les coordonnées dualistes qui structurent le récit sont là pour en permettre une interprétation religieuse sans équivoque : le souci du corps (santé) s'oppose au souci de l'âme (salut), ce qui conduit à un rejet du premier au profit de la seconde, allant jusqu'à faire désirer la mort qui accomplit leur disjonction. Ainsi Gilberte nous dépeint-elle un Pascal convaincu

1 « Vie… », *op. cit.*, p. 26 A.
2 « Vie… », *op. cit.*, p. 21 B.

> … qu'il était juste à présent de l'[la mort] aimer parce qu'elle séparait une âme sainte d'un corps impur ; qu'il aurait été juste de la haïr si elle rompait la paix avec l'âme et le corps, mais non pas à cette heure qu'elle en calme la dissension irréconciliable, qu'elle ôte au corps la liberté malheureuse de pécher[1]…

Ce raisonnement repose sur la radicalisation d'une dichotomie qui place le corps du côté de la corruption et l'âme du côté de la pureté. Il fait du corps un ennemi à vaincre :

> … il disait qu'il fallait punir un corps pécheur, et le punir sans réserve par une pénitence continuelle parce que sans cela il était rebelle à l'esprit et contredisant tous les sentiments du salut[2].

Or il est important de préciser quel est le statut de cette représentation si tranchée. Elle montre un homme en proie à un conflit structurel, déchiré entre une « âme sainte » et un « corps impur », entre un « corps pécheur » et un « esprit » porteur des « sentiments du salut ». Mais cette opposition ne rend pas compte de la réalité effective de la condition humaine : si la corruption du corps en est une dimension réelle, la sainteté de l'âme et la pureté de l'esprit sont loin d'être aussi constatables. Dans l'« à présent » de la condition postlapsaire de l'homme, elles relèvent en fait d'une fiction élaborée à partir de la trace laissée par une dignité perdue.

Dans le portrait qu'elle brosse, Gilberte fait moins sur l'état de son frère un constat descriptif qu'une interprétation dualiste simplificatrice : devant la « dissension irréconciliable » de l'âme et du corps, sa foi la conduit à affirmer la pureté de l'une (espérée) pour faire pendant à l'impureté de l'autre (avérée). C'est cette simplification des repères moraux qui permet de justifier le désir de mort, puisque dans ce cadre, se soustraire au corps revient à se soustraire au péché, et à laisser triompher la sainteté, dont l'esprit (ou l'âme) serait dépositaire.

Cette fiction d'un homme dégagé de l'impureté de son corps, dont Gilberte se fait l'écho, apparaît aussi sous la plume de Pascal, comme l'indique ce passage de la *Prière pour le bon usage des maladies* :

> Si j'ai eu le cœur plein de l'affection du monde, pendant qu'il a eu quelque vigueur, anéantissez cette vigueur pour mon salut, et rendez-moi incapable

1 « Vie… », *op. cit.*, p. 26 B.
2 « Vie… », *op. cit.*, p. 27 A.

> de jouir du monde, soit par faiblesse de corps, soit par zèle de charité, pour ne jouir que de vous seul[1].

Pascal construit l'opposition d'un avant et d'un après l'intervention divine (ici, la maladie) : l'utilisation du passé composé sépare un avant effectif qui aurait été le temps de la vigueur du corps et de la jouissance du monde, d'un après espéré qui serait le temps de l'« anéantissement », de la « faiblesse de corps », et de la jouissance de Dieu. Cette fiction instaure un horizon, une limite qui structure l'expérience confuse et mixte de Pascal, beaucoup plus qu'elle ne la restitue. En effet, d'une part il n'a pour ainsi dire jamais vécu ce temps de la « vigueur », lui qui fut toujours plus ou moins malade ; d'autre part, il ne peut à proprement parler *vivre* le temps de l'« anéantissement », puisque le fait de rester en vie suppose un corps un tant soit peu vigoureux. Du reste dans ce passage, la condition de la jouissance de Dieu n'est pas la mort, mais l'affaiblissement d'un élan physique vital trop compromis avec l'« affection du monde ».

Autrement dit, l'expérience qui est faite n'est pas celle d'une articulation de moments successivement consacrés au corps (au monde) et à l'esprit (à Dieu), mais celle d'une confusion inextricable des deux. Car cette imbrication est constitutive de l'être même qui s'adresse à Dieu, et forme le cadre indépassable de son existence tant qu'il est en vie.

Et c'est l'homme en vie, en cette vie, qui intéresse Pascal, qu'il s'agisse de lui-même en quête de son salut ou de son lecteur à convertir. Donc au-delà du désir de mort qui s'exprime dans ses propos (« anéantissez ») ou dans ceux de sa sœur, les uns comme les autres concernent un homme doté d'un corps, aux prises avec un corps – et l'homme sans corps témoignant de la sainteté de l'esprit n'est qu'une fiction.

Ainsi Gilberte reconnaît-elle, comme à regret :

> Il n'était pas possible qu'il n'usât de ses sens ; mais quand il était obligé par nécessité de leur donner quelque plaisir, il avait une adresse merveilleuse pour en détourner l'esprit afin qu'il n'y prît point de part[2].

Si elle commence par concéder l'association inévitable de l'esprit et du corps (l'usage des sens, nécessaire à la vie), il est essentiel pour elle,

---

1 « Prière... », *op. cit.*, p. 362 A-B.
2 « Vie... », *op. cit.*, p. 22 A.

biographe attachée à mettre en lumière la piété de son personnage, d'insister sur le mouvement de leur disjonction. Car c'est là-dessus que repose de son point de vue la valeur morale de ce personnage. Reste que la concession n'est pas mince : pris dans la contrainte de la nature humaine (« obligé par nécessité ») qui lie sa survie au plaisir sensible du corps, Pascal dispose ici d'une marge de manœuvre qui lui permet de s'en désolidariser. Or il se détourne du plaisir, faute de ne pouvoir se détourner des sens. L'esquisse de ce schéma anthropologique ouvre ainsi la voie à l'idée d'un usage du corps, effectif et inévitable pour tout homme, qui soit distinct d'une culture du plaisir, et soit l'expression de la valeur morale du sujet (« une merveilleuse adresse »).

Cet espace, dont Gilberte elle-même signale comme malgré elle l'existence dans la façon de vivre de son frère, est largement exploité par Pascal, qui pense et met en œuvre des usages du corps qu'il juge non seulement favorables mais indispensables au salut de l'homme. Ainsi l'antagonisme entre le corps et l'esprit, certes bien présent dans son œuvre, n'est-il que le point de départ d'une démarche théorique et apologétique qui fait du corps non un obstacle, mais un passage obligé.

LE CORPS, OU LES OBSTACLES DE L'EXTÉRIORITÉ

Le texte des *Pensées* ne manque pas de passages témoignant d'une perspective dualiste, à situer dans une ligne platonicienne selon laquelle le corps entrave l'activité de l'esprit. On oppose ainsi, comme le fait par exemple Philippe Sellier, d'un côté « tout ce par quoi l'homme appartient au règne animal : le corps, le psychisme élémentaire » et de l'autre « la cime de l'âme (le cœur – intuition, la raison, l'affectivité spirituelle)[1] ». Les effets de cette situation sont dès lors facilement repérables : « Le plus grave, dit Philippe Sellier, c'est que “la machine” pèse sur les facultés

1 Philippe Sellier, *Pascal et saint Augustin*, Paris, Armand Colin, 1970, p. 549. Nous reprenons cette formulation comme représentative d'une approche qui met l'accent sur ce dualisme. Il est en réalité difficile d'assimiler le cœur chez Pascal à une « cime », cette instance étant plutôt associée aux profondeurs, comme on le verra plus bas, conformément aux analyses de Philippe Sellier lui-même sur cette question.

nobles et gêne ou paralyse leur activité[1] ». Et même sans user d'une qualification axiologique (« gravité » du phénomène, « noblesse » des facultés entravées), le repérage de cette opposition se présente comme une sorte de constante pour le commentaire des textes – ainsi Antony McKenna de son côté, établit-il, en analysant le fragment L 199/230 que « le corps empêche la vue claire de l'esprit[2] » ou que « le fait physique s'impose à la raison, mal à propos, mais inéluctablement[3] ».

Un rapide tour d'horizon permettra de rappeler sous quelles formes cette vision du corps apparaît dans les *Pensées*. Signalons que le propos n'est ni de remettre en cause, ni même à proprement parler de renouveler la lecture de ces passages très connus et très commentés. Il s'agit plutôt de les évoquer pour mémoire, et d'en reprendre les principaux aspects pour les examiner sous l'angle de leur contribution à la réflexion de Pascal sur le corps. On voudrait montrer que l'obstacle extérieur qu'il constitue dans un premier temps (sous les espèces de la finitude, d'une imagination perturbatrice, de l'enfermement et de la dispersion) construit corrélativement la représentation d'un esprit caractérisé par l'intériorité, mais que cette opposition entre un extérieur négatif et un intérieur positif cède rapidement devant l'impossibilité d'une caractérisation positive de l'esprit, et ruine l'idée que le corps serait simplement un ennemi à combattre.

Comme point de départ des déterminations négatives attachées au corps, on trouve ce fait que sa matérialité confronte l'être humain à sa finitude, aussi bien temporelle que spatiale :

> Quand je considère la petite durée de ma vie absorbée dans l'éternité précédente et suivante, le petit espace que je remplis et même que je vois abîmé dans l'infinie immensité des espaces que j'ignore et qui m'ignorent, je m'effraye et m'étonne de me voir ici plutôt que là, car il n'y a point de raison pourquoi ici plutôt que là, pourquoi à présent plutôt que lors. (L 68 / S 102).

L'appartenance à la corporéité constitue une limitation, dont la conscience est immédiatement productrice d'un effet de désorientation : loin d'être une évidence rassurante, la limite du corps est d'emblée considérée comme source de désarroi (effroi, étonnement) et de questionnement :

1 *Ibid.*

2 Antony McKenna, « Les *Pensées* de Pascal : une ébauche d'apologie sceptique », dans Pierre-François Moreau (dir.) *Le scepticisme au* XVI*e et au* XVII*e siècle*, Paris, Albin Michel, 2001, p. 354.

3 Antony McKenna, « Pascal et le corps humain », XVII*e siècle*, n° 177 (oct-déc. 1992), p. 482.

> Pourquoi ma connaissance est-elle bornée, ma taille, ma durée à 100 ans plutôt qu'à 1000 ? Quelle raison a eu la nature de me la donner telle et de choisir ce milieu plutôt qu'un autre dans l'infinité, desquels il n'y a pas plus de raison de choisir l'un que l'autre, rien ne tentant plus que l'autre ? (L 194 / S 227)

La multiplication des questions exprime ici la réaction de l'esprit à une situation qui lui apparaît comme étrangère. La limitation du corps, en l'occurrence dans le temps, lui apparaît comme une contrainte imposée de l'extérieur, source de souffrance :

> … la durée de notre vie n'est-elle pas également infime de l'éternité pour durer dix ans davantage. Dans la vue de ces infinis tous les finis sont égaux et je ne vois pas pourquoi asseoir son imagination plutôt sur un que sur l'autre. La seule comparaison que nous faisons de nous au fini nous fait peine. (L 199 / S 230)

Cette « peine », résulte moins de la situation de l'homme que du regard qu'il porte sur elle, et qui la lui fait apparaître comme arbitraire (« je ne vois pas pourquoi »). Cette quête de sens relève d'une activité de l'esprit (qui établit une « comparaison »), et le texte témoigne que le sujet qui parle ici ne s'identifie pas à son corps. En effet, le geste de comparaison disjoint, pour les confronter, d'une part « nous », d'autre part le « fini », présupposant que cette finitude ne nous est pas constitutive. Le point de départ de l'antagonisme entre esprit et corps réside non pas tant dans la dualité de notre nature que dans notre tendance à vivre la corporéité comme une extériorité.

Cette conception du corps comme extérieur se reflète dans cette formule si simple et si riche du fragment 418 : « L'âme est jetée dans le corps… » (L 418 / S 680) Non seulement elle présuppose la dualité âme/corps, mais elle adopte d'entrée de jeu le point de vue de l'âme, par le biais de la priorité syntaxique qui lui échoit : même si cette question n'est pas explicitement posée, la phrase fait exister l'âme avant le corps, et place ce dernier dans la position subalterne de la circonstance locale (complément de lieu). Autant de présuppositions qui déterminent le rôle du corps, vécu comme une limite imposée de l'extérieur à une âme indépendante de lui.

Et cette limitation est vécue par le sujet sur le mode de l'hostilité. Antony McKenna le note en ces termes :

> … le corps est dépourvu de raison : le fait physique ne fournit pas une explication satisfaisante ni une justification morale : le règne du corps est le règne de l'arbitraire. […] Le corps s'impose là où nous attendrions, espérerions, exigerions une raison[1].

Cette analyse montre que l'homme s'identifie d'abord à son esprit et se reconnaît d'abord dans les questions et les arguments logiques, ce qui le conduit à vivre le corps comme un objet de frustration.

Les *Pensées* présentent toute une gamme de situations dans lesquelles la relation entre le corps et l'esprit est ainsi décrite de manière négative, selon les trois modes de la perturbation, de l'enfermement, et de la dispersion.

Sur le premier point, les effets de l'imagination sont régulièrement décrits comme un empêchement de ce qui serait une activité normale efficace de l'esprit. Ainsi dans ce passage du fragment 44 :

> Que le prédicateur vienne à paraître, si la nature lui a donné une voix enrouée et un tour de visage bizarre, que son barbier l'ait mal rasé, si le hasard l'a encore barbouillé de surcroît, quelque grandes vérités qu'il annonce je parie la perte de la gravité de notre sénateur. Le plus grand philosophe du monde sur une planche plus large qu'il ne faut, s'il y a au-dessous un précipice, quoique sa raison le convainque de sa sûreté, son imagination prévaudra. Plusieurs n'en sauraient soutenir la pensée sans pâlir et suer. Je ne veux pas rapporter tous ses effets ; qui ne sait que la vue des chats, des rats, l'écrasement d'un charbon, etc. emportent la raison hors des gonds. (L 44 / S 78)

Dans cette évocation, c'est toujours à partir de la mise en jeu d'une expérience corporelle que l'imagination intervient comme une puissance perturbatrice du jugement : le texte présente d'abord des considérations que le sujet peut attacher au corps d'autrui, puis une mise en situation du corps du sujet lui-même, et enfin la perception de telle ou telle forme physique. Par une sorte de court-circuit imposé à la pensée rationnelle, le propre de l'imagination est de faire valoir la matérialité physique dans toute sa force d'imposition. L'ordre social dans son ensemble n'est pas fondé sur autre chose que sur son caractère irrésistible :

> Nos magistrats ont bien connu ce mystère. Leurs robes rouges, leurs hermines dont ils s'emmaillotent en chaffourés, les palais où ils jugent, les fleurs de lys, tout cet appareil auguste était fort nécessaire, et si les médecins n'avaient des

1 Antony McKenna, « Pascal et le corps », *op. cit.*, p. 482.

> soutanes et des mules, et que les docteurs n'eussent des bonnets carrés et des robes trop amples de quatre parties, jamais ils n'auraient dupé le monde qui ne peut résister à cette montre si authentique. (L 44 / S 78)

Mais quand il se présente ainsi sous les espèces du corps (vêtements, bâtiments, mises en scènes rituelles, etc.), le pouvoir assoit sa légitimité non tant par la contrainte physique qu'en faisant jouer cet antagonisme profond qui fait du corps un obstacle au développement de la pensée. C'est en cela que l'« authenticité » de cette « montre » à laquelle on « ne peut résister » produit autant d'effet par la « grimace » (L 44 / S 78) que l'exercice de la force brute. Et même, cet exercice est rendu inutile pour imposer le pouvoir dès lors que sa simple mise en scène, sa simple production devant les regards, suffit à agir sur l'esprit :

> Ils n'ont pas l'habit, seulement ils ont la force. Il faudrait avoir une raison bien épurée pour regarder comme un autre homme le grand seigneur environné dans son superbe sérail de quarante mille janissaires. (L 44 / S 78)

Toutes ces réflexions pointent donc le constat de la capacité du corps à paralyser l'esprit. Trouble, empêchement, incapacité, échec, ainsi se soldent ses interventions :

> L'esprit de ce souverain juge du monde n'est pas si indépendant qu'il ne soit sujet à *être troublé* par le premier tintamarre qui se fait autour de lui. Il ne faut pas le bruit d'un canon pour *empêcher* ses pensées. Il ne faut que le bruit d'une girouette ou d'une poulie. Ne vous étonnez point s'il ne *raisonne pas bien* à présent une mouche bourdonne à ses oreilles : c'en est assez pour le rendre *incapable* de bon conseil. Si vous voulez qu'il puisse trouver la vérité chassez cet animal qui *tient sa raison en échec* et *trouble* cette puissante intelligence qui gouverne les villes et les royaumes. (L 48 / S 81 [je souligne])

La mouche est à cet égard emblématique de cette perturbation du pôle spirituel de l'être humain, elle qui « empêch[e] notre âme d'agir » (L 22 / S 56).

On aura constaté que dans ces exemples, le corps qui constitue un obstacle à la pensée peut aussi bien être le corps propre du sujet qu'un corps ou un dispositif physique extérieur à lui. C'est que dans cette perspective, cela ne fait pas véritablement de différence : en effet, nous avons vu plus haut que le corps était dès le départ considéré comme une instance extérieure, par un sujet enclin à se définir par sa pensée.

Extériorité, limitation, contrainte entrent en résonance directe avec la thématique platonicienne, voire pythagoricienne, du corps prison, qui est explicite dans les *Pensées* dans la métaphore du cachot[1]. Aux fragments 163 et 164, elle est l'expression de la condition humaine : « Un homme dans un cachot, ne sachant pas si son arrêt est donné, n'ayant plus qu'une heure pour l'apprendre, cette heure suffisant s'il sait qu'il est donné pour le faire révoquer. » (L 163 / S 195) Et aussi :

> Commencement. Cachot.
> Je trouve bon qu'on n'approfondisse pas l'opinion de Copernic, mais ceci
> Il importe à toute la vie de savoir si l'âme est mortelle ou immortelle. (L 164 / S 196)

Le premier passage met en scène le blocage de l'homme dans un lieu clos sans échappatoire, si ce n'est par la conscience que quelque chose se passe au-delà des limites, de quelque chose sur quoi il n'a aucune prise. Un au-delà existe, sans aucune assurance d'un accès. Le parallélisme de cette situation avec celle de l'âme prisonnière d'un corps se précise avec le fragment suivant, où la mention du cachot se développe dans une considération sur l'immortalité de l'âme, étayant l'idée que l'enfermement (physique) trouve une compensation dans la perspective d'un déploiement spirituel. Ici, Pascal n'entend pas poursuivre l'exploration physique par la réflexion cosmologique sur les positions relatives des corps (célestes). Car de ce point de vue, tout corps est susceptible de représenter une prison, fût-ce celui de l'univers, comme l'indique l'équivalence posée par le fragment 199 :

> Que l'homme étant revenu à soi considère ce qu'il est au prix de ce qui est, qu'il se regarde comme égaré, et que de ce petit cachot où il se trouve logé, j'entends l'univers, il apprenne à estimer, la terre, les royaumes, les villes, les maisons et soi-même, son juste prix. (L 199 / S 230)[2]

Dans ces lignes, l'homme est incité à un recentrage sur l'activité de son esprit, c'est-à-dire sur ce qui lui permet de dépasser les limites de sa localisation : la conscience de soi (« revenu à soi »), l'observation

---

1 Sur ce point, voir Philippe Sellier, « Pascal : imaginaire et théologie », *op. cit.*, p. 44 *sq.*

2 Pour l'image de la prison, voir aussi la lettre à Gilberte du 1er avril 1648 : « De sorte que nous devons nous considérer comme des criminels dans une prison toute remplie des images de leur libérateur… », Pascal, *Œuvres complètes*, *op. cit.*, p. 273A.

(« considère », « regarde »), le jugement (« estimer ») sont autant de manifestations du pôle spirituel auquel l'homme s'identifie par opposition au lieu circonscrit qu'il habite. Dans cette représentation, le corps est la limite à dépasser, pour un esprit qui le considère d'emblée comme quelque chose dont il s'agit de sortir. Ce dont témoigne aussi le fragment 198, sous les espèces non plus du cachot, mais de l'île : « … j'entre en effroi comme un homme qu'on aurait porté endormi dans une île déserte et effroyable, et qui s'éveillerait sans connaître et sans moyen d'en sortir » (L 198 / S 229). L'éveil et la souffrance engendrée par cette situation d'ignorance représentent l'esprit victime de sa localisation physique qui l'isole (« déserte ») et le paralyse (« effroi »).

Un autre mode de relation négative entre l'esprit et le corps fait de ce dernier un facteur de dispersion. Dans la mesure où l'esprit est mis hors d'état d'imposer son ordre, tout se passe comme si c'était celui du corps qui était appelé à prévaloir – en l'occurrence par un déploiement en tous sens, qui est l'une des caractéristiques fondamentales du divertissement. De même que les médecins, selon Gilberte Périer, invitaient Pascal à « se divertir l'esprit à quelque chose qui l'appliquât[1] », Pascal lui-même décrit cette démarche comme une mobilisation de la pensée par le corps : « La danse, il faut bien penser où l'on mettra les pieds » (L 136 / S 168). Une démarche qui, en tant qu'application à un corps conçu comme extériorité, relève essentiellement d'une projection vers le dehors : le divertissement « vient d'ailleurs et de dehors » (L 132 / S 165).

Le divertissement peut ainsi être compris comme l'une des déclinaisons sur le mode spatial de cette relation d'hétérogénéité hostile qui existe entre le corps et l'esprit : l'un neutralise l'autre en lui imposant ses propres divagations. Il est complété dans ce registre par une autre caractéristique humaine, à savoir l'extravagance. Ces notions sont à la fois distinctes et parentes, comme l'établit Hall Bjornstad : « Le divertissement est toujours tourné vers l'extérieur. Pour ce qui est de l'extravagance, il est plus difficile d'indiquer une orientation[2] ». Mais si leur mouvement propre diffère, il fait cependant remarquer que leurs étymologies respectives invitent à rapprocher les deux termes : chacun de leurs préfixes (*di-* et *extra-*), associé à un radical désignant un déplacement, décrivant pour l'un un mouvement qui s'écarte d'un

1 « Vie… », *op. cit.*, p. 21 B.
2 Hall Bjornstad, *Créature sans créateur*, *op. cit.*, p. 75-76.

centre, pour l'autre un mouvement qui transgresse une limite. Dans les deux cas, on a affaire à un mouvement de sortie imposé à l'esprit. S'il est ainsi livré à la dispersion, c'est qu'il s'est éloigné et perdu dans un « dehors » : « Les objets du dehors nous tentent d'eux-mêmes et nous appellent quand même nous n'y pensons pas » (L 143 / S 176). L'extra-vagance aussi bien que le di-vertissement consistent à aller errer parmi ces objets extérieurs et à appliquer à eux notre pensée, et ce dans une totale indifférence à l'activité propre et maîtrisée de celle-ci. Centrés sur le corps, ils viennent gêner, empêcher, voire remplacer, le déploiement ordonné de l'activité intellectuelle.

Perturbation, enfermement, dispersion : si le corps entrave l'esprit, il est tentant d'en faire l'ennemi, l'expression de la déchéance de l'homme, et de chercher dans son rejet à rejoindre la « meilleure nature qui lui était propre autrefois » (L 117 / S 149). Cette tentation consisterait à établir un recoupement entre le couple corps/âme (esprit) et le couple misère/grandeur. Ce qu'un examen plus poussé de la réflexion pascalienne sur le corps invalide nettement – nous y reviendrons plus loin ; mais signalons ici qu'Adam a un corps (non corrompu) avant la Chute et une âme (corrompue) après, ce qui rend impossible l'assimilation du corps à une nature pécheresse.

On voudrait même établir que chez Pascal, un rejet du corps pour accorder la priorité au pôle spirituel est moins l'expression de notre grandeur qu'une tentative vaine pour échapper à notre misère. Tentative présomptueuse, car si le corps n'est pas synonyme de corruption, l'esprit n'est pas plus synonyme de pureté. Or, l'idée d'un esprit entravé par un corps qui le perturbe implique celle d'un esprit sain, assigné à une intériorité, et porteur en soi des qualités dont le priverait sa malheureuse accointance avec le corps. Or il est clair que si Pascal invite son lecteur à un tel repli intérieur, ce n'est certes pas pour qu'il y trouve une contrepartie positive aux vicissitudes du corps.

L'ESPRIT, OU L'IMPOSSIBLE REFUGE DE L'INTÉRIORITÉ

On va voir en effet qu'en dépit des formulations dualistes qui peuvent inciter à le penser, la représentation du corps comme un obstacle au déploiement spirituel de l'homme n'induit pas que celui-ci puisse davantage compter sur son esprit, qu'il puisse éviter de se fourvoyer dans l'extériorité du corps en se recentrant sur l'intériorité de sa pensée[1].

Il faut commencer par constater que certes, Pascal oppose à la dispersion du divertissement une démarche qui consiste à revenir à soi. Celle-ci se lit en filigrane dans la logique spatiale qui sert à condamner le divertissement : « Mais n'est-ce pas être heureux que de pouvoir être réjoui par le divertissement ? – Non ; car il vient d'ailleurs et de dehors » (L 132 / S 165). Imputer son échec à son origine externe revient à valoriser à l'inverse ce qui relève de l'intérieur. Cette suggestion en rejoint une autre, qui repose quant à elle sur des résonances socratiques : « Il faut se connaître soi-même. Quand cela ne servirait pas à trouver le vrai cela au moins sert à régler sa vie, et il n'y a rien de plus juste » (L 72 / S 106). Mais qu'est-ce que revenir à soi[2] ? Si c'est sortir de soi que de se disperser vers le dehors, on comprend qu'inversement, revenir à soi est un mouvement vers le dedans, pour se retrouver soi-même, trouver ce qui peut fonder l'identité du sujet. Or ce qu'il trouve pour effectuer cette identification à l'intérieur, c'est la pensée, par opposition au corps. La pensée est pour Pascal ce qui distingue l'homme, ce qui lui appartient en propre parmi les éléments de la nature – et on comprend qu'aient pu lui être imputés le « Discours sur les passions de l'amour » et cette déclaration : « L'homme est né pour penser ; aussi n'est-il pas

1 Notre propos rejoint ici celui de Lucien Goldmann, « Le pari… », *op. cit.*, p. 118, qui parle à propos de Pascal d'un « refus *intramondain* du monde. » En effet, « Dieu étant la seule réalité vraie, [l'Homme] doit vivre uniquement pour lui – en refusant le monde relatif et vain ; mais d'autre part, Dieu se cachant et n'ayant accordé à l'Homme aucune certitude, aucun refuge sûr dans la solitude ou dans l'intériorité, il doit vivre uniquement pour Dieu mais dans le monde même qu'il ne saurait quitter. »

2 Sur le socratisme chrétien chez Pascal, Simon Icard, *Port-Royal et saint Bernard de Clairvaux (1608-1709), Saint-Cyran, Jansénius, Arnauld, Pascal, Nicole, Angélique de Saint-Jean*, Paris Champion, 2010, chapitre 10.

un moment sans le faire[1] ». Aussi est-ce pour lui un élément inamissible de ce qu'il est, à la différence des parties de son corps, suffisamment périphériques à sa définition pour pouvoir être supprimées sans faire disparaître l'homme lui-même : « Je puis bien concevoir un homme sans mains, pieds, tête (...) Mais je ne puis concevoir l'homme sans pensée. Ce serait une pierre ou une brute » (L 111 / S 143). Ainsi se dessine, sur la base de la distinction de l'esprit et du corps, l'idée que l'homme doit se recentrer sur le premier, où réside ce qui constitue sa valeur – là, et non dans l'extériorité du corps : « Ce n'est point de l'espace que je dois chercher ma dignité, mais c'est du règlement de ma pensée » (L 113 / S 145).

La pensée par laquelle l'homme se connaît fait sa grandeur en lui permettant de se distancier des corps dans la nature aussi bien que des parties de son propre corps :

> La grandeur de l'homme est grande en ce qu'il se connaît misérable ; un arbre ne se connaît pas misérable. C'est donc être misérable que de (se) connaître misérable, mais c'est être grand que de connaître qu'on est misérable. (L 114 / S 146)

La pensée opposée au corps est à la fois présentée comme étant caractéristique de l'homme dans la nature, et comme constitutive de sa grandeur – d'où la conclusion qu'en tire Hélène Bouchilloux : « Il n'y a que la pensée, par laquelle l'homme s'interroge sur sa propre nature, qui l'élève au-dessus de la nature, ce que Pascal exprime en disant que la pensée fait la dignité de l'homme[2] ».

Pourtant, quelle est la réalité de cette distance prise avec le corps, qui est censée faire la dignité de l'homme ? En d'autres termes, est-ce parce qu'elle s'écarte du corps que la pensée peut constituer une sorte de refuge identificatoire pour le sujet ? Il faut commencer par noter que pour parler d'une « pensée » qu'il a distinguée de l'« espace », Pascal continue d'inscrire fortement son discours dans des repères spatiaux : l'orientation spirituelle de l'homme, dont le cheminement passe par un retour à soi pour trouver un accès à Dieu, mobilise une dimension qualifiée d'intérieure :

---

1 « Discours sur les passions de l'amour », *Œuvres complètes*, p. 285A. Ce texte n'est en réalité pas de Pascal ; Jean Mesnard propose de l'attribuer à Brienne, l'un des contributeurs à l'édition des *Pensées*.

2 Hélène Bouchilloux, *Pascal*, Paris, Vrin, 1987, p. 39.

> Qu'alors on n'enseignera plus son prochain disant : voici le seigneur. Car Dieu se fera sentir à tous. Vos fils prophétiseront. Je mettrai mon esprit et ma crainte en votre cœur. Tout cela est la même chose. Prophétiser c'est parler de Dieu, non par *preuves de dehors*, mais par *sentiment intérieur* et immédiat. (L 328 / S 360 [je souligne])

Ou encore :

> Ceux qui croient sans avoir lu les Testaments c'est parce qu'ils ont une *disposition intérieure* toute sainte et que ce qu'ils entendent dire de notre religion y est conforme. Ils sentent qu'un Dieu les a faits. (L 381 / S 413 [je souligne])

Ces deux passages mettent l'accent dans le propos de Pascal, très augustinien en cela, sur la constitution du sujet par une intériorité. « Revenir à soi », c'est bel et bien exclure l'extérieur dans une relation réflexive :

> … car l'homme fait lui seul une conversation intérieure, qu'il importe de bien régler. Il faut se tenir en silence autant qu'on peut et ne s'entretenir que de Dieu qu'on sait être la vérité, et ainsi on se le persuade à soi-même. (L 99 / S 132)

Cette exclusion prend significativement la forme du silence (« se tenir en silence »), qui est à la fois suppression des bruits du dehors, dont on a vu plus haut la forte capacité de perturbation, et concentration de l'attention sur un unique objet, par opposition à la dispersion du divertissement.

On peut donc constater que le propos anthropologique et apologétique de Pascal se développe à partir d'une opposition entre intérieur et extérieur qui traduit un antagonisme entre l'esprit et le corps. En assignant à l'esprit une position d'intériorité contre l'extériorité du corps, ce propos incite à un retour au dedans de l'esprit, d'un dedans dégagé des perturbations occasionnées par le corps. Ce qui revient, dans la logique binaire de ce dualisme, à revêtir le pôle spirituel des qualités positives que le corps l'empêche de déployer.

Mais l'argumentation de Pascal ne s'en tient pas à cette logique ; en effet, le système d'opposition sur lequel elle repose est constamment affecté par un brouillage, qui finit par faire apparaître une fondamentale continuité dans ce qui était apparemment distingué.

De fait, que rencontre réellement l'homme lorsqu'il cherche à « revenir à soi » ? « Le cœur de l'homme est creux et plein d'ordure » (L 139 / S 171). Aussi le repli vers l'intérieur ne constitue-t-il pas une réponse morale entièrement satisfaisante aux errances extérieures, malgré les injonctions des philosophes : « Et ainsi les philosophes ont beau dire : rentrez-vous en vous-mêmes, vous y trouverez votre bien ; on ne les croit pas et ceux qui les croient sont les plus vides et les plus sots » (L 143 / S 176). Le secret de l'intériorité est aussi le siège de la contradiction et de la confusion :

> Quelle chimère est-ce donc que l'homme ? Quelle nouveauté, quel monstre, quel chaos, quel sujet de contradictions, quel prodige ? Juge de toutes choses, imbécile ver de terre, dépositaire du vrai, cloaque d'incertitude et d'erreur, gloire et rebut de l'univers. Qui démêlera cet embrouillement ? (L 131 / S 164)

C'est que la corruption de l'être humain est généralisée, ce qui met à mal l'opposition intérieur (positif) / extérieur (négatif) mise en œuvre pour rendre compte de ce qu'il est. Il se dessine entre ces deux pôles une continuité telle qu'il devient difficile d'assigner à un lieu interne des caractéristiques propres qui le distinguerait du dehors. Celui-ci bénéficie de complicités à l'intérieur :

> Ils ont un instinct secret qui les porte à chercher le divertissement et l'occupation au dehors, qui vient du ressentiment de leurs misères continuelles. Et ils ont un autre instinct secret qui reste de la grandeur de notre première nature, qui leur fait connaître que le bonheur n'est en effet que dans le repos et non pas dans le tumulte. Et de ces deux instincts contraires il se forme en eux un projet confus qui se cache à leur vue dans le fond de leur âme… (L 136 / S 168)

C'est le même type d'élan qui entraîne dans les deux directions opposées de la dispersion dans le mouvement extérieur et du repli vers une stabilité intérieure. D'où une inévitable confusion, qui envahit l'espace du dedans (« il se forme *en eux* un projet confus… »). Cet espace n'est pas un recours chez Pascal, dont Philippe Sellier note combien

> … l'imagination de son espace intérieur [l']oppose à Augustin. On chercherait en vain dans l'œuvre du disciple les amples et somptueuses images du Maître. […] Le fond de cette citerne est un « cloaque », où se mêlent la « fange » et les « ordures ». […] Au lieu d'une véritable plénitude qui comblerait ce vide immense, l'homme ne connaît, en l'absence de Dieu, qu'un entassement immonde[1].

---

1 Philippe Sellier, *Pascal et saint Augustin*, *op. cit.*, p. 137.

Il est dès lors malaisé de maintenir l'idée d'une intériorité susceptible d'incarner une dimension spirituelle échappant à la confusion :

> Nous sommes pleins de choses qui nous jettent au dehors. Notre instinct nous fait sentir qu'il faut chercher notre bonheur hors de nous. Nos passions nous poussent au dehors, quand même les objets ne s'offriraient pas pour les exciter. Les objets du dehors nous tentent d'eux-mêmes et nous appellent quand même nous n'y pensons pas. (L 143 / S 176)

C'est du cœur du dedans (« notre instinct », « nos passions ») que sourd l'élan qui pousse dehors, sans même aucune sollicitation extérieure ; et quand cette sollicitation a lieu, elle ne rencontre en nous aucune instance consistante pour la reconnaître et l'assumer (« d'eux-mêmes », « nous n'y pensons pas »), seulement une sorte d'absence du sujet à lui-même. L'intériorité elle-même dévoile une inconsistance inapte à servir de support à un déploiement moral et spirituel.

Une telle continuité entre dedans et dehors est la marque même de la corruption de l'homme, qui brouille les repères dont il ne peut se passer, mais qui sont fondamentalement inadéquats :

> Les stoïques disent : rentrez au-dedans de vous-même, c'est là où vous trouverez votre repos. Et cela n'est pas vrai. Les autres disent : sortez dehors et cherchez le bonheur en un divertissement. Et cela n'est pas vrai, les maladies viennent. Le bonheur n'est ni hors de nous ni dans nous ; il est en Dieu et hors et dans nous. (L 407 / S 26)

Le regard de l'homme sur lui-même est voué à une topologie inapte à rendre compte de sa condition. Dieu est ici le nom que prend ce point de vue depuis lequel l'opposition est neutralisée, point de vue inatteignable : l'homme ne peut que reposer les termes de cette opposition (« ni… ni… » ; « et… et… »), sans la dépasser.

Une solution pourtant pourrait se présenter, à l'intérieur même de repères spatiaux. La réflexion pascalienne offre, une troisième dimension, celle de la hauteur, qui pourrait assurer ce dépassement, comme une ouverture dégageant du « chaos », du « cloaque », de l'« embrouillement ». Elle suit ce faisant une ligne platonicienne, ou plus exactement augustinienne comme le note par exemple Charles Taylor :

> Mais alors que pour Platon, le « dedans » n'était qu'une façon de retracer un « avant, pour Augustin, il est la voie qui mène à un "au-delà" » […] Comme

> l'écrit Gilson, l'itinéraire d'Augustin est « celui qui mène de l'extérieur à l'intérieur, de l'intérieur au supérieur[1]. »

Selon cette voie, l'élévation ouvre l'accès à la divinité au cœur de l'intériorité – pour rejoindre l'expérience propre aux mystiques du XVIIe siècle telle que l'analyse Benedetta Papasogli, pour qui il s'agit, par « cette remontée vers le centre [...] d'atteindre la source d'où jaillit tout le mouvement de la vie intérieure[2] ».

De fait, cette direction s'exprime bel et bien dans les *Pensées*. L'association entre le dedans et le haut se lit par exemple dans le passage suivant : « Sans ces divines connaissances qu'ont pu faire les hommes sinon ou *s'élever* dans le sentiment *intérieur* qui leur reste de leur grandeur passée, ou *s'abattre* dans la vue de leur faiblesse présente » (L 208 / S 240 [je souligne]). Elle est cependant, tout comme l'orientation vers l'intérieur, marquée par un pessimisme qui pèse sur le mouvement spirituel vers le haut, gênant son aptitude à constituer une issue pour échapper à la corruption du corps.

Cette gêne apparaît que cet axe soit parcouru vers le bas ou vers le haut. Dans la première de ces orientations, ce à quoi l'homme accède en se cherchant en lui-même n'est généralement pas la montée vers le bien, mais la descente vers le mauvais : « On a fondé et tiré de la concupiscence des règles admirables de police, de morale, et de justice. Mais dans le fond, ce vilain fond de l'homme, ce *figmentum malum* n'est que couvert. Il n'est pas ôté. » (L 211 / S 244). Autrement dit, la logique de l'élévation se révèle à double tranchant, et constitue effectivement une ouverture, mais vers l'abîme.

L'opposition du haut et du bas en vient alors à répliquer celle du dedans et du dehors. Le mouvement d'élévation n'est pas seulement une dimension tierce qui permettrait au-dedans d'échapper à sa définition spatiale en face d'un dehors ; l'axe de la verticalité ne se dessine pas seulement à partir d'une intériorité spirituelle dont elle tracerait la profondeur : il sert aussi à définir un couple oppositionnel hauteur/bassesse qui a la même fonction que le couple intérieur/extérieur, dans la mesure où le haut a vocation à désigner l'orientation spirituelle et le bas l'orientation corporelle. C'est par exemple visible dans le fragment 430 :

---

1 Charles Taylor, *Les Sources du moi*, Paris, Seuil, 1998, p. 184.

2 Benedetta Papasogli, *Le « fond du cœur », Figures de l'espace intérieur au* XVIIe *siècle*, Paris, Champion, 2000, p. 232.

> Levez les yeux vers Dieu, disent les uns ; voyez celui auquel vous ressemblez, et qui vous a fait pour l'adorer [...] Et les autres lui disent : « Baissez vos yeux vers la terre, chétif ver que vous êtes, et regardez les bêtes dont vous êtes le compagnon. » (L 430 / S 683)

Nous rencontrons bien ici cette verticalité dont Philippe Sellier fait une « hantise centrale de l'œuvre » pascalienne, expression d'une « stratégie fondamentale de la rêverie humaine, stratégie constitutive – en particulier – de la vision augustinienne du monde[1] ». Ainsi cette dimension verticale peut-elle être comprise comme une déclinaison particulière de l'opposition plus générale entre intérieur et extérieur. Dans ce passage, le regard vers le haut est associé à un rapprochement de Dieu ; ce pôle de la verticalité est bien identifié à la dimension spirituelle. Quant au regard vers le bas, il renvoie l'homme à l'animalité, à la matérialité des appétits du corps. Le couple haut/bas exprime bien la distinction entre corporéité négative et spiritualité positive, tout comme dans le fragment 353 : « Non pas un abaissement qui nous rende incapables du bien ni une sainteté exempte de mal » (L 353 / S 385). La construction de l'opposition indique bien implicitement cette assimilation du haut et de la sainteté d'une part, du bas et de la corruption de l'autre.

Mais il se trouve que le résultat est le même lorsque la thématique de la hauteur est mobilisée de manière ascendante. En effet, l'orientation vers Dieu peut aussi bien être la manifestation de la présomption, de l'orgueil. On le lit par exemple dans la prosopopée du fragment 149 :

> S'ils vous ont donné Dieu pour objet ce n'a été que pour exercer votre superbe ; ils vous ont fait penser que vous lui étiez semblables et conformes par votre nature. Et ceux qui ont vu la vanité de cette prétention vous ont jeté dans l'autre précipice en vous faisant entendre que votre nature était pareille à celle des bêtes et vous ont porté à chercher votre bien dans les concupiscences qui sont le partage des animaux. (L 149 / S 182)

Dans cette autre version de la verticalité, l'identification de l'homme à l'animal proposée par les philosophes consiste à le « jet[er] dans un *autre* précipice ». Or en quoi ce précipice en serait-il un « autre », si ce n'est parce que le mouvement ascendant de la prétention qui vise à se rapprocher de Dieu est aussi un précipice ? Dans cet espace moral, l'axe vertical semble ne pouvoir entraîner que vers le bas, sans mouvement

1 Hall Bjornstad, *Créature sans créateur*, *op. cit.*, p. 129-130.

alternatif dans la direction opposée – si ce n'est dans la fausse représentation de l'homme qui croit pouvoir s'élever. Les principales maladies de l'homme étant « l'orgueil qui [le] soustrait de Dieu, la concupiscence qui [le] attache à la terre » (L 149 / S 182), le mouvement ascendant de l'orgueil est lui-même une chute, comme en Adam qui est « *tomb[é]* dans la présomption » (L 149 / S 182).

L'axe haut/bas constitue donc un recours très ambivalent face au brouillage qui affecte la distinction intérieur/extérieur, car il en reproduit les impasses. De ce point de vue l'ex-cellence, si l'on donne un sens plein au préfixe, est à ranger du côté de l'extra-vagance et du di-vertissement. Elle ne permet pas vraiment à l'homme de se hausser au-dessus de sa condition, au-dessus de la confusion de sa nature mixte. Jusque dans la morphologie des mots qu'elle emploie, la topologie dans laquelle se traduit l'anthropologie pascalienne ne pose des repères binaires que pour mieux reconduire le constat de leur inadéquation à l'homme. C'est pourquoi elle ne réussit pas pleinement à fonder une vision dualiste séparant un esprit (une intériorité salvatrice) et un corps (une extériorité corruptrice). Aussi n'est-ce pas sur une telle vision que Pascal fait reposer son dessein apologétique : pour lui, le corps n'est pas l'ennemi d'un esprit qui se charge bien lui-même de remplir ce rôle.

MALADIE DE L'ESPRIT, SANTÉ DU CORPS

De fait, aucune des dimensions de l'homme n'est exempte de misère. De fait, corps et âme ont été également touchés par la concupiscence, par le péché d'Adam : « Mais maintenant, dans la corruption qui a infecté *l'âme et le corps*, la concupiscence s'étant élevée a rendu l'homme esclave de sa délectation[1]... ». La communauté de sort de l'âme et du corps peut du reste être également extrapolée à la première nature, antérieure à la Chute. Que dit en effet la « sagesse de Dieu » dans le fragment 149 ?

> J'ai créé l'homme saint, innocent, parfait, je l'ai rempli de lumière et d'intelligence, je lui ai communiqué ma gloire et mes merveilles. L'œil de

1 « Écrits sur la grâce », *Œuvres complètes*, p. 332 A. Je souligne.

> l'homme voyait alors la majesté de Dieu. Il n'était pas alors dans les ténèbres qui l'aveuglent, ni dans la mortalité et dans les misères qui l'affligent. (L 149 / S 182)

Ce n'est manifestement pas un état non corporel qui sert à décrire l'homme d'avant la déchéance. Le fragment 117 le confirme : « … sa nature étant aujourd'hui pareille à celle des animaux il est déchu d'une meilleure nature qui lui était propre autrefois » (L 117 / S 149). Cette « meilleure nature » ne dit pas l'exclusion du corps. Que l'on se situe avant ou après la Chute, la ligne de partage des substances n'est pas transposable sur le plan moral : ni le spirituel ni le corporel n'a en soi d'affinité particulière avec le salut plutôt qu'avec la corruption – tous deux étaient marqués par la sainteté ; tous deux sont marqués par la concupiscence.

Ce point doit être souligné pour montrer que chez Pascal, la définition de la grandeur de l'homme comme conscience de sa misère n'entraîne pas une promotion de l'esprit en lui-même (capable de cette conscience), ni corrélativement de rejet du corps en lui-même (lieu d'inscription de cette misère). En effet, le pôle spirituel du couple âme/corps n'échappe pas aux déterminations qui marquent le pôle corporel, qu'il soit mentionné sous les espèces de l'âme, de l'esprit ou de la raison (l'espace rationnel étant alors un lieu d'obscurité et de confusion).

Cependant, l'affirmation selon laquelle « c'est être grand que de connaître qu'on est misérable » (L 114 / S 146) peut facilement devenir le support d'une résistance extrêmement tenace au constat de la fragilité de l'esprit en l'homme, si l'on s'en tient à l'idée que l'homme est « visiblement fait pour penser » (L 620 / S 513). C'est pourquoi Pascal met aussi l'accent sur les faiblesses de l'esprit, et insiste sur la question de son usage. Pour reprendre les termes du fragment 45 c'est non « ma pensée » qui fait ma dignité, mais « le *règlement de* ma pensée » (L 45 / S 78) [je souligne]. Un règlement qui, nous le verrons, se fait essentiellement par le corps.

Tout l'effort apologétique de l'anthropologie pascalienne vise à faire en sorte que l'homme sente sa misère : il ne cherche pas à faire contrer la corruption du corps par une instance spirituelle qui en serait quant à elle exempte. Sa démarche est plutôt inverse : en l'homme, ce « sujet plein d'erreur naturelle, et ineffaçable sans la grâce » (L 45 / S 78), la prise de conscience susceptible de lui faire véritablement reconnaître sa misère aura plus de chance d'aboutir si elle prend appui sur le corps que si elle prend appui sur l'esprit (étant bien entendu qu'aucune de ces deux dimensions constitutives de l'être humain ne peut être éliminée ni même mise de côté, tant qu'il est en vie).

Et non seulement cette pensée dans laquelle l'homme est si prompt à trouver sa valeur n'est pas le refuge de sa pureté, mais elle doit être vue comme la cause essentielle de son égarement moral. Pour reprendre les termes de Hall Bjornstad, « ce n'est qu'en tant que [créature raisonnable que l'homme] peut faire la bête ou extravaguer[1] ». Les philosophes auxquels Pascal reproche l'insuffisance de leurs arguments se voient critiqués en tant que philosophes, et dans la mesure où ils tiennent ces discours au nom de la raison et non au nom de leurs appétits physiques. Qu'ils égalent l'homme à Dieu ou aux bêtes, en deux directions contraires également erronées dans leur partialité, ils manifestent en cela les errements d'une instance rationnelle qui choisit le confort physique, plus qu'un souci du corps inévitable pour un être vivant. Autrement dit, le reproche n'est pas d'avoir un corps et d'en user, mais de choisir le plaisir du corps et d'en jouir.

Ainsi est-ce effectivement un esprit que Pascal met en cause lorsqu'il s'adresse à des « esprits forts », à des « beaux esprits ». Et ces esprits, il ne s'agira pas de leur faire oublier le corps, mais plutôt de leur en proposer un bon usage. Car l'oubli du corps est aussi préjudiciable dans la quête du salut, et « qui fait l'ange fait la bête » (L 678 / S 557) : si l'homme doit être rappelé à l'ordre, c'est aussi dans le sens où il croit pouvoir oublier sa part matérielle et physique, et pas seulement l'inverse[2] ; il n'a que trop tendance à s'identifier à un esprit. De là cette subtile observation de Pascal :

> D'où vient qu'un boiteux ne nous irrite pas et un esprit boiteux nous irrite ? À cause qu'un boiteux reconnaît que nous allons droit et qu'un esprit boiteux dit que c'est nous qui boitons. (L 98 / S 132)

Quel est en effet le fond de cette possibilité de tomber d'accord sur ce qui cloche dans le corps, et la difficulté correspondante d'admettre ce qui cloche dans l'esprit ? C'est que le critère est dans l'esprit ; c'est parce qu'il est enclin à reconnaître le propre de sa nature dans le pôle spirituel que l'homme rechigne à en reconnaître les insuffisances, alors

1 Hall Bjornstad, *Créature sans créateur*, *op. cit.*, p. 91.

2 Voir Montaigne, *Essais*, III, 13, Pierre Villey (éd.), Paris, PUF, 1965, p. 1115.

qu'il admet plus facilement celles du pôle matériel, à laquelle il s'identifie moins intimement. La raison, la sienne propre et celle d'autrui par extension, est là où il trouve sa valeur, l'instance qu'il a le plus à cœur de conforter en lui :

> Il estime si grande la raison de l'homme que, quelque avantage qu'il ait sur la terre, s'il n'est placé avantageusement aussi dans la raison de l'homme, il n'est pas content. C'est la plus belle place du monde, rien ne le peut détourner de ce désir, et c'est la qualité la plus ineffaçable du cœur de l'homme. (L 470 / S 707)

C'est donc à l'esprit qu'il faut faire sentir la misère, à commencer par sa propre misère, car il n'est de misère que pour l'esprit :

> … car ce qui est nature aux animaux nous l'appelons misère en l'homme par où nous reconnaissons que sa nature étant aujourd'hui pareille à celle des animaux il est déchu d'une meilleure nature qui lui était propre autrefois. (L 117 / S 149)

Le corps livré à la perception close et homogène de lui-même n'est susceptible ni de grandeur ni de misère. C'est l'instance par laquelle nous sommes susceptibles de reconnaître notre misère qui doit être « réglée », « réformée. » Telle est bien la demande de Pascal dans la *Prière pour le bon usage des maladies* :

> Oui, Seigneur, je confesse que j'ai estimé la santé un bien ; *non pas parce qu'elle est un moyen facile* pour vous servir avec utilité, pour consommer plus de soins et de veilles à votre service, et pour l'assistance du prochain ; mais parce qu'*à sa faveur* je pouvais m'abandonner avec moins de retenue dans l'abondance des délices de la vie, et en mieux goûter les funestes plaisirs. Faites-moi la grâce, Seigneur, de *réformer ma raison corrompue*, et de conformer mes sentiments aux vôtres[1].

Ce passage exprime clairement que c'est l'usage du corps par la raison qui est en cause, et non le corps lui-même. En tant que moyen, il n'est pas prédestiné à une utilisation mauvaise, et son bon fonctionnement n'est pas rejeté. C'est la raison qui est malade. Et on peut envisager un bon usage des maladies du corps, il ne peut en aller de même pour l'esprit, dont la prière demande la guérison.

1 « Prière… », *op. cit.*, p. 364 A.

L'importance du rôle du corps chez Pascal, qui peut presque résonner comme une réhabilitation, est un point majeur qui ressort des analyses que Pierre Bourdieu propose dans ses *Méditations pascaliennes* :

> Vingt siècles de platonisme diffus et de lectures christianisées du *Phédon* inclinent à voir le corps non comme un instrument, mais comme un empêchement de la connaissance pratique, traitée soit comme un simple obstacle à la connaissance, soit comme une science commençante[1].

La position de Pascal nous semble effectivement devoir être regardée à la lumière d'une telle approche – et ce au-delà du domaine épistémologique dont il est question dans ces lignes. Il y a certes eu, historiquement, une convergence entre les positions du *Phédon*, et du platonisme en général, et celles du christianisme ; et la réflexion de Pascal se développe sans aucun doute à partir de ce cadre dualiste, notamment via l'influence de Platon sur la pensée augustinienne. Cependant, un auteur à la foi aussi affirmée que Pascal témoigne du fait que cette conception du corps comme obstacle au progrès de l'esprit ne peut être aussi rapidement considérée comme chrétienne. Le christianisme, qui a fait son symbole d'un homme cloué sur une croix, est aussi bien promoteur du rôle fondamental du corps dans le cheminement qui mène au salut.

Il s'agit donc d'avoir un usage du corps conforme aux exigences de la piété, car ce corps, bien qu'il soit marqué par la concupiscence depuis la Chute, peut être « agréable » à Dieu, comme l'espère la *Prière* de Pascal :

> Ayez agréable mon corps, non pas pour lui-même, ni pour tout ce qu'il contient, car tout y est digne de votre colère, mais pour les maux qu'il endure, qui seuls peuvent être dignes de votre amour[2].

La raison en est, en l'occurrence, que ce corps est le lieu de souffrances qui peuvent renvoyer à celles du Christ : « Tout ce que je suis vous est odieux, et je ne trouve rien en moi qui vous puisse agréer. Je n'y

1 Pierre Bourdieu, *Méditations pascaliennes*, Paris, Seuil, 1997, p. 199. Sur cette remise en cause d'une lecture platonisante qui oppose esprit et corps au profit d'une réflexion sur l'apport intrinsèque du corps, voir le chapitre IV p. 184-234. Nous aurons plus bas l'occasion de revenir plus en détail sur ces analyses.

2 « Prière… », *op. cit.*, p. 364 B.

vois rien, Seigneur, que mes seules douleurs qui ont quelque ressemblance avec les vôtres[1]. » On voit ici comment se reformule l'enjeu de la dignité humaine, au prix d'un renversement : ce qui rapproche l'homme de Dieu n'est pas seulement l'esprit qui l'élève au-dessus de la nature, mais aussi le corps qui véhicule une expérience endurée par Dieu fait homme.

Dans ce cadre, la maladie prend une dimension tout à fait déterminante. Certes, elle est principe d'erreur pour l'esprit quand elle affecte son appétit de connaissance, comme le constatent les *Pensées* :

> Nous avons un autre principe d'erreur : les maladies. Elles nous gâtent le jugement et le sens. Et si les grandes l'altèrent sensiblement, je ne doute pas que les petites n'y fassent impression à leur proportion. (L 44 / S 78)

Mais dans la perspective du salut, le « jugement » que les maladies « gâtent » n'en serait pas moins corrompu en étant préservé d'elles. L'activité saine et normale de l'esprit humain n'est jamais que l'expression de ce qu'il est dans la seconde nature, c'est-à-dire un « sujet plein d'erreur naturelle, et ineffaçable sans la grâce ».

Ces réflexions font fortement écho aux éléments biographiques fournis par Gilberte dans la *Vie* : dans les premiers temps de la vie de Pascal, les relâches de la maladie lui permettent un certain déploiement de son activité intellectuelle[2]. Puis au fil de l'évolution décrite par Gilberte, il en vient à considérer cette activité comme quantité négligeable pour son salut, pour estimer finalement que la maladie est l'« état naturel du chrétien[3] ». En d'autres termes, le regard porté sur la maladie connaît un renversement : l'opposition entre le travail de l'esprit et la faiblesse du corps se mue en une convergence entre la faiblesse du corps et l'ouverture du cœur. La souffrance, contraignant l'attention à se concentrer sur le corps, contrecarre la tendance fallacieuse à s'élever par l'esprit, et donne à Pascal une chance de se recentrer sur la misère de sa condition – en quoi consiste la dignité de sa pensée. On souscrit ainsi à l'analyse de la maladie, thème augustinien, proposée par Tony Gheeraert, mais pour une autre raison que lui. Il écrit en effet : « La maladie est [...] un salutaire rappel des limites de la condition humaine : bien portants,

1 *Ibid.*
2 « Vie... », *op. cit.*, p. 20 A.
3 « Vie... », *op. cit.*, p. 32 A.

nous vivons sans penser à l'essentiel ; malades, nous sommes conduits à rentrer en nous-mêmes[1]. »

Et son propos s'appuie sur l'idée que l'opération bénéfique de la maladie tient à ce qu'elle fait du corps un signe de l'âme :

> Il est presque impossible de se sauver lorsqu'on jouit d'une parfaite santé : la tentation des plaisirs est trop forte pour pouvoir résister aux sortilèges des plaisirs d'ici-bas. [...] Dans la mesure où le mal donne à voir dans le corps l'état réel de l'âme gangrenée par le péché, il peut nous purifier de nos attachements aux choses périssables et ainsi être une voie du salut[2].

Sans remettre en cause cette lecture, nous voudrions faire apparaître comment la maladie remplit ce rôle salutaire, par un autre biais que celui de la figuration. Si elle permet de réorienter le sujet vers « l'essentiel », c'est en aussi en tant que processus physique[3], obligeant à un recentrage sur la réalité du corps, contrairement au plaisir qui est un « sortilège » en offrant une jouissance fallacieuse. La maladie est ainsi « l'état naturel du chrétien » en un sens tout à fait positif : elle permet le maintien de l'esprit, associé au corps souffrant, dans un état de conscience aigu de ce qu'il est face à son Créateur. L'opération salutaire qu'elle permet repose non pas sur la disparition, sur le silence du corps, mais au contraire sur son extrême présence, sous la forme de la souffrance. Cette expérience illustre chez Pascal une acceptation profonde de la condition corporelle, qu'on peut lire comme une réalisation de ce programme, dont Gérard Ferreyrolles a relevé l'accent thomiste[4] : hors de la grâce, il faut s'appuyer sur ce qu'on est pour se relever – selon les termes de Pascal à Gilberte en 1648 : « Il faut que nous nous servions du lieu même où nous sommes tombés pour nous relever de notre chute[5]. »

---

1 Tony Gheeraert, *op. cit.*, p. 9 et p. 8.

2 *Ibid.*

3 Nous rejoignons ici l'analyse de Pierre Force, « Maladies de l'âme et maladies du corps chez Pascal », in *Le corps au XVIIe siècle*, Ronald Tobin (éd.), Paris-Seattle-Tübingen, 1995, p. 81 : « Le sens de la maladie, en tant qu'allégorie des maux de l'âme, peut être perçu par la raison. Mais il y a plus important : assurément, la maladie a un sens, mais surtout en tant qu'elle agit sur le corps, elle est efficace (au sens où la grâce est efficace). »

4 Gérard Ferreyrolles, *Les Reines du monde. L'imagination et la coutume chez Pascal*, Paris, Champion, 1995, en particulier l'introduction.

5 Lettre du 1er avril 1648. Voir aussi à ce sujet Hall Bjornstad, *Créature sans créateur*, *op. cit.*, p. 73.

Le corps n'est donc pas l'ennemi ou, pour parler comme Pierre Force, « ce serait [...] faire un contresens sur la démarche apologétique de Pascal que de la présenter, en quelque sorte, comme un déni du corps[1] ». Il n'est pas plus l'objet d'un dégoût que ne l'est la vie même :

> Que je ne souhaite désormais de santé et de vie qu'afin de l'employer et la finir pour vous, avec vous et en vous. Je ne vous demande ni santé, ni maladie, ni vie, ni mort ; mais que vous disposiez de ma santé et de ma maladie, de ma vie et de ma mort, pour votre gloire, pour mon salut,

demande Pascal dans la *Prière*[2]. Ce qu'il rejette en effet n'est pas le corps, mais le « monde » : « Je sens que je ne puis aimer le monde sans vous déplaire, sans me nuire et sans me déshonorer ; et néanmoins le monde est encore l'objet de mes délices. » C'est non le corps, mais une façon de disposer tout ensemble de son être physique, intellectuel et moral. Ce qui n'induit pas que le corps soit négligé, comme l'indique la distinction, lisible dans la *Vie*, entre le rejet des appétits du corps et l'attention à ses besoins :

> Il avait réglé dans le commencement de sa retraite la quantité de nourriture qu'il fallait pour le besoin de son estomac ; et depuis ce temps-là, quelque appétit qu'il eût, il ne passait jamais cette mesure et quelque dégoût qu'il eût aussi, il fallait qu'il mangeât ce qu'il avait réglé. Lorsqu'on lui demandait la raison pourquoi il faisait cela, il répondait que c'était le besoin de l'estomac qu'il fallait satisfaire et non celui de l'appétit[3].

La décision prise par Pascal quant à son régime repose non sur un mépris du corps, mais sur le discernement de ce qui est nécessaire à son fonctionnement. Dans la logique d'une conception de la corruption généralisée de l'être humain, le critère du plaisir n'est pas considéré comme le signe d'une exigence réelle de la part du corps, mais il existe manifestement pour Pascal une manière d'entendre cette exigence au-delà de sa perception faussée par les « appétits », qui donne accès aux « besoins ». Ainsi peut-il garder en vie ce corps auquel il ne cherche pas à complaire, mais dont il ne cherche pas non plus à se débarrasser afin, selon les termes d'Augustin, d'en user et non d'en jouir.

---

1 Pierre, Force, *op. cit.*, p. 82.

2 « Prière... », *op. cit.*, p. 365 A.

3 « Vie... », *op. cit.*, p. 22 A.

LES PETITS PAPIERS DE PASCAL

La maladie constitue à coup sûr l'expérience majeure par laquelle il a été donné à Pascal de situer l'importance du corps dans son évolution d'homme et de chrétien ; il ne l'a pas choisie. Il en est d'autres, plus ponctuelles, moins massives, qui sont significatives, ne serait-ce que parce qu'elles résultent d'une action consciemment accomplie par Pascal.

La première se situe dans la continuité de ce que nous venons d'évoquer, parce qu'elle repose sur la capacité du corps à produire des effets par le biais de la souffrance. Il s'agit du port du silice, signalé par Gilberte dans la *Vie* :

> L'esprit de la mortification [...] lui inspira d'avoir une ceinture de fer pleine de pointes et de la mettre à nu sur sa chair [...] et lorsqu'il s'élevait en lui quelque esprit de vanité ou qu'il se sentait touché du plaisir de la conversation, il se donnait des coups de coude pour redoubler la violence des piqûres et se faire ressouvenir de son devoir[1].

Cette pratique qui utilise le corps dans la quête d'une concentration morale dont l'esprit s'avère de lui-même incapable, appelle une qualification au moins ambivalente de la relation construite ici entre l'esprit et le corps. Gilberte l'exprime en termes tout à fait intéressants :

> Et pour se tenir toujours averti il s'était *comme incorporé cet ennemi volontaire* qui, en piquant son corps, excitait sans cesse son esprit à se tenir dans la ferveur et lui donnait ainsi le moyen d'une victoire assurée. Mais tout cela était si secret que nous n'en savions rien du tout et nous ne l'avons appris qu'après sa mort[2]...

Pascal s'inflige, se procure comme une dose de souffrance, déclenchant délibérément ce que la maladie lui procure d'ordinaire hors de son contrôle. Il supplée peut-être ainsi à l'accoutumance qui l'insensibilise progressivement à la douleur, affaiblissant sa capacité de rappel à l'ordre, tout particulièrement dans des circonstances agréables susceptibles de le distraire. L'inscription dans le corps de cette injonction par le biais

1 « Vie... », *op. cit.*, p. 23 A. Je souligne.

2 *Ibid.* Je souligne.

de la douleur, fonctionnant comme punition, vient comme compenser l'inscription symétrique dans ce même corps du plaisir, involontaire celle-là. On peut y lire l'extrême vigilance d'un homme très averti de la puissance des effets du corps, dans les deux sens. Cette pratique permettait à Pascal de faire de cet « ennemi volontaire » un authentique allié.

Cette expérience du ceinturon de fer peut être rapprochée d'une autre pratique, qui met le corps à contribution de manière plus indirecte, en l'engageant là aussi comme élément de remémoration, de réactivation d'une détermination morale : il s'agit des papiers, retrouvés après sa mort, sur lesquels il avait déposé et conservé des messages que, semble-t-il, il lui paraissait particulièrement important de garder en tête afin de maintenir sa rectitude morale. Il y en a deux, dont Gilberte rapporte l'existence :

> Nous avons trouvé un billet de lui où il s'était peint, lui-même sans doute, afin qu'ayant continuellement devant les yeux la voie par où Dieu le conduisait il ne pût jamais s'en détourner[1].

Elle relève également, à propos de la réserve de son frère dans le témoignage de son affection, dont elle avoue avoir souffert :

> Nous eûmes encore après sa mort une preuve que principe (sic) était bien avant dans son cœur ; car afin qu'il lui fût toujours présent il l'avait mis de sa main sur un petit papier séparé que nous avons trouvé sur lui et que nous avons reconnu qu'il lisait souvent[2].

L'existence même de ces papiers donne aux messages dont ils sont porteurs une présence matérielle, par le biais de l'écriture, les dotant de caractéristiques dont nous notons l'importance à la suite de Gilberte : la capacité à être saisis par les sens (la lecture offre la possibilité « d'avoir sous les yeux »), et la permanence. Le premier document permet une présence « continuelle », garantissant la constance (« ne pût jamais ») de l'engagement de Pascal ; le second, « toujours présent », fournit l'occasion d'une fréquentation assidue (« souvent »). L'association de ces deux qualités fait apparaître la place centrale de la dimension corporelle dans l'usage de ces petits papiers. Il repose sur le fait que le support physique fournit une aide à l'esprit : on imagine qu'à une pensée imprécise ou

1 « Vie… », *op. cit.*, p. 31 A.
2 « Vie… », *op. cit.*, p. 29 B.

faussée (l'esprit étant toujours susceptible d'être affecté par la confusion), la lecture substitue une relation avec le message exact, fixé dans une forme terminologique et syntaxique réfléchie, d'où une activité intellectuelle plus efficace car plus ciblée. On peut également supposer que le support physique procure à l'esprit non seulement un soutien pour se concentrer sur l'objet qu'il a déjà choisi, mais l'occasion même d'y penser : la présence matérielle du papier, affectant les sens (vue, toucher), est à même de déclencher une attention au message.

Nous avons ici affaire à un usage intéressant de la matérialité du corps : cette expérience suppose une continuité physique entre le corps de l'objet et le corps de Pascal. Celle-ci se manifeste dans le geste même de l'écriture : Gilberte note que l'un des messages est tracé « de sa main ». Ce n'est pas indifférent, car c'est le ressort même de ce qui est présenté comme l'efficacité de la pratique : après avoir engagé son corps par l'écriture, Pascal porte le document « sur lui », comme pour maintenir ce contact initial. C'est par l'extériorité physique, qui est le lieu d'une complicité entre le sujet et son environnement matériel, qu'il cherche à maîtriser l'orientation de sa vie spirituelle. Nous verrons plus bas que cette façon de procéder trouve de nombreux échos dans la démarche apologétique de Pascal ; il importe ici de remarquer l'ancrage biographique de cette importance donnée au corps, et qui trouve sa manifestation peut-être la plus éclatante dans le dernier exemple, le plus célèbre, de petit papier utilisé par Pascal : le document traditionnellement désigné sous le nom de « Mémorial ».

Sans entrer dans le détail d'une histoire de ce texte qui a beaucoup fasciné la critique[1], il importe ici d'insister sur la place que son usage donne à la dimension corporelle dans la mise en forme de la vie spirituelle. Rappelons qu'il s'agit d'un document en double exemplaire (papier et parchemin), qui fut retrouvé dans la doublure de son pourpoint après sa mort. Le père Guerrier, à partir du témoignage de Marguerite Périer, la nièce de Pascal, explique :

> Tous convinrent qu'on ne pouvait pas douter que ce parchemin, écrit avec tant de soin et avec des caractères si remarquables, ne fût une espèce de Mémorial qu'il gardait très soigneusement pour conserver le souvenir d'une chose qu'il

1 Sur ce point, voir Hall Bjornstad, *Twice written, never read : Pascal's* Mémorial *between superstition and* superbia, *Representations*, 124, Fall 2013, p. 69-95.

> voulait avoir toujours présente à ses yeux et à son esprit, puisque depuis huit ans il prenait soin de le coudre et découdre à mesure qu'il changeait d'habits[1].

La situation décrite ici reprend les éléments déjà signalés à propos des deux autres documents, sous une forme exacerbée : importance spirituelle du message, implication du corps du scripteur dans l'exercice calligraphique, attention morale stimulée par la présence physique, importance du contact entre le corps de l'objet et le corps de Pascal, souci du maintien de ce contact[2].

Aborder le *Mémorial* sous cet angle permet de relier ce texte et ses enjeux à nombre d'autres aspects de la réflexion pascalienne. Après avoir vu que le constat d'un antagonisme initial entre les pôles corporel et spirituel de l'être humain ne pouvait déboucher simplement sur un rejet de l'extériorité du corps au profit d'une intériorité supposée salvatrice, cette perspective nous permettra de mettre en lumière l'importance du corps dans la pensée et dans la démarche apologétique de Pascal.

1 Note du Père Guerrier, citée en introduction du Mémorial, in Pascal, *Œuvres complètes*, *op. cit.*, p. 618 A.

2 Notre approche du *Mémorial* comme objet matériel rejoint les analyses de Hall Bjornstad dans son article « Twice written… », *op. cit.*

CHAIR

Le chapitre précédent a mis l'accent sur des éléments biographiques qui montrent le caractère à la fois central et complexe du rôle donné au corps dans l'itinéraire personnel de Pascal, invitant à en examiner les échos dans ses écrits. L'usage qu'il faisait du morceau de papier porté sur lui – le *Mémorial* – ainsi que le port du ceinturon de métal, indiquent que les objets physiques affectant cet autre objet physique qu'est son corps étaient des recours précieux pour l'aider à maintenir sa piété dans toute sa vigueur. L'étude que leur consacre Hall Bjornstad fait clairement apparaître ce point et le conduit à cette conclusion :

> *And the remedy against the dreaded separation from God, operating through human and worldly attachment, seems to reside in the attachment to these objects worn on his body. It is as if their separation from the world could help counter too strong an attachment to the world*[1].

Ces lignes signalent la démarcation qui permet pour ainsi dire le retournement du monde contre lui-même : la « séparation du monde » qui concerne ces objets renvoie au secret dans lequel ils ont été tenus pendant toute la vie de Pascal. Ses proches ne les ont découverts qu'après sa mort, et Hall Bjornstad note qu'ils ont vraisemblablement constitué pour eux un motif d'interrogation quant à la nature exacte et aux modalités effectives de la dévotion de Pascal. Cette analyse tout à fait convaincante confirme que dans la dramaturgie de la quête du salut, il y a non pas une opposition entre un corps « opposant » et un esprit « adjuvant », mais plutôt une confrontation entre des aspects différents du corps lui-même. Ici, la distinction entre public et privé permet d'introduire un jeu entre deux usages de l'objet physique : l'un, subi, qui relève d'une condition humaine nécessairement attachée au corps ; l'autre, choisi, qui relève d'une capacité humaine à se distancier de cet attachement nécessaire.

---

1 Hall Bjornstad, « Twice written… » *op. cit.*, p. 84-85.

Ces pratiques de Pascal sont opérantes parce qu'elles mettent en jeu la continuité d'un support – le corps physique – et la production par le sujet d'un écart entre deux pratiques de ce même support. Cette distinction se traduit dans ses écrits par les usages qu'il y fait respectivement des notions de corps et de chair. L'examen de ces emplois montre que la chair reste essentiellement attachée à l'idée de perdition, dégageant la possibilité d'envisager le corps et les choses physiques hors de cette vocation négative.

Avant d'examiner ce qu'écrit Pascal, signalons que cette répartition, que nous repérons dans le propos de Pascal, établit une démarcation à l'intérieur d'un champ sémantique que la tradition théologique a maintenu dans l'indétermination. Dans le *Nouveau Testament*, les termes de « chair » et de « corps » sont ambivalents et susceptibles de désigner des réalités corporelles et spirituelles, dans la mesure où corps comme chair sont engagés dans la résurrection. Les deux termes sont sollicités par saint Paul dans le chapitre XV de la première *Épître aux Corinthiens*, consacré à cette question[1] ; à ce propos, saint Augustin emploie à la fois les deux termes, tout comme Tertullien : si la tradition théologique parle de « *corps* glorieux » pour désigner l'union à Dieu, elle dit aussi que le « Verbe s'est fait *chair*[2] ».

Dans ce contexte terminologique, la position qui se dégage des écrits de Pascal distingue d'une part la chair, notion théologique qui désigne l'objet de l'attachement humain, et d'autre part le corps, notion ontologique qui désigne une dimension du monde comme de l'être humain, dimension en elle-même neutre et susceptible d'usages divergents, parmi lesquels l'usage charnel. Un tel cadre théorique suppose que le corps,

1 Ainsi, dans ce texte, c'est le corps chrétien qui, après avoir éprouvé la pourriture de la tombe renaît à la vie : « Mais, dira-t-on, comment les morts ressuscitent-ils ? Avec quel *corps* reviennent-ils ? » (Cor., XV, 35). Pour répondre à ces questions, l'apôtre poursuit : « Et ce que tu sèmes n'est pas la plante qui doit naître, mais un grain nu, de blé ou d'autre chose. Puis Dieu lui donne *corps*, comme il le veut et à chaque semence de façon particulière. Aucune *chair* n'est identique à une autre… » (Cor., XV, 38-39). Et plus loin : « S'il y a un *corps* animal, il y a aussi un *corps* spirituel » (Cor., XV, 44), mais aussi : « Voici ce que j'affirme, frères : la *chair* et le sang ne peuvent hériter du Royaume de Dieu… » (Cor. XV, 50). Je souligne. Pour la traduction biblique, Traduction œcuménique de la Bible, Alliance Biblique Universelle, Le Cerf, nouvelle édition 1990, (« corps » et « chair », dans cette traduction, correspondent respectivement à « corpus » et « caro » dans la Vulgate).

2 Sur ce sujet, nous renvoyons à la mise au point de l'entrée « Corps glorieux » du *Dictionnaire de théologie catholique*, A. Vacant, E Mangenot, E. Amann, Paris, Librairie Letouzey et Ané, 1923, p. 1885 *sq*.

considéré à la fois comme opérateur d'attachement et de détachement, soit dégagé de son opposition à l'esprit dans une logique anthropologique binaire[1]. On voudrait établir que c'est précisément ce que fait Pascal, qui dépasse ce dualisme grâce à une théorie du point de vue, elle-même adossée sur une théorie des ordres. Ainsi, pour apprécier la mise en place de cette distinction entre corps et chair, il faut commencer par examiner comment Pascal mine l'opposition entre esprit et corps qui constitue son point de départ.

LE DUALISME, MINÉ PAR LA DÉMULTIPLICATION DES OPPOSITIONS

L'opposition de l'esprit et du corps est très présente dans la réflexion de Pascal, qui reprend à son compte le dualisme de la substance posé avant lui par Descartes. Du moins cette terminologie dualiste est-elle le référentiel initial de sa réflexion anthropologique, qui présente l'homme comme ontologiquement composé de deux natures, respectivement identifiées à l'esprit et au corps. C'est le vocabulaire dont use le fragment 199 sur les deux infinis :

> Et ce qui achève notre impuissance – à connaître les choses est qu'elles sont simples en elles-mêmes et que nous sommes composés de deux natures opposées et de divers genres, d'âme et de corps. Car il est impossible que la partie qui raisonne en nous soit autre que spirituelle et quand on prétendrait que nous serions simplement corporels cela nous exclurait bien davantage de la connaissance des choses, n'y ayant rien de si inconcevable que de dire que la matière se connaît soi-même. [...] Au lieu de recevoir les idées de ces choses pures, nous les teignons de nos qualités et empreignons notre être composé (de) toutes les choses simples que nous contemplons. (L 199 / S 230)

Dans ces lignes, l'évaluation de ce que le sujet humain met en jeu dans la démarche de connaissance conduit à poser en lui deux instances,

1 Une neutralité parfaitement compatible avec la perspective chrétienne telle que la développe Saint Paul dans l'*Épitre aux Corinthiens* précédemment citée. Comme l'indique le *Dictionnaire de théologie catholique*, pour l'apôtre, « le corps par lui-même est indifférent à être animal, ψυχικόν, ou spirituel, πνευματικόν; il est animal quand il est informé par l'âme, ψυχή, et spirituel quand il est informé par l'esprit, πνεῦμα. », *op. cit.*, p. 1888.

qualifiées de « natures », et assimilées l'une à un pôle corporel (« corps », « corporel », « matière »), l'autre à un pôle spirituel (« âme », « spirituel »). Ce passage témoigne du fait que cette distinction, bien présente, est également fragile. Pour reprendre une analyse de Vincent Carraud, Pascal « … maintient l'acquis fondamental de la distinction de la *res cogitans* et de la *res extensa* […] mais tente d'excéder cette position métaphysique en lui assignant son site exact[1] ». Cette rectification signale à juste titre que ladite position métaphysique n'est pas le dernier mot de Pascal. On peut cependant considérer que son propos consiste moins à l'« excéder » qu'à la miner. En effet, quel est ici le statut de cet « acquis » dualiste ? Pascal utilise les termes caractérisant les deux substances comme s'il en maîtrisait les définitions ; comme si ce « nous » dont il fait partie était effectivement à même de savoir ce que sont « les choses simples », ce qu'est un être « simplement corporel, ce qu'est "la partie qui raisonne" ». Or il y a là une sorte de pétition de principe négative. Le raisonnement repose sur un présupposé (la connaissance des « choses pures », impliquée dans l'idée du com-posé), dont justement il dénie la possibilité, puisque cette connaissance est inaccessible en raison de la nature du sujet qui la recherche. L'expérience cognitive est celle de l'impuissance à « connaître les choses », à « recevoir les idées de ces choses pures ». Dès lors, la terminologie dualiste ne renvoie pas à un savoir métaphysique réellement disponible ; elle relève plutôt d'un façonnage rhétorique qui permet au raisonnement de se tenir. Notre approche rejoint ici celle d'Édouard Morot-Sir qui, dans *La métaphysique de Pascal*, soutient l'idée que pour cet auteur, « l'être de l'homme est rhétorique », cherchant à « faire comprendre une des grandes originalités de la pensée pascalienne – son refus de l'ontologie aristotélicienne ou cartésienne[2] ». Pour autant, face au flottement qu'induit ce refus, « Pascal a le sentiment très vif que le langage répond […] à un impératif de fixation[3], » à un « besoin de symétrie[4] ». Aussi Pascal ne se prive-t-il pas des ressources rhétoriques du dualisme, parce que « le langage humain ne peut pas ne pas être systématique [et que] les mots et les phrases se regroupent naturellement autour de pôles en opposition[5] ». Mais cette simplification

1 Vincent Carraud, *Pascal et la philosophie*, Paris, PUF, 1992, p. 234.
2 Édouard Morot-Sir, *La métaphysique de Pascal*, Paris, PUF, 1973, p. 12-13.
3 Édouard Morot-Sir, *op. cit.*, p. 40.
4 Édouard Morot-Sir, *op. cit.*, p. 38.
5 Édouard Morot-Sir, *op. cit.*, p. 40.

terminologique n'est aussi nécessaire qu'en raison du chaos qu'elle cherche vainement à organiser.

En fait, l'expérience interdit de donner un contenu à cet étiquetage :

> Combien les lunettes nous ont-elles découvert d'êtres qui n'étaient point pour nos philosophes d'auparavant ! [...] Il y a des herbes sur la terre, nous les voyons ; de la lune on ne les verrait pas. Et sur ces herbes des poils et dans ces poils de petits animaux mais après cela plus rien, ô présomptueux ! Les mixtes sont composés d'éléments et les éléments non ; ô présomptueux voici un trait délicat. Il ne faut pas dire qu'il y a ce qu'on ne voit pas. (L 782 / S 645)

La présomption consiste à confondre la définition *a priori* d'un terme avec un secteur de la réalité. Ce raisonnement, qui vaut de manière générale, prive de consistance théorique l'opposition âme/corps, qui sert de principe explicatif de la confusion humaine, mais reste elle-même confuse.

> Qui ne croirait à nous voir composer toutes choses d'esprit et de corps que ce mélange-là nous serait bien compréhensible. C'est néanmoins la chose qu'on comprend le moins ; l'homme est à lui-même le plus prodigieux objet de la nature, car il ne peut concevoir ce que c'est que corps et encore moins ce que c'est qu'esprit, et moins qu'aucune chose comment un corps peut être uni avec un esprit. (L 199 / S 230)

La rhétorique dualiste qui cherche à organiser l'expérience selon la distinction de l'esprit et du corps ne livre que le savoir de son propre échec, car elle ne correspond à aucun savoir ontologique effectif.

Et l'anthropologie pascalienne exprime amplement cette impossibilité : les multiples conflits internes à l'homme, tels qu'ils sont repérés par Pascal, ne permettent pas de tracer en lui une ligne de partage entre ces deux domaines. Il parle ainsi de la « guerre qui est entre les sens et la raison » (L 44 / S 78), de la « guerre intestine de l'homme entre la raison et les passions » (L 621 / S 514[1]), et de cette guerre de la raison contre l'imagination, « cette puissance ennemie de la raison qui se plaît à la contrôler et à la dominer » (L 44 / S 78). Champ de bataille qui met également aux prises la nature et la raison quand le conflit, en s'incarnant dans le combat philosophique, s'extériorise en une « guerre ouverte entre les hommes », où s'affrontent dogmatistes partisans de la raison et pyrrhoniens partisans de la nature – avec ce paradoxe que chacune de ces

1 Voir aussi L 410 / S 29 (« cette guerre intérieure de la raison contre les passions »).

options philosophiques est invalidée par ce dont elle se réclame : « La nature confond les pyrrhoniens (et les académiciens) et la raison confond les dogmatiques ». Ainsi cette métaphore guerrière construit-elle des face-à-face entre deux places antagonistes, mais celles-ci ne peuvent clairement être assignées au corps d'une part et à l'esprit de l'autre.

En ce qui concerne le premier, on observe que les antagonismes décrits par Pascal opposent régulièrement la raison à une autre instance, dont les visages sont multiples : sens, passions, imagination, nature. L'argumentation fonctionne dans chaque cas de façon binaire ; elle fait jouer un couple d'opposés dont l'un des termes, la raison, paraît pouvoir être assimilé au pôle spirituel de l'être humain. Aussi, par une sorte de mécanisme à la fois théorique et rhétorique, sommes-nous tentés d'assimiler symétriquement l'autre terme au pôle corporel correspondant selon la distinction ontologique esprit/corps.

Or les adversaires, que les textes de Pascal présentent comme étant en « guerre » les uns contre les autres, ne se prêtent pas à une telle lecture. Si à chaque fois la raison tient lieu de l'instance spirituelle, sens, passions, imagination et nature sont loin de tous instancier le corps. Le terme le plus propre à cette assimilation est celui qui désigne la perception sensorielle, les « sens », qui renvoient à la matérialité du corps, percevant et perçu. Cependant, ils sont directement mis en relation avec d'autres termes, eux aussi considérés comme antagonistes de la raison (« imagination », et « passions »), dont le statut est moins clair s'il s'agit de les assigner à la *res extensa* contre la *res cogitans*. C'est ce que permet de dégager le fragment 45, en complément du fragment 44. Ici, l'imagination, ennemie de la raison, est l'activité mentale dans l'exercice de laquelle les sens, qui troublent l'activité rationnelle, sont en retour troublés par elle par le biais des passions :

> … les sens abusent la raison par de fausses apparences. Et cette même piperie qu'ils apportent à l'âme, ils la reçoivent d'elle à leur tour ; elle s'en revanche. Les passions de l'âme les troublent et leur font des impressions fausses. […] Mais outre cette erreur qui vient par accident et par le manque d'intelligence entre ces facultés hétérogènes…
> (Il faut commencer par là le chapitre des puissances trompeuses.) (L 45 / S 78)

La guerre qui oppose l'imagination, les sens et les passions d'une part, à la raison d'autre part, est un seul et même conflit, examiné sous différentes facettes. Et l'on voit dans ce passage que les passions, situées dans certains contextes du côté du pôle corporel (guerre entre raison et passions), sont ici situées du côté du pôle spirituel, puisqu'elles sont l'instrument par lequel la raison vient perturber les sens, qui occupent ici cette place du corporel. Il n'est donc pas possible d'établir un recoupement entre les antagonismes posés par Pascal et le dualisme qui sépare *res cogitans* et *res extensa*[1].

Si la première partie engagée dans la relation polémique ne peut clairement être définie comme « corporelle », la seconde ne peut clairement être définie, quant à elle, comme « spirituelle ». En effet, dans la guerre où elle intervient, l'instance rationnelle ne voit pas son identité consolidée, mais bien plutôt diluée. Son fondement est fragile (« ce qui est fondé sur la saine raison est bien mal fondé… » [L 26 / S 60]) ; marquée par son appartenance pleine et entière à la misère (« Cette belle raison corrompue a tout corrompu » [L 60 / S 94]), elle est « ployable à tous sens » (L 530 / S 455), à la merci d'« un vent [qui] la manie et à tous sens » (L 44 / S 78). Notons en outre que cette « maniabilité » est considérée comme une caractéristique propre à la dimension spirituelle, ainsi que le remarque Pascal à propos de la justice : « … la force ne se laisse pas manier comme on veut parce que c'est une qualité palpable, au lieu que la justice est une qualité spirituelle dont on dispose comme on veut » (L 85 / S 119). Ainsi, loin de faire apparaître dans ce terme spirituel une consistance propre par laquelle il résisterait et se distinguerait, la construction du couple oppositionnel expose sa tendance intrinsèque à céder, et finalement son affinité profonde avec l'autre terme, corporel, du conflit.

1 Avec un autre angle d'approche, quant à lui plutôt spiritualiste, cette impossibilité est reconnue par Béatrice Guion, « De l'abandon à la méditation : représentations de l'espace intérieur à Port-Royal », *Études littéraires*, vol. 34 (2002), lorsqu'elle étudie chez les auteurs de Port-Royal la désunion intérieure de l'homme, signe de sa déchéance, qui se traduit par l'image de la guerre : « On relève l'image guerrière : nos auteurs recourent fréquemment au *topos* de la guerre civile pour décrire l'effet des passions. Tandis que Nicole évoque les "séditions intérieures" (p. 54), Pascal parle de "guerre intestine" […] En effet, les passions ne constituent pas une menace extérieure à laquelle la raison et la volonté se doivent de résister, mais un risque d'ébranlement intérieur au moi. Quand pour Descartes, par exemple, la division ne se situe pas entre deux parties de l'âme, mais entre l'âme et le corps, les augustiniens considèrent que du fait de l'union consubstantielle de l'âme et du corps, les passions ont leur siège dans l'âme, aussi bien que la raison. » (p. 46). L'auteur confirme ainsi, quoique dans une perspective différente, la non-superposition des antagonismes dont l'être humain est le siège avec la distinction âme/corps.

De fait, l'activité de la raison ne peut être coupée d'un ancrage physique qui non seulement lui fournit l'incontournable point de départ du matériau sensoriel, mais régit l'ensemble de son opération : « C'est sur ces connaissances du cœur et de l'instinct qu'il faut que la raison s'appuie et qu'elle y fonde tout son discours » (L 110 / S 142) ; et « Tout notre raisonnement se réduit à céder au sentiment » (L 530 / S 455). L'utilisation de ces notions de cœur, d'instinct et de sentiment pour décrire l'activité rationnelle brouille les systèmes d'opposition binaire qui semblaient pouvoir la définir comme instance spirituelle en face d'une instance corporelle. « C'est le cœur, nous dit-il, qui sent Dieu et non la raison » (L 424 / S 680), explique-t-il en une distinction qui à la fois maintient la raison dans une identité spirituelle en l'opposant à une instance qui « sent », et la prive de cette identité en lui refusant l'accès à Dieu.

La difficulté à situer la raison dans le cadre d'une opposition entre le corps et l'esprit est due au fait que cette distinction n'est pas pertinente pour décrire le fonctionnement humain : la raison ne parvient plus à être nulle part, parce qu'il apparaît que le corps est partout, aussi bien du côté d'une matérialité qui perturbe le fonctionnement rationnel, que du côté d'une spiritualité qui dépasse ce même fonctionnement rationnel. Cette ambivalence du corps est tout particulièrement incarnée par la notion d'instinct : « Instinct et raison, marques de deux natures » (L 112 / S 144). Ce passage, on le sait, peut d'une part renvoyer en même temps à deux couples oppositionnels : l'un, ontologique, distinguant matérialité (instinct animal) et spiritualité (rationalité humaine) ; l'autre, théologique, distinguant première nature (instinct divin)[1] et seconde nature (rationalité humaine corrompue).

Le caractère central du corps dans cette configuration complexe court-circuite une application automatique de la logique binaire esprit/corps et empêche que l'approche ontologique et l'approche théologique soient rabattues l'une sur l'autre, car chez Pascal, le corps n'est pas plus assignable à la misère que l'esprit ne l'est à la grandeur. D'où notre réticence vis-à-vis de raisonnements comme celui que tient, par exemple, Vincent Carraud :

1 Sur l'expression de la première nature par l'instinct, voir aussi le fragment 149 : « Voilà l'état où les hommes sont aujourd'hui. Il leur reste quelque instinct impuissant du bonheur de leur première nature, et ils sont plongés dans les misères de leur aveuglement et de leur concupiscence qui est devenue leur seconde nature. » (L 149 / S 182).

> … il va sans dire que l'équilibre de l'opposition de la grandeur et de la misère, quand celle-là signifie les devoirs et celle-ci la faiblesse, disparaît au profit d'une simple hétérogénéité quand celle-là signifie la pensée et celle-ci désigne la matière, que redouble le privilège ontologique de la pensée […] sur tout autre objet[1].

Dans ces lignes, le couple misère/grandeur semble superposable au couple matière/pensée, l'un étant susceptible de signifier et de remplacer l'autre. Ce qui fait alors difficulté, c'est le glissement par lequel cette superposition, associant « grandeur » et « pensée », débouche sur l'affirmation d'un « privilège ontologique de la pensée », qui lui reconnaît une dignité supérieure à celle de la matière, dès lors que celle-ci a été associée à la « faiblesse ». En effet, il y a un décalage entre le point de vue ontologique et le point de vue théologique quand on considère la dualité humaine : le second ouvre une intelligibilité sur cette créature incompréhensible, comme l'indique le fragment 131 :

> N'est-il donc pas clair comme le jour que la condition de l'homme est double. […]
> (Concevons donc que la condition de l'homme est double.)
> (Concevons donc que l'homme passe infiniment l'homme, et qu'il était inconcevable à soi-même sans le secours de la foi. Car qui ne voit que sans la connaissance de cette double condition de la nature on était dans une ignorance invincible de la vérité de sa nature.) (L 131 / S 164)

Selon la vue de la foi qu'évoquent ces lignes, le couple d'opposés qui prend en charge la réalité humaine n'est pas le couple ontologique corporel/spirituel, mais le couple théologique nature adamique / nature déchue. Ce dualisme repousse l'incompréhensibilité : ce qui ne pouvait se concevoir est l'objet d'une conception possible voire obligatoire (« concevons… »), dès lors que ce ne sont plus esprit et corps qui sont opposés et conjoints, mais nature corrompue et nature non corrompue, comme l'indique la suite du fragment :

> (N'est-il donc pas clair comme le jour que la condition de l'homme est double.) Car enfin si l'homme n'avait jamais été corrompu il jouirait dans son innocence et de la vérité et de la félicité avec assurance. Et si l'homme n'avait jamais été que corrompu il n'aurait aucune idée ni de la vérité, ni de la béatitude. Mais malheureux que nous sommes et plus que s'il n'y avait

1 Vincent Carraud, *Pascal et la philosophie*, *op. cit.*, p. 91.

> point de grandeur dans notre condition, nous avons une idée du bonheur et nous ne pouvons y arriver. (L 131 / S 164)

Il y a donc bien une clarification binaire permettant de comprendre l'homme : c'est la clé théologique de la Chute – avec deux conséquences pour notre propos. Premièrement, l'opposition de ces deux termes ne place le corps ni d'un côté ni de l'autre, puisque d'une part la nature non corrompue n'est pas identifiable à une nature non corporelle, et d'autre part la corruption affecte aussi bien la nature spirituelle que la corporelle. Deuxièmement, cette clé de compréhension relève du mystère, elle est elle-même incompréhensible :

> Nous ne concevons ni l'état glorieux d'Adam, ni la nature de son péché, ni la transmission qui s'en est faite en nous. Ce sont choses qui se sont passées dans l'état d'une nature toute différente de la nôtre et qui passent l'état de notre capacité présente. (L 431 / S 683)

C'est pourquoi elle rend compte de l'inconcevabilité humaine sans véritablement l'expliquer, et sa binarité ne permet pas d'organiser la confusion.

Dès lors la démarche de Pascal consiste à représenter cette confusion par le biais d'une multiplication d'oppositions décalées les unes par rapport aux autres, qui créent chacune une sorte d'effet local de compréhension, sans offrir la clarté d'une vision globale. Ainsi l'organisation binaire de l'argumentation se défait-elle rapidement au profit d'une représentation qui, comme la raison versatile, part « en tous sens », comme dans ces lignes du fragment 131 :

> Quelle chimère est-ce donc que l'homme ? Quelle nouveauté, quel monstre, quel chaos, quel sujet de contradictions, quel prodige ? Juge de toutes choses, imbécile ver de terre, dépositaire du vrai, cloaque d'incertitude et d'erreur, gloire et rebut de l'univers.
> Qui démêlera cet embrouillement ? (L 131 / S 164)

La chimère, composition double, n'est qu'une version du « monstre » protéiforme qu'est l'homme ; la contradiction dont il est le siège est plurielle ; l'« embrouillement » tient en échec le regard dualiste. Les conflits internes qui sont le lot de la condition humaine se présentent moins sous la forme ordonnée du duel entre deux instances, que comme une guerre multilatérale entre des parties à la fois irréconciliables et interchangeables. L'affirmation selon laquelle « nous sommes composés de deux natures opposées » (L 199 / S 230) est certes légitime. Mais la difficulté de circonscrire et de fixer ce que sont l'une et l'autre de ces natures fait de cette « composition » un chaos. Ce qui justifie aussi bien l'affirmation selon laquelle nous ressortissons à des natures multiples : « Tout est un. Tout est divers. Que de natures en celle de l'homme » (L 129 / S 162). La mise en relief des contrariétés ouvre non sur leur recoupement mais sur leur accumulation. C'est ce qui conduit Éric Lundwall à considérer que

> Pascal est l'héritier du *distinguo* médiéval. Se fait jour une logique hiérarchique qui ne place pas sur le même pied deux notions contraires [...]. Une figure de style exprime cet englobement des contraires : l'oxymore [...]. À l'asymétrie de l'oxymore s'oppose la symétrie de l'antithèse... L'oxymore inclut, l'antithèse exclut[1].

À la faveur de cette inclusion, la multiplication des oppositions binaires révèle le caractère partiel de la vision dualiste, qui se trouve excédé par la pluralité des choses. Mais c'est plus exactement le regard porté sur elles qui transforme l'objet « un » en objet « divers » : toute saisie duelle peut (et doit) être complétée par une autre saisie duelle, sans que l'une soit invalidée par l'autre, parce qu'aucune d'elle ne relève de la chose saisie. Bien plutôt, chacune exprime le biais par lequel le sujet l'aborde, et trouve là sa légitimité. Ainsi une affirmation sera-t-elle à la fois vraie et fausse selon le point de vue, situation qu'il s'agit de faire entendre à quiconque s'engage dans la recherche de la vérité : « Il faut observer par quel côté il envisage la chose, car elle est vraie ordinairement de ce côté-là, et lui avouer cette vérité, mais lui découvrir par où elle est fausse » (L 701 / S 579).

1 Éric Lundwall, *Les carrosses à cinq sols, Pascal entrepreneur*, Paris, Science Infuse, 2000, p. 74-75.

« MILIEU » ET « ORDRES » : APPROCHES NON DUALISTES DU CORPS

À la fixation d'un pôle de vérité en face d'un pôle de fausseté se substitue le mouvement par lequel la relation même de polarité est indéfiniment déplaçable. C'est ce déplacement qui fait apparaître en face de l'homme qui veut le saisir un monde multiple, changeant, aussi divers que les points de repères qui le balisent. C'est pourquoi l'homme semble toujours situé dans une sorte de place intermédiaire, dans un entre-deux, qui est son espace propre :

> L'extrême esprit est accusé de folie comme l'extrême défaut ; rien que la médiocrité n'est bon : c'est la pluralité qui a établi cela et qui mord quiconque s'en échappe par quelque bout que ce soit. Je ne m'y obstinerai pas, je consens bien qu'on m'y mette et me refuse d'être au bas bout, non pas parce qu'il est bas, mais parce qu'il est bout, car je refuserais de même qu'on me mît au haut. C'est sortir de l'humanité que de sortir du milieu. (L 518 / S 452)

Qu'est-ce qui condamne ici les « extrêmes » ? C'est leur prétention à incarner un absolu, le point fixe auquel on parviendrait en allant à la limite, d'un côté ou de l'autre – peu importe. La « médiocrité » qui leur est opposée n'est donc pas une localisation entre ces deux points fixes, ces « bouts », mais l'espace tracé par la « pluralité », c'est-à-dire révélé par la multiplication des points de vue possibles. C'est cet espace que Pascal qualifie de « milieu », et que l'homme traverse incessamment, sans pouvoir s'y fixer nulle part. « Nous voguons sur un milieu vaste… » (L 199 / S 230) ; aussi n'y a-t-il aucune pertinence à vouloir s'y « obstiner ».

Cette obstination, c'est le vain désir d'identifier son point de vue à un point fixe, auquel son statut d'extrême conférerait celui d'absolu, de repère absolument fiable. Mais les extrêmes n'existent pas pour l'homme comme des points fixes entre lesquels il flotte et auxquels il pourrait éventuellement s'arrimer : à proprement parler, pour lui, ces points n'existent pas, comme l'indique le fragment 199 :

> Bornés en tout genre, cet état qui tient le milieu entre deux extrêmes se trouve en toutes nos puissances. Nos sens n'aperçoivent rien d'extrême, trop de bruit nous assourdit, trop de lumière éblouit, trop de distance et trop de

> proximité empêche la vue. [...] Enfin les choses extrêmes sont pour nous comme si elles n'étaient point et nous ne sommes point à leur égard ; elles nous échappent ou nous à elles.
> Voilà notre état véritable. (L 199 / S 230)

L'appartenance à ce milieu ne consiste pas à situer l'homme entre des bornes qu'il serait capable d'appréhender : « connaître notre portée » ne relève pas d'une localisation sur une grille dont nous maîtriserions les coordonnées. Elle est plutôt le constat d'une impossibilité de trouver ces points fixes. Elle voue le jugement humain à être un point de vue mouvant : « ... tant il est difficile de ne point démonter un jugement de son assiette naturelle, ou plutôt tant il en a peu de ferme et stable » (L 529 / S 454). Plutôt que de s'agripper à un support qui se dérobe, Pascal choisit alors d'exploiter cette fragilité : « S'il se vante je l'abaisse. S'il s'abaisse je le vante. Et le contredis toujours » (L 130 / S 163). La contradiction qui heurte la vaine tentative de se définir (quelle qu'en soit l'orientation) ne fait ici qu'épouser le mouvement naturel qui décentre tout jugement : « La nature nous a si bien mis au milieu que si nous changeons un côté de la balance nous changeons aussi l'autre » (L 519 / S 453).

Cette notion de milieu, pour reprendre les termes de Pierre Guenancia, « connote [...] l'indétermination, à la fois du milieu dans lequel nous sommes [...], et du milieu que nous sommes[1] ». Le préfixe mi- peut alors être compris comme une façon d'éviter la logique de la localisation, dans un langage inévitablement imprégné de métaphore spatiale. Le mi-lieu serait moins l'entre-deux, le site intermédiaire, que la situation de non-lieu, la situation d'« égarement » pourrait-on dire en reprenant le terme de Vincent Carraud : « Du désordre, c'est-à-dire de l'absence d'un lieu et d'une place propres, suit l'égarement[2]. » Autrement dit, la notion de milieu, en cherchant à dire autre chose que l'assignation à un lieu, cherche aussi à dire autre chose que la situation dans une logique binaire.

C'est donc dans ce cadre théorique dégagé de la pensée dualiste qu'il convient d'examiner la place du corps dans l'anthropologie, et partant dans l'apologétique pascalienne. Une mise en perspective qui permet de faire pièce à l'idée que le corps, associé à la chair dans leur opposition conjointe à l'esprit, serait chez Pascal une dimension à dépasser sur le chemin qui mène au salut.

1 Pierre Guenancia, *Divertissements pascaliens*, Paris, Hermann, 2011, p. 245.
2 Vincent Carraud, *Pascal et la philosophie*, *op. cit.*, p. 396.

L'instrument majeur mis au point par Pascal pour répondre aux difficultés posées par l'approche dualiste est la théorie des ordres. Celle-ci s'inscrit dans la continuité de l'approche multilatérale des points de vue dans la mesure où, en articulant des couples d'opposés dans une structure ternaire, elle permet de prendre en charge les oppositions duelles (notamment celle de l'esprit et du corps), et en même temps de prendre en charge le désordre de leur multiplication par la mise en place d'un troisième terme. Disons que c'est ce passage à une représentation ternaire qui fournit la clé des représentations binaires, comme le point de vue de la foi permet de faire apparaître l'intelligibilité d'une anthropologie sans elle incompréhensible. Il s'agit alors d'examiner comment les principes binaire et ternaire s'articulent, et quelles conséquences en résultent pour la place donnée au corps dans cet ensemble.

On parle communément des trois ordres, conformément à cette affirmation du fragment 933 : « Il y a trois ordres de choses. La chair, l'esprit, la volonté » (L 933 / S 761). Avant d'entrer dans la discussion concernant leur dénomination et leur hiérarchisation, commençons par constater la portée de ce choix d'une organisation en trois termes. Par l'analyse qu'il en propose dans *Sur le prisme métaphysique de Descartes*, Jean-Luc Marion explique que cette théorie des ordres, en prenant appui sur la pensée de Descartes, en dépasse le dualisme[1]. Ce qu'il importe ici de souligner, c'est que l'enjeu principal du passage du deux au trois n'est pas l'ajout d'un terme supplémentaire, mais la prise en compte par le tiers terme de tout ce qui excède le face-à-face clos et partiel des deux premiers. Dans ce sens, et avant même de se demander quelle sera la nature de la relation entre les trois termes, le ternaire intervient comme déstabilisation et dépassement du binaire.

Reprenons à titre d'exemple le fragment 112 : « Instinct et raison, marque de deux natures » (L 112 / S 144). Par lui-même, dans l'observation partielle qu'il fait de l'homme sous un angle donné, il pose une dualité ; mais compris dans le cadre ternaire des ordres, il est susceptible, nous l'avons vu, d'une lecture qui fait apparaître trois termes – à savoir la saisie non rationnelle de l'instinct, la saisie discursive de la raison, et la saisie discursive du cœur[2]. Les « deux natures » peuvent ainsi renvoyer

1 Jean-Luc Marion, *Sur le prisme métaphysique de Descartes*, Paris, PUF, 1986, p. 293-369.

2 Sur ce point, voir par exemple Hélène Bouchilloux, *op. cit.*, p. 40.

aux « trois ordres de choses » cités plus haut : chair/esprit/volonté. Aussi pouvons-nous conclure avec Jean Mesnard que « ces deux structures (binaires et ternaires) sont l'une et l'autre nécessaires, encore que la seconde soit plus fondamentale, pour parvenir à ce dépassement d'elles-mêmes en vue d'embrasser toutes les formes de l'infini[1] ».

C'est pourquoi on peut envisager, comme le fait Tamas Pavlovits[2], qu'il y ait non trois mais quatre ordres, en prenant appui sur le fragment 275 : « Et même la grâce n'est que la figure de la gloire. Car elle n'est pas la dernière fin » (L 275 / S 306). Certes, la gloire n'a pas tout à fait le même statut que la chair, l'esprit et le cœur, car elle ne relève pas du domaine anthropologique. Mais l'hypothèse d'un quatrième ordre ne ferait qu'exploiter la logique même de l'organisation des ordres dans ce qu'elle a de plus neuf. Selon la formulation de Jean-Luc Marion,

> l'innovation décisive de Pascal ne tient donc pas à l'introduction du syntagme « ordre de la charité », ni même à l'institution de trois ordres plutôt que de trois concupiscences, mais à l'établissement d'un troisième ordre [...] Le second écart ne se borne pas à répéter le premier comme dans une analogie mais il en élève l'incommensurabilité à la seconde puissance[3].

Si le troisième ordre est déjà incommensurable aux deux autres en vertu de son caractère surnaturel, le quatrième démultiplierait encore cette incommensurabilité. Il pointe en quelque sorte, de très loin, cette « dernière fin » qui effectivement est hors de la portée humaine. Si, comme le note Jean Mesnard, « ... en droit, le "renversement du pour au contre" est "continuel", [et] pourrait se poursuivre à l'infini[4] », la considération d'un quatrième ordre au-delà des trois autres peut constituer, en droit, l'une des modalités de la reconduction « à l'infini » de ce renversement, en en élargissant l'horizon.

Il n'en demeure pas moins que cette considération est d'ores et déjà comme incluse dans la structure ternaire proposée par Pascal, étant

1 Jean Mesnard, « Structures binaires et structures ternaires dans les *Pensées* de Pascal », *Littératures classiques*, n° 20, supplément 1994, p. 55. Pour les analyses de cet auteur concernant les trois ordres, voir « Le thème des trois ordres dans l'organisation des *Pensées* », in *La culture du XVIIe siècle. Enquêtes et synthèses*, Paris, PUF, 1992, p. 462-484.

2 Tamas Pavlovits, *Le rationalisme de Pascal*, Paris, Publications de la Sorbonne, 2007, p. 262.

3 Jean-Luc Marion, *Sur le prisme métaphysique...*, *op. cit.*, P., 333.

4 Jean Mesnard, « Structures binaires... », *op. cit.*, p. 53.

donné la nature du rapport que le troisième terme entretient avec les deux premiers. Le cadre ternaire de la théorie des ordres offre une intelligibilité à l'approche dualiste, marquée par la multiplication de couples d'opposés qui ne se recoupent pas, et par l'instabilité et le renversement des points de vue[1].

Et c'est dans ce cadre ternaire que la question de la place du corps chez Pascal doit être abordée, si on veut en restituer toute la complexité. En effet, la théorie pascalienne des ordres contribue, en faisant jouer différents couples oppositionnels dans la composition de son organisation ternaire, à libérer la dimension physique de son assignation au rôle d'obstacle à l'esprit. Elle le fait en particulier par la distinction qu'elle produit entre corps et chair : si le corps est ontologiquement le premier terme de la répartition binaire des substances, la chair est théologiquement le premier terme de la répartition ternaire des ordres.

La confrontation des débuts des fragments 933 et 308, qui concernent tous deux la définition des ordres, permet de poser les bases de cette analyse. Le fragment 933 a été cité un peu plus haut pour constituer notre point de départ : « Il y a trois ordres de choses. La chair, l'esprit, la volonté » (L 933 / S 661) ; voici le fragment 308 :

> La distance infinie des corps aux esprits figure la distance infiniment plus infinie des esprits à la charité, car elle est surnaturelle.
> Tout l'éclat des grandeurs n'a point de lustre pour les gens qui sont dans les recherches de l'esprit.
> La grandeur des gens d'esprit est invisible aux rois, aux riches, aux capitaines, à tous ces grands de chair.
> La grandeur de la sagesse, qui n'est nulle sinon de Dieu, est invisible aux charnels et aux gens d'esprit. Ce sont trois ordres différents, de genre. (L 308 / S 339)

La tripartition proposée par le fragment 308 situe les uns par rapport aux autres, dans « trois ordres différents », « grands de chair », « grandeur des gens d'esprit », et « grandeur de la sagesse ». Elle rejoint ainsi pour une part la tripartition du fragment 933 : il y a recoupement pour désigner le premier ordre par le terme de « chair », et le second par le terme d'« esprit ». Ces dénominations similaires sont doublées par un autre système ternaire, utilisé par la première phrase du fragment 308,

1 Sur cette question du renversement des points de vue, voir Dominique Descotes, *op. cit.*, p. 424 *sq.*

et qui distingue « corps », « esprit » et « charité[1] ». Nous avons affaire à une grille théorique qui définit la spécificité des deux premiers ordres par la distinction du charnel et du spirituel, et qui invite à la reformuler en une distinction du corporel et du spirituel lorsqu'il s'agit de considérer ces deux premiers ordres dans un rapport de figuration avec le troisième. C'est par opposition au caractère « surnaturel » du troisième ordre, dit de la charité, que les deux premiers sont désignés par les termes de « corps » et d'« esprit », dès lors à saisir comme relevant du naturel. En suivant ainsi le texte du fragment, on est amené à cette conclusion, dont nous empruntons la formulation à Vincent Carraud :

> Outre leur sens anthropologique et mathématique, les ordres revêtent une signification philosophique, dans la mesure où les deux premiers, ceux du corps et de l'esprit, peuvent être identifiés aux deux substances cartésiennes, à savoir la *res extensa* et la *res cogitans*[2].

Le couple corps/esprit désigne deux natures (celles-là qui « composent » l'homme), en face d'une surnature qui la dépasse infiniment. Or il paraît particulièrement important de noter qu'ici le mot « corps » est utilisé pour nommer le premier constituant de la dimension naturelle par opposition à la dimension surnaturelle, afin de désigner le premier ordre dans le cadre de l'opposition supérieure entre dimensions naturelle et surnaturelle. C'est confirmé dans la suite du fragment, qui construit de manière récurrente un ensemble corps-esprit pour le mettre en regard de la charité :

> *Tous les corps ensemble et tous les esprits ensemble et toutes leurs productions* ne valent pas le moindre mouvement de charité. [...] *De tous les corps et esprits* on n'en saurait tirer un mouvement de vraie charité, cela est impossible, et d'un autre ordre surnaturel. (L 308 / S 339 [je souligne])

En revanche, lorsqu'il s'agit d'expliquer les relations que les ordres entretiennent l'un vis-à-vis de l'autre, c'est le terme de « chair » qui prévaut :

1 Étant donné l'objet de notre étude (la place du corps), et afin de ne pas disperser l'attention que nous voulons concentrer sur un objet déjà complexe, nous ne nous pencherons pas ici sur le fait que le troisième ordre soit à chaque fois défini par un terme différent (« volonté », « charité », « sagesse »).

2 Vincent Carraud, *Pascal et la philosophie*, *op. cit.*, p. 249.

> Les grands génies ont leur empire, leur éclat, leur grandeur, leur victoire et n'ont nul besoin des grandeurs *charnelles* où elles n'ont pas de rapport. Ils sont vus, non des yeux mais des esprits. C'est assez. Les saints ont leur empire, leur éclat, leur victoire, leur lustre et n'ont nul besoin des grandeurs *charnelles* ou spirituelles, où elles n'ont nul rapport, car elles n'y ajoutent ni ôtent. Ils sont vus de Dieu et des anges et non des corps ni des esprits curieux. Dieu leur suffit. (L 308 / S 339)

Dans ces lignes, le premier ordre est désigné comme celui du charnel. Et de nouveau, lorsque « corps » intervient, c'est conjoint à « esprit », comme dans la citation précédente.

Cette distribution des deux termes est confirmée par un autre aspect de la réflexion de Pascal dans ce fragment : elle repose sur une distinction entre une instance qui voit et une qui ne voit pas, dans un raisonnement où ce verbe est employé dans le sens d'une appréhension cognitive pleine d'un objet, et non d'une simple perception sensorielle. Quand Pascal dit que les « saints [...] sont vus de Dieu et des anges et non des corps ni des esprits curieux », il ne s'agit pas d'affirmer que les saints ne sont pas perçus par la vision corporelle : ils sont perçus par les corps, mais en tant que corps, pas en tant que saints. En effet, l'assertion que les corps ne voient pas n'est pas équivalente à l'assertion que les esprits ne voient pas : elle suppose une substitution de la vision spirituelle à la vision corporelle, qui fait de cette vision un attribut de l'esprit – dès lors dénié au corps pris comme substance étendue : en tant que tel, le corps ne voit que le corps et donc, quand il faut saisir du spirituel, il ne voit pas.

Le même raisonnement vaut pour les grands du deuxième ordre :

> Les grands génies ont leur empire, leur éclat, leur grandeur, leur victoire et n'ont nul besoin des grandeurs charnelles où elles n'ont pas de rapport. Ils sont vus, non des yeux mais des esprits. C'est assez. (L 308 / S 339)

Eux aussi sont vus « non des yeux mais des esprits ». Ce qui là aussi indique non pas qu'ils échappent à la saisie visuelle, mais que l'œil, relevant du corps, n'appréhende pas, leur grandeur, ce qui fait qu'ils sont ce qu'ils sont dans leur ordre.

Le corps dont il est question ici est bien la substance étendue par opposition à la pensante – une substance à laquelle il n'est pas légitime de demander plus qu'une perception limitée au sensible. C'est l'esprit et non le corps qui constitue un visible, qui se définit par rapport à un invisible auquel le corps n'a pas accès. Le fragment 577 l'explique ainsi :

> Toutes ces personnes ont vu les effets mais ils n'ont pas vu les causes. Ils sont à l'égard de ceux qui ont découvert les causes comme ceux qui n'ont que les yeux à l'égard de ceux qui ont l'esprit. Car les effets sont comme sensibles et les causes sont visibles seulement à l'esprit. Et quoique ces effets-là se voient par l'esprit, cet esprit est à l'égard de l'esprit qui voit les causes comme les sens corporels à l'égard de l'esprit. (L 577 / S 480)

Le corporel est ce qui voit localement, partiellement, et sans conscience de cette limite. La terminologie de la vision sert alors à métaphoriser la pensée qui fonctionne sur ce mode non distancié. La prise de distance implique la mise en jeu de l'esprit immatériel, donc la véritable vision, celle qui appréhende la valeur de l'objet parce qu'elle n'est pas collée à la perception sensible, est la vision de l'esprit : le corps ne voit pas. Une position paradoxale que Pascal exprime autrement au fragment 108 :

> Qu'est-ce qui sent du plaisir en nous ? Est-ce la main, est-ce le bras, est-ce la chair, est-ce le sang ?
> On verra qu'il faut que ce soit quelque chose d'immatériel. (L 108 / S 140)

À la lumière de ces précisions, on comprend mieux pourquoi, dans le fragment 308, les saints ne sont pas vus des corps et des esprits curieux : dès lors que l'argumentation travaille à partir du couple corps/esprit, on a affaire à la dimension substantielle. C'est dans cette perspective que le corps est considéré comme privé des caractéristiques de la pensée, le fragment 308 le signale :

> Tous les corps, le firmament, les étoiles, la terre et ses royaumes, ne valent pas le moindre des esprits. Car il connaît tout cela, et soi, et les corps rien. [...] De tous les corps ensemble on ne saurait en faire réussir une petite pensée. Cela est impossible et d'un autre ordre. (L 308 / S 339)

En disant que les corps ne *valent* pas le moindre esprit, Pascal exploite un sens de ce verbe proche du latin, renvoyant à une dimension de capacité, d'efficacité, plutôt que de valeur : les corps n'ont pas la puissance, l'efficacité de produire de la pensée. De la même manière, lorsqu'il dit que « le moindre des esprits [...] connaît [tous les corps], et soi, et les corps rien », il ne parle pas de la compétence scientifique qui fait de l'homme un « grand génie » dans l'ordre de l'esprit, mais d'un attribut de la substance pensante qui se retrouve dans tous ceux qui en participent.

Les textes montrent donc que le terme de « corps » désigne une réalité qu'il s'agit avant tout de distinguer de l'esprit, distinction binaire ontologique. Et quand celle-ci est récupérée dans le cadre de la distinction théologique des trois ordres, la terminologie change : le premier ordre qui est dépassé par les deux autres n'est pas celui du corps, mais celui de la chair[1].

LE CORPS, OBJET DE LA CONCUPISCENCE DE LA CHAIR

Le support de la différenciation entre chair et corps est la distinction entre une approche ontologique faisant apparaître deux substances, et une approche théologique faisant apparaître trois points de vue sur ces deux substances – les ordres. Le corps, compris comme *res extensa*, ne peut constituer un ordre, alors que c'est le cas de la chair, qui est une certaine façon de saisir ce corps.

Nous pouvons ici prendre à nouveau appui sur les analyses de Jean-Luc Marion (que celles de Vincent Carraud prolongent en l'occurrence), dans les pages consacrées à Pascal de *Sur le prisme métaphysique de Descartes* : « L'innovation géniale et caractéristique de Pascal consiste à transformer le triple danger des trois concupiscences en une triple *inspection des choses*[2]. » Or le corps, par nature, n'inspecte pas. Il ne peut être le lieu de constitution d'un point de vue au sens d'une capacité à produire une intelligibilité, à prendre une distance vis-à-vis des effets sensibles, fût-elle erronée, fallacieuse ou moralement mauvaise.

Ce qu'il offre n'est pas un point de vue, mais le support objectif d'un point de vue, comme l'indique le début du fragment 933, autre texte de référence sur la définition des ordres :

1 Pour des éléments complémentaires sur les trois ordres et leur progression, voir Dominique Descotes, *L'argumentation chez Pascal*, *op. cit.*, p. 97 *sq.*

2 Jean-Luc Marion, *Sur le prisme métaphysique…*, *op. cit.*, p. 331.

> Concupiscence de la chair, concupiscence des yeux, orgueil, etc.
> Il y a trois ordres de choses. La chair, l'esprit, la volonté. Les charnels sont les riches, les rois. Ils ont pour objet le corps. Les curieux, les savants, ils ont pour objet l'esprit. Les sages, ils ont pour objet la justice. (L 933 / S 661)

L'expression « avoir pour objet » retient ici l'attention. Elle ne signifie pas simplement « s'intéresser à », ou « porter son attention sur », l'objet étant défini par ce que le regard examine lorsqu'il se pose sur lui. En effet, si tel était le cas, on ne voit pas pourquoi le corps serait spécifiquement associé aux « charnels » : les « curieux » et les « savants » peuvent tout aussi bien choisir de porter leur attention sur l'étendue. Et dans l'exercice de l'activité intellectuelle propre à leur ordre, ce à quoi ils portent attention est bien le corps, non la chair. En tant que tels, les savants ont affaire, éventuellement, à une substance qui peut être dite corporelle, mais non charnelle.

« Avoir pour objet », c'est plutôt « aborder sous l'angle de ». Il s'agit là de mettre en œuvre une vision qui sélectionne un aspect de ce qu'elle saisit. En un sens, c'est ce que fait nécessairement le regard humain chez Pascal, conformément à la théorie du point de vue que nous avons rappelée plus haut. La question n'est donc pas de savoir si le regard sélectionne ou non, mais selon quel biais il le fait (et avec quelle conscience de ce biais). Autrement dit, quelle concupiscence il exprime, compte tenu du fait qu'il ne saurait de toute façon échapper au régime de la concupiscence : « Tout ce qui est au monde est concupiscence de la chair ou concupiscence des yeux ou orgueil de la vie. *Libido sentiendi, libido sciendi, libido dominandi* » (L 545 / S 460). « Avoir pour objet », c'est choisir une « inspection des choses » pour reprendre le terme de Jean-Luc Marion, et c'est bien dans ce cadre que se conçoit la tripartition des ordres, comme l'indiquent les premières lignes du fragment[1].

1 On notera ici que le « etc. » de ce début de fragment peut être lu dans le sens d'une énumération d'ordres qui irait au-delà de trois. Nous disions plus haut que le dépassement du dualisme par la structure ternaire ne consistait pas en l'adjonction d'un terme supplémentaire, mais en l'inclusion de tout ce qui va au-delà de deux. Ainsi, cet « etc. » peut aussi bien renvoyer implicitement aux développements possibles de la thématique augustinienne des trois concupiscences, que suggérer la possibilité d'une diversification à l'infini des modes selon lesquels l'homme est susceptible d'être concupiscent, c'est-à-dire des points de vue selon lesquels il peut se rapporter aux objets du monde pour les rapporter à lui-même et son intérêt.

Dès lors, c'est la concupiscence de la chair (*libido sentiendi*), constitutive du premier ordre, qui rend le corps charnel – quand la concupiscence de l'esprit (*libido sciendi*) le saisirait comme simplement corporel[1]. Le corps n'est, en lui-même, pas plus charnel que spirituel : il est corporel. Aussi est-il important de résister à la tendance qui pousse, sous la pression de raisonnements dualistes, à assimiler corporel et charnel ou, pour le dire brutalement, étendue ontologique désignant une substance et chair théologique désignant une déchéance, comme le fait par exemple cette analyse proposée par Hélène Michon :

> Pour Pascal l'opposition entre figuratif et figuré se ramène à une opposition entre matériel charnel et spirituel : or, toute la théologie paulinienne s'appuie sur une telle dichotomie. Pour l'Apôtre des Gentils, le chrétien est celui qui sait vaincre l'homme charnel pour devenir un homme spirituel[2].

L'opposition matériel/immatériel n'est pas superposable à l'opposition charnel/spirituel[3] – avec cette conséquence essentielle que vaincre la chair n'est pas vaincre le corps, ce qui ouvre la possibilité que la chair puisse

---

1 Voir cette formule de Pierre Guenancia : « Car si le cœur de l'homme est creux et plein d'ordure (fg 139 / B143), c'est sans doute parce que le corps est devenu chair, que l'homme est devenu charnel… » (*Divertissements pascaliens*, *op. cit.*, p. 141).

2 Hélène Michon, *L'Ordre du cœur : philosophie, théologie et mystique dans les* Pensées *de Pascal*, Paris, Champion, 1996, p. 69.

3 On trouve certes sous la plume de Pascal des échos appuyés de cette opposition paulinienne, notamment lorsque, dans une lettre à sa sœur, il tient le propos suivant en citant lui-même l'apôtre : « Les choses corporelles ne sont qu'une image des spirituelles, et Dieu a représenté les choses invisibles dans les visibles [Rom., I, 20]. » (Lettre à Gilberte du 1er avril 1648, Pascal, *Œuvres complètes*, *op. cit.*, p. 273A). Ici, le couple « corporel » / « spirituel », paraît bien recouper le couple « spirituel » / « charnel » de la théologie. Et le choix du terme « corporel » pour parler de ce passage de Paul est imputable à Pascal, puisqu'il n'apparaît ni dans le latin de la vulgate (« *Deus enim illis manifestavit invisibilia enim illius a creatura mundi* ») ni dans la traduction de la Bible de Sacy (« car les perfections invisibles de Dieu… sont devenues visibles depuis la création du monde, par la connaissance que ses créatures nous en donnent. »). Pascal témoigne dans ces formulations de l'indétermination entre les champs sémantiques respectifs de « chair » et de « corps » dont on a vu qu'elle était repérable chez saint Paul et dans la tradition catholique. Néanmoins, il y a aussi dans son propos le maintien d'une distinction entre d'une part les données physiques (corporel, visible), et d'autre part le charnel qui relève d'un attachement à lui. Ainsi poursuit-il, dans sa lettre : « C'est pourquoi ceux à qui Dieu fait connaître ces grandes vérités doivent user de ces images pour jouir de Celui qu'elles représentent, et ne demeurer pas éternellement dans cet aveuglement charnel et judaïque qui fait prendre la figure pour la réalité. » (Lettre à Gilberte du 1er avril 1648, Pascal, *Œuvres complètes*, *op. cit.*, p. 273B). L'objet est corporel ; l'aveuglement est charnel.

précisément être vaincue par le corps. L'enjeu est donc de maintenir deux couples oppositionnels sans les superposer, conformément à une théorie des points de vue qui n'en cherche pas la réduction mais plutôt la multiplication, et à cette idée que le point de vue théologique de la foi qui constitue ces trois ordres est disjoint du point de vue ontologique qui ne produit aucune intelligibilité réelle de l'expérience humaine.

C'est pourquoi nous ne pouvons souscrire à la présentation suivante des ordres par Jean-Luc Marion, où l'on peut lire une assimilation des deux approches :

> La concupiscence de la chair ne recouvre plus seulement la tentation des plaisirs, mais désigne d'abord toute chose en tant que corporelle [...] La concupiscence des yeux ne se borne plus à *la libido sciendi* [...] mais recouvre toute chose en tant qu'intelligible [...] La concupiscence de l'orgueil disparaît pour donner lieu à son inverse, l'ordre de la charité, qui ne devient visible qu'à un troisième mode de la vision[1].

Si « la concupiscence de la chair » est un point de vue qui « désigne » toute chose, c'est non en tant que « corporelle », mais précisément en tant que charnelle. Et c'est plutôt « la concupiscence des yeux » qui, en « recouvr[ant] toute chose en tant qu'intelligible » (et en particulier le corps, en tant qu'il est intelligible c'est-à-dire saisissable par l'esprit), est susceptible de la désigner comme corporelle.

Lorsqu'il saisit le corps, l'homme peut le faire sur le mode de l'intelligibilité scientifique (il relève alors de la vision du deuxième ordre), ou sur le mode de la jouissance sensuelle (il relève alors de la vision du premier ordre). Dans le premier cas il sera amené à rencontrer et à élaborer la question des rapports entre l'esprit et le corps ; dans le second cas il exclura la dimension de l'esprit pour se concentrer sur celle du corps. Mais c'est en tant qu'esprit qu'il adoptera une position ou l'autre. Ou plus exactement, c'est en tant que composé, qui ne peut pas ne pas porter sur le corps le regard de l'esprit :

> Car il est impossible que la partie qui raisonne en nous soit autre que spirituelle et quand on prétendrait que nous serions simplement corporels cela nous exclurait bien davantage de la connaissance des choses, n'y ayant rien de si inconcevable que de dire que la matière se connaît soi-même. Il ne nous est pas possible de connaître comment elle se connaîtrait.

1 Jean-Luc Marion, *Sur le prisme métaphysique...*, *op. cit.*, p. 332.

> Et ainsi, si nous (sommes) simples matériels nous ne pouvons rien du tout connaître… (L 199 / S 230)

En d'autres termes, seul l'esprit peut adopter ce point de vue qui consiste à ne voir que le corps. Ainsi que nous le rappelions dans le chapitre précédent, lorsque Pascal s'adresse aux charnels, il s'adresse à des esprits, « esprits forts », « beaux esprits » ; non à des hommes qui ne raisonnent pas, mais à des hommes qui limitent la perspective de leur raisonnement à l'horizon du corps – et c'est proprement cela, la concupiscence de la chair. L'enjeu de la distinction entre corporel et charnel apparaît clairement : l'homme n'est ni spirituel ni corporel au sens des substances ; c'est un mixte selon la nature, qui peut moralement être qualifié de spirituel ou charnel, parce que seul ce mixte est à même de privilégier le corporel au détriment du spirituel.

C'est pourquoi il nous semble impropre, voire préjudiciable à une compréhension de ce que représente le corps chez Pascal, de parler d'un « ordre du corps », même si la formule peut paraître anodine et couler de source, comme dans ce commentaire de Tamas Pavlovits par exemple :

> Chaque ordre se caractérise par une vue particulière qui définit et limite l'étendue de sa connaissance : *l'ordre du corps par la vue corporelle*, l'ordre de l'esprit par la vue intellectuelle, l'ordre du cœur par la vue spirituelle et l'ordre de la gloire par la claire vision[1]…

La même réticence vaut pour la formule « ordre des corps », dont les commentateurs de Pascal usent abondamment par commodité[2], et qu'on ne trouve pas chez Pascal. En effet, dès lors que la réflexion se situe dans la perspective des ordres, elle se dégage du dualisme de la substance et renvoie au multilatéralisme des points de vue, représenté par la structure ternaire empruntée à la logique augustinienne des concupiscences. Et dans ce cadre, nous avons affaire à un ordre de la chair. Cette précision

1 Tamas Pavlovits, *Le rationalisme…*, *op. cit.*, p. 269. Je souligne.

2 Simplement pour mémoire, Vincent Carraud met un « ordre des corps » en face d'un « ordre des esprits » (*Pascal et la philosophie*, *op. cit.*, p. 342). Et Éric Lundwall utilise très fréquemment la formule (*op. cit.*, p. 140, 143, 146…). C'est assez logique pour un propos qui s'intéresse à la dimension matérielle des activités menées par Pascal ; sa perspective est pour nous, nous l'avons dit, particulièrement intéressante. Mais son utilisation du concept d'ordre nous paraît simplificatrice, dans la mesure justement où elle méconnaît la tension à maintenir entre corps et chair.

terminologique permet de rendre compte de l'apparente incohérence dans la réflexion pascalienne que relève Antony McKenna dans son étude de l'importance du corps chez Pascal :

> … la hiérarchie des trois ordres […] relègue le corps à l'ordre inférieur […] Cependant, […] la distinction entre le corps et l'esprit se révèle assez fragile, et d'ailleurs il y a un lien certain entre le corps et la charité : en effet, nous n'avons d'accès ou de rapport, pour ainsi dire, à Dieu que par Jésus-Christ qui est Dieu *incarné*[1].

Distinction effectivement fragile parce que métaphysique et déniée par l'expérience. Aussi l'approche théologique ne cherche-t-elle aucunement à se débarrasser du corps, et y a-t-il effectivement de profondes affinités entre corps et charité. L'incohérence signalée par Antony McKenna disparaît dès lors qu'on cesse de considérer que c'est le corps qui est constitutif du premier ordre[2], et qu'on cesse justement de reléguer corps à cette place inférieure. Dans la mesure où c'est la chair qui est en fait concernée ici, il devient possible de donner toute son envergure à la dimension corporelle, qui effectivement intervient bien au-delà de ce qu'autorise un dualisme qui assimile corps et chair.

La distinction entre corps et chair par Pascal, et l'impossibilité consécutive d'avoir un ordre du corps, est confirmée par la manière dont il construit l'articulation des ordres entre eux. La lecture qui en est généralement retenue, depuis sa formulation très nette par Jean-Luc Marion, est la suivante : « Chaque ordre se suffit à lui-même – il s'apparaît à ses propres yeux –, gouverne l'inférieur, et se dispense du supérieur ; il se lie nécessairement à l'un, et facultativement (surnaturellement) à l'autre[3]. » Sans la distinction que nous faisons entre corps et chair, et son origine dans la généalogie des ordres à partir de la réflexion pascalienne sur le point de vue, il semblerait difficile de comprendre l'autonomie du premier ordre : pour qu'il « s'apparaisse à ses propres

1 Antony McKenna, « Pascal et le corps… », *op. cit.*, p. 484.

2 Dans ce sens, nous nous démarquons de formulations comme celle que propose Gérard Ferreyrolles, dans « La preuve et l'épreuve… », *op. cit.* : « avec la démarche expérimentale de Pascal en physique, l'on aborde le premier des trois ordres qu'il distingue dans la réalité, celui des corps. » (p. 214). Avec la démarche expérimentale, c'est le corps comme chose étendue qui est en jeu, selon un angle ontologique et non selon l'angle théologique des ordres (des ordres par ailleurs qui, nous le montrons plus bas, sont moins à distinguer dans la réalité que dans celui qui la saisit).

3 Jean-Luc Marion, *Sur le prisme métaphysique…*, *op. cit.*, p. 335-336.

yeux », il faudrait qu'il voie. Or nous avons vu que la particularité du corps est justement de ne pas voir, de ne pas constituer un point de vue à partir de lui-même ; la chair en revanche « voit », en ce sens qu'elle se constitue par exclusion du spirituel, résistance aux ordres supérieurs.

L'USAGE DE LA CONDITION HUMAINE

La notion de chair, telle qu'elle est utilisée par Pascal, n'est donc pas un simple synonyme, doté d'une teinture théologique, de la notion de corps. Constitutive d'un ordre dans la mesure où elle exprime le point de vue propre à une concupiscence, la chair se distingue du corps comme un usage se distingue de l'objet dont il use. Elle désigne une manière de vivre le corps qui en fait exclusivement un lieu de jouissance – ce que Pascal, dans le fragment 502, exprime par le terme de « cupidité » :

> Car il y a deux principes qui partagent les volontés des hommes : la cupidité et la charité. Ce n'est pas que la cupidité ne puisse être avec la foi en Dieu et que la charité ne soit avec les biens de la terre, mais la cupidité use de Dieu et jouit du monde, et la charité au contraire. Or la dernière fin est ce qui donne le nom aux choses ; tout ce qui nous empêche d'y arriver est appelé ennemi. Ainsi les créatures, quoique bonnes, seront ennemies des justes quand elles les détournent de Dieu, et Dieu même est l'ennemi de ceux dont il trouble la convoitise. (L 502 / S 738)

La cupidité peut bien s'associer à la foi : elle n'y verra jamais qu'elle-même, et en usera selon ses propres fins. Inversement, la charité peut bien s'engager dans la matérialité : ce sont là aussi ses propres fins qui prévaudront. Ce qui importe, c'est la manière de se rapporter aux choses, sur le mode de la jouissance (qui en fait une fin ultime), ou sur le mode de l'usage (dans la perspective d'une autre fin qui est Dieu) – conformément à la distinction augustinienne entre *frui* et *uti*. Le corps est susceptible de ces deux traitements, et c'est en tant qu'il est objet de jouissance qu'il devient chair, et ennemi.

Le maintien d'un écart entre chair et corps, bien qu'ils occupent structurellement la même place dans les couples qui les opposent à l'esprit, permet de dégager la dimension corporelle de cette qualification comme ennemi. Dans ce sens, notre travail propose donc une sorte de réhabilitation, ou plus exactement, pour reprendre les termes de Gérard Ferreyrolles, un « dépassement d'une vision unilatérale, dont le caractère partiel est en soi, pour Pascal, une marque de fausseté[1]. » Dans son ouvrage *Les Reines du monde...*, cet auteur applique ce dépassement à la coutume et à l'imagination : « Il serait erroné, écrit-il, de voir dans ces deux facultés des puissances intrinsèquement perverses. Elles ne sont point orientées vers l'erreur, mais indifférentes au vrai et au faux[2]... ». Notre étude sur le corps rejoint sa démarche dans le sens où la condamnation des facultés sur lesquelles Gérard Ferreyrolles se penche est en grande partie due à leur accointance avec le corps. De fait, il explique à propos de la coutume :

> Elle ne se contente pas d'accumuler les expériences, elle crée un mécanisme. C'est pourquoi la « machine » ou « l'automate », comme l'appelle encore Pascal, est en nous le lieu de la coutume, le point d'appui de son levier. [...] D'où tenons-nous qu'il y aurait devoir de respect à la force ? C'est la coutume qui nous le suggère et impose, elle qui est, dans l'esprit, la pensée – la pesée – du corps[3].

Quant à l'imagination, elle opère de manière similaire à la coutume, dans la mesure où elle agit « en s'inscrivant dans le corps où elle laisse comme une trace matérielle[4] ». Cette faculté « qui au principe appartient à l'ordre des corps[5] », « porte sur le corporel et laisse en nous comme l'impression d'une marque matérielle[6] ». Or en insistant sur le fait que ces facultés reliées au corps ne sont pas en elles-mêmes trompeuses, Gérard Ferreyrolles rétablit un juste point de vue sur la coutume et l'imagination, mais aussi sur la dimension corporelle plus largement. C'est un mouvement qui se lit plus loin dans son analyse du fragment 826 qui porte sur le rapport de figuration :

> « La figure a été faite sur la vérité. Et la vérité a été reconnue sur la figure. » (L 826 / S 667) Solidairement responsables, l'une comme matière et l'autre

1 Gérard Ferreyrolles, *Reines du monde*, *op. cit.*, p. 14.
2 Gérard Ferreyrolles, *Reines du monde*, *op. cit.*, p. 297.
3 Gérard Ferreyrolles, *Reines du monde*, *op. cit.*, p. 28.
4 Gérard Ferreyrolles, *Reines du monde*, *op. cit.*, p. 123.
5 Gérard Ferreyrolles, *Reines du monde*, *op. cit.*, p. 294. Notons que nous croisons ici cette formule, « ordre des corps », dont nous avons discuté plus haut la pertinence.
6 Gérard Ferreyrolles, *Reines du monde*, *op. cit.*, p. 233.

> comme instrument, de la perversion qui abîme le spirituel dans le corporel, l'image et l'imagination sont solidaires dans la conversion qui retourne le corporel au spirituel dont il est issu[1].

Gérard Ferreyrolles repère ici, à l'issue de son étude, la contribution *dans les deux sens* de l'image et de l'imagination : la plongée dans le corporel (en l'occurrence par le biais de l'imagination, mais on pourrait étendre le raisonnement à la coutume), qui est perdition, peut symétriquement se retourner en une occasion d'une élévation. Or la possibilité de ce retournement est due au fait que le corporel n'est que le support d'un usage, qui peut être charnel ou spirituel. La distinction du corps d'avec la chair le dégage de son face-à-face avec l'esprit, et lui permet d'occuper d'autres places dans l'analyse anthropologique et le dispositif apologétique. Elle fait apparaître que cette dimension corporelle est un objet complexe, d'une complexité qu'un dualisme simple ne saurait saisir, et à laquelle Descartes déjà, avant Pascal, était loin d'être indifférent, lui qui écrivait, nous le disions pour commencer, « ce mot de corps, écrit-il, est fort équivoque[2] ».

Donnant tout son poids à cette constatation, Jean-Luc Marion s'est récemment attaché à en développer les implications dans la pensée cartésienne, dans une analyse qui, précisément, prend appui sur la distinction entre chair et corps[3]. Il repère ainsi que la réflexion de Descartes s'organise non pas tant autour des deux termes que sont *res cogitans* et *res extensa*, mais de l'articulation de trois termes : « la mens comme *res cogitans* [...], ensuite les corps étendus, enfin *meum corpus*, ma chair qui pense[4] ». Un tel passage d'une bipartition à une tripartition incitait à rapprocher la théorie des trois ordres tels que nous les lisons et les propositions cartésiennes telles que Jean-Luc Marion les lit.

Son analyse repose sur cette observation, chez Descartes, d'une distinction fondamentale entre les corps (« *alia corpora* ») et mon corps (« *corpus meum* »), au titre de l'expérience indubitable que je fais de ce dernier dans l'« union », et du fait que c'est seulement par lui que je peux sentir (et penser) les autres corps. Cette distinction des choses matérielles d'une

1 Gérard Ferreyrolles, *Reines du monde*, *op. cit.*, p. 291-292.

2 Descartes, *À Mesland*, 9 février 1645, in *Œuvres*, Adam et Tannery, présentation J. Beaude, P. Costabel, A. Gabbey et B. Rochot, Paris, Vrin-CNRS, 1964-1974, tome IV, p. 166.

3 Jean-Luc Marion, *Sur la pensée passive de Descartes*, Paris, PUF, 2013.

4 Jean-Luc Marion, *Sur la pensée passive...*, *op. cit.*, p. 94.

part, et d'autre part de la chair qui les appréhende, rejoint l'étude que nous proposions plus haut des trois ordres (elle-même du reste déjà en accord avec celle de Jean-Luc Marion dans *Sur le prisme métaphysique de Descartes*). Le premier point de convergence réside dans l'évolution, de part et d'autre, d'une analyse binaire à une analyse ternaire, qui repose sur une approche complexe de la notion de corps, masquée par la polyvalence de ce terme. Le deuxième consiste dans une conception de la chair comme usage du corps, comme point de vue sur lui. Si nous suivons la lecture de Jean-Luc Marion sur la question de « l'union de la *mens* à un corps, ou plus exactement à l'unique corps qui sente les autres corps, donc à l'*ego* comme chair », on conclura avec lui que « ma chair ne peut sentir les corps qu'en les appréhendant comme *usuels*[1] ». De même que les ordres pascaliens expriment un point de vue, un regard sur les choses selon un certain angle, la chair est un « rapport que j'entretiens avec ce qui m'affecte, [qui] relève de l'usage, commode ou incommode, et non pas de la connaissance[2]. » Ainsi pourrait-on dire que ce que Pascal explicite par le biais d'une terminologie religieuse (« concupiscence » et « chair » étant des éléments fondamentaux dans la définition des ordres), Descartes le fait effectivement jouer dans son élaboration philosophique, mais le maintient dans une sorte d'implicite en n'utilisant que le mot « corps » (*corpus*, voire *res*), sans recourir à un terme spécial pour désigner ce que Jean-Luc Marion repère comme « chair ». Dans la même perspective, quand ce dernier marque la différence chez Descartes entre d'une part une approche « en termes de connaissance claire et distincte, selon les natures simples matérielles », et d'autre part « en termes d'usage, selon les in/convénients ou in/commodités des choses du monde pour la vie de ma chair[3] », il met à jour une structure dont nous avons montré la présence dans les fragments sur les ordres, à savoir deux rapports distincts au même objet (le corps), selon un mode d'usage et de plaisir (la chair), ou selon un mode théorique (l'esprit). Ce que Jean-Luc Marion décrit pour sa part chez Descartes sous la forme de

> deux questions, d'une part l'existence des corps (*vorhanden*), d'autre part l'épreuve de mon *ego* comme chair (*zuhanden*), [qui] ne se précèdent pas l'une l'autre, mais se développent *parallèlement*, suivant deux champs exclusifs l'un

1 Jean-Luc Marion, *Sur la pensée passive…*, *op. cit.*, p. 88, je souligne.
2 Jean-Luc Marion, *Sur la pensée passive…*, *op. cit.*, p. 81.
3 Jean-Luc Marion, *Sur la pensée passive…*, *op. cit.*, p. 81.

> de l'autre : subsistance et attitude théorique dans le premier cas, ustensilité et chair dans l'autre[1].

Certes, la mise en place de ces deux sphères ne sert pas les mêmes objectifs chez les deux auteurs, dans la mesure où pour Pascal, l'« attitude théorique » n'est à son tour qu'un usage. Reste que parallélisme d'un côté et coexistence des ordres de l'autre, viennent illustrer le même point crucial d'une articulation d'enjeux complexe sous le terme de corps, par lequel Descartes semble avoir trouvé un prolongement chez Pascal.

Enfin, un troisième aspect autorise à tracer une continuité entre Pascal et un Descartes lu ainsi : l'accent que Jean-Luc Marion met sur la chair comme dimension passive, réceptive, sensible, corporelle de la pensée n'est pas sans suggérer un lien avec la notion de cœur chez Pascal, et invite là aussi à une sorte de mise en regard de sa tripartition cartésienne *res extensa* / *res cogitans* / *meum corpus* et des ordres pascaliens. Ainsi pourrait-on dire que la distinction corps/chair dans le cadre de la pensée de Descartes, et nombre des enjeux dont elle est porteuse, est prise en charge chez Pascal par deux biais, celui de la théorie des ordres qui fait le départ entre un objet et le regard porté sur lui, et celui de la place accordée au cœur en tant que pensée sensible. Si selon la chair, « *meum corpus* », « Descartes lui aussi a bien pensé que le corps pense[2] », il a sans doute là trouvé en Pascal un continuateur – quoique dans des modalités et avec des conclusions divergentes.

Chez Pascal, cela se traduit par le rôle complexe qu'il accorde dans sa réflexion aux notions de sentiment et de cœur, toutes deux révélatrices d'une approche qui met en échec la distinction de l'esprit et du corps. Ce constat a été fait et analysé de manière très étayée par les travaux d'Antony McKenna. Insistant sur « le lien entre le sentiment et le corps », il fait apparaître la configuration qui articule corps, imagination et coutume :

> … car la fantaisie est fruit de l'imagination, de la faculté qui transforme les données des sens en images pour les livrer au travail de l'esprit. C'est, en effet, l'imagination qui a créé une « seconde nature » en l'homme, et c'est dans cette « nature » dominée par la coutume, par le corps, que le sentiment

1 Jean-Luc Marion, *Sur la pensée passive…*, *op. cit.*, p. 88.
2 Jean-Luc Marion, *Sur la pensée passive…*, *op. cit.*, p. 167.

> joue un rôle primordial, non seulement dans le domaine des affections qui est le sien, mais aussi dans celui des connaissances[1].

Ainsi la place donnée par Pascal au sentiment et au cœur est-elle révélatrice de celle qu'il donne au corps, dont la juridiction, pourrait-on dire, s'étend sur l'ensemble de la « seconde nature » de l'homme : objet de la concupiscence charnelle, il est aussi, à part entière, une voie pour son développement spirituel d'ouverture à un « Dieu sensible au cœur ».

1 Antony McKenna, « Pascal : le cœur et les passions », in *Libertinage et philosophie au XVIIe siècle, 4. Gassendi et les gassendistes et Les passions libertines*, Saint-Étienne, Publications de l'Université de Saint-Étienne, 2000, p. 215.

SENTIMENT

« Dieu sensible au cœur, non à la raison » : ainsi parle le fragment L 424 / S 680. Mais comment ces deux instances se définissent-elles, pour être de la sorte différenciées dans le rapport à Dieu ? En mettant l'accès à Dieu du côté du sentiment et du cœur, la démarche apologétique de Pascal invite le lecteur à délaisser la voie de l'intellect et du raisonnement dans sa quête du salut. Or l'être humain est fait d'esprit et de corps, d'un esprit qui pense et d'un corps qui sent ; et l'inciter à quitter la voie intellectuelle revient à l'engager à suivre un autre chemin, en y engageant son corps. La ligne de partage tracée par Pascal entre raison et cœur fait apparaître l'ambivalence de ce dernier terme, porteur à la fois d'une dimension spirituelle et d'une dimension corporelle. Aussi la place accordée au cœur et au sentiment dans la réflexion pascalienne est-elle du même coup significative de la place qu'y occupe le corps : l'expérience que fait l'homme de sa condition physique est ce sur quoi il doit faire fond pour parvenir à une connaissance de lui-même, du monde, ou de Dieu.

LE CORPS, ÉLÉMENT DE LA SPIRITUALITÉ MYSTIQUE

Tout d'abord, la distinction entre les domaines du cœur et de la raison exige qu'on se penche sur le mot « spirituel » dont l'ambivalence contribue largement à la complexité de la réflexion pascalienne. On a vu que dans la représentation de la dualité humaine, il est le terme unique qui représente l'esprit en face de l'autre dimension, quant à elle désignée par deux termes, « corporel » et « charnel » – qui expriment deux perspectives différentes : l'esprit opposé à la chair n'est pas l'esprit opposé au corps. « Cœur » et « raison » se présentent légitimement pour fixer cette différenciation : le cœur qualifie l'esprit comme spiritualité dans le domaine théologique en face du charnel, et la raison qualifie l'esprit comme intellectualité dans le domaine ontologique en face du corporel. Selon cette répartition des champs sémantiques, c'est la chair qui s'oppose au cœur, ce qui ménage la possibilité d'une association entre corps et cœur. En effet, dans la logique de l'analyse proposée au chapitre précédent, ce corps, opposé en tant que *res extensa* à la *res cogitans* (raison), s'associe à ce dont ladite *res cogitans* est dissociée, c'est-à-dire au cœur.

Or en étant associé au cœur, le corps se trouve associé à une instance qui est distinguée de la chair selon le premier ordre (cœur *vs* chair), distinguée de la raison selon le deuxième ordre (cœur *vs* raison), et assimilée à la charité selon le troisième ordre (dès lors à juste titre qualifié d'« ordre du cœur », même si l'expression n'apparaît pas dans les *Pensées*).

Cette affinité du cœur (et donc du corps) avec le troisième ordre s'explique par deux éléments fondamentaux : premièrement la notion de cœur déplace et dépasse les coordonnées dualistes ; deuxièmement (et corrélativement) elle marque la place du divin, dans un emploi que Pascal partage avec les moralistes et les mystiques du XVIIe siècle. Ainsi Benedetta Papasogli note-t-elle à leur propos :

> Parmi les termes utilisés pour désigner l'homme intérieur (esprit, âme, etc.) le cœur est l'unique métaphore qui emprunte à la concrétude du corps – contenant une allusion à la chair – et qui n'en garde pas moins son ouverture sur l'infini[1].

Il convient de s'arrêter un instant sur le statut de cette métaphore. Dans l'usage courant du terme (aussi bien moral que religieux), la référence physiologique à l'organe s'est depuis longtemps estompée, et la métaphore, quasiment lexicalisée, ne crée pas plus de surprise que celle d'une *feuille* de papier pour désigner la page ou de la *lumière* naturelle pour désigner la raison. Ce phénomène de catachrèse, par lequel l'emprunt du terme comble une lacune dans le vocabulaire et se révèle ainsi un choix contraint[2], conduit à une banalisation, qui a servi de point d'appui à une lecture souvent spiritualiste des textes usant de cette notion.

---

1 Benedetta Papasogli, *Le « fond du cœur »*, *op. cit.*, p. 238.

2 Voir Paul Ricœur, *La Métaphore vive*, Paris, Seuil, 1975, collection « Points », p. 65 *sq.*, et Fontanier, *Les figures du discours*, sur les « métaphores forcées », exclues du champ des figures. Pierre Fontanier, *Les figures du discours*, Paris, Flammarion, 1977, p. 64. Voir aussi notre article, « Métaphore et métaphysique chez Pascal », in Bruno Petey-Girard et

Ceux-ci, néanmoins, sont susceptibles de jouer sur les deux tableaux, et l'intelligence de leur richesse exige cette réactivation métaphorique à laquelle invite ici Benedetta Papasogli. Une exigence particulièrement nette dans le cas de Pascal, dont la réflexion fait justement du cœur l'instance qui articule en la dépassant la dualité du corps et de l'esprit.

C'est cette relation qui permet de rendre compte des modalités selon lesquelles le cœur est chez Pascal l'espace ouvert au divin. La place donnée au cœur exprime une sensibilité mystique surtout fondée sur la mise en jeu du corps. Pour le dire autrement, l'ambivalence de la notion de cœur permet d'échapper aux impasses d'une mystique fondée sur l'intériorité spirituelle, en offrant la perspective d'une mystique fondée sur l'extériorité corporelle.

Il y a bien chez Pascal une invitation à explorer l'intériorité de l'être humain, cette intériorité dont l'un des noms est le cœur, et qui désigne en l'homme cette qualité d'être « capable de Dieu » (L 444 / S 690), formule qui justifie qu'on parle d'une approche mystique. Mais il faut immédiatement préciser que cette « capacité » relève d'une situation anthropologique de disponibilité, et ne dit rien d'une présence effective du divin en l'homme. Comme nous le notions plus haut en qualifiant l'esprit d'impossible refuge, le mouvement vers l'intérieur ne confronte l'homme qu'à un gouffre : le cœur est l'espace du vide de Dieu. Et nous sommes d'accord avec le commentaire d'Hélène Michon sur ce point : « Le fond de l'âme n'abrite pas la présence divine ; il ne saurait être la fin d'un parcours d'introspection ; il ne fait que renvoyer l'homme à sa condition d'être paradoxal[1] ». Nous divergeons cependant sur le retournement qui lui fait considérer que « la capacité est ainsi comme la marque en creux dans le cœur de tout homme de la présence de Dieu », pour conclure « qu'une telle forme de présence divine autorise largement à reconnaître chez Pascal une approche mystique[2] ». En effet, il nous semble qu'effectivement la quête mystique passant par « le fond de l'âme » débouche difficilement sur le constat d'une « présence divine » – et que, de fait, elle n'aboutit pas, impuissante qu'elle est à trouver Dieu où elle le cherche.

Caroline Trotot (dir.), *Métaphore, savoirs et arts, au début des Temps modernes*, Paris, Garnier, p. 243-256, 2016.

1 Hélène Michon, *op. cit.*, p. 271.

2 Hélène Michon, *op. cit.*, p. 275.

Or si cette quête n'aboutit pas, c'est qu'elle peut se poursuivre – par une autre voie : là où la découverte intérieure de la vacuité n'autorise aucune mystique du contact intérieur avec Dieu, le passage par l'exploration extérieure permet une confrontation au corps susceptible de ménager ou de préparer ce contact. Il y a une dimension mystique de la démarche pascalienne au sens où elle ne renonce pas à la perspective de cette rencontre ; mais elle ne passe pas par la promotion d'un intérieur (spirituel) au détriment d'un extérieur (corporel). Dans ce sens, Pascal ne nous semble pas justiciable de l'analyse que propose Béatrice Guion des « représentations de l'espace intérieur à Port-Royal », et qu'elle inaugure en ces termes :

> Le XVIIe siècle apparaît comme une culture de l'intériorité : en témoignent l'orientation de la littérature dans les années 1660-1680, qui prend pour objet quasi exclusif l'homme et le cœur humain, mais aussi le prodigieux essor, tout au long du siècle, des écrits moraux et spirituels. De cette valorisation de l'intériorité, on trouve encore un indice dans l'écho rencontré par l'augustinisme, qui contribue à orienter la réflexion, spirituelle aussi bien que psychologique, sur l'âme humaine[1].

Si l'on peut qualifier d'augustinien ce centrage sur le dedans et sur le souci de l'âme, dans sa dimension « spirituelle aussi bien que psychologique », Pascal témoigne quant à lui d'une démarche morale et apologétique qui insiste sur les apories de cette vie intérieure et fait de la prise en compte du corps une issue pour y échapper. C'est pourquoi la voie mystique que tracent l'expérience et les textes pascaliens n'est pas une aventure purement spirituelle au sens où elle exclurait le corps, mais témoigne d'une spiritualité qui se définit au-delà de ce dualisme pour se fonder dans le corps.

Cette appréhension non restrictive de la spiritualité chrétienne, considérée comme profondément ancrée dans le corps, n'a du reste pas de quoi surprendre, et relève des fondements mêmes du christianisme. Nous suivons ici les réflexions de Michel de Certeau : « Le christianisme s'est institué sur *la perte d'un corps* – perte du corps de Jésus, doublée par la perte du corps d'Israël, d'une nation et de sa généalogie[2] ». L'expérience de la présence puis de l'absence d'un corps est centrale pour la représentation chrétienne, comme le précise Antoinette Gimaret :

---

1 Béatrice Guion, « De l'abandon à la méditation… », *op. cit.*, p. 39.
2 Michel de Certeau, *La Fable mystique*, Paris, Gallimard, 1982, p. 109-110.

> Le récit évangélique de la venue des femmes au tombeau [...] s'organise justement autour de l'absence du corps mort qu'elles voulaient pourtant honorer de leurs parfums. Le sépulcre est vide [...] Le corps vivant est ailleurs, de façon plus absolue, mais il est passé à l'invisible [...] À partir de cette *historia* originaire, il semblerait que le christianisme connaisse une immense « nostalgie de l'Incarnation[1] ».

Cette centralité d'un corps situé à la fois en amont et en aval de la perte en fait dès lors, pour les mystiques, le lieu même de la rédemption :

> Les mystiques sont dans la quête et la production continuelles d'un corps qui doit « incarner » le discours et donner lieu à une vérité, dans la nécessité impérative de prendre au sérieux le *Hoc est corpus meum* de l'Eucharistie, d'inventer continuellement pour le Verbe, un corps, dans des scénarios qui mettent en scène le sien propre[2].

À la lumière de ces considérations, il apparaît que si l'on peut parler d'une proposition mystique dans la démarche de Pascal, elle est moins à chercher du côté de l'affirmation d'un contact direct avec Dieu par la voie d'une intériorité que du côté d'un engagement du corps, assumé comme extériorité. Un mode de spiritualité qui en fait bien un catholique de son temps :

> Cette évidence charnelle du Mystère trouve sa manifestation première dans la figure du Christ, celui qui transforme la lettre en esprit, puisque c'est en personne, dans sa chair, qu'il interprète et confirme les Écritures. Il y a donc, dans la ferveur catholique, une fascination originelle pour le corps, accentuée d'ailleurs par le dogme tridentin de la présence réelle du Christ dans l'Eucharistie[3].

Celui que Pascal qualifie de « Dieu sensible au cœur » est ainsi pleinement, dans le refus d'une vue de la raison trop prompte à s'exonérer de son ancrage physique, un Dieu sensible au corps. C'est dans ce sens que nous trouvons dans le cœur pascalien un écho de ce que Jean-Luc Marion qualifie de « chair » chez Descartes : une instance qui relève de la pensée et du corps dans

---

1 Antoinette Gimaret, *Extraordinaire et Ordinaire des croix : les représentations du corps souffrant, 1580-1650*, Paris, Champion, 2011, p. 314. Elle emprunte la dernière formule à Alain Boureau, « Vues de l'esprit, esquisse pour une histoire de l'évocation visuelle de Dieu », in *Nouvelle Revue de Psychanalyse*, n° 35 (1987), p. 67-80.

2 Antoinette Gimaret, *op. cit.*, p. 190.

3 Antoinette Gimaret, *op. cit.*, p. 152.

> un mélange et une union si intime que finalement ce qui a des parties (ce qu'il y a de *machine* dans le *corpus meum*) finit par n'en avoir à son tour pas plus que ce à quoi il se trouve uni, la pensée. Car la pensée (et donc aussi le corps mien qui sent) comprend l'étendue précisément en *ne* s'étendant *pas*[1]...

Cette analyse faite à propos de la « chair » cartésienne peut servir à mettre en lumière une dimension propre du cœur pascalien qu'exprime synthétiquement l'usage de ce terme métaphorique : le cœur est une place, un lieu, une partie du corps, et indissociablement une réalité spirituelle dépourvue de parties.

> Le monde, même et surtout extérieur, ne s'ouvre qu'à ma chair, *meum corpus*, et non pas directement comme l'étendue de la *Mathesis [universalis]* des corps face soit à mon corps, qui ne pense rien, soit mon entendement, qui ne sent rien[2].

Chez Pascal c'est le cœur qui tout ensemble sent et pense en constituant les premiers principes de la pensée ; il dépasse l'étanchéité de ce face-à-face en assumant comme le *corpus meum* un rôle de tiers pour rendre compte de l'expérience humaine. Reprenant dans un autre contexte une préoccupation qu'on peut avant lui déceler chez Descartes, Pascal utilise ainsi la métaphore du cœur, toujours active sous la lexicalisation, pour exprimer la relation étroite des dimensions spirituelle et corporelle.

LA RÉCEPTIVITÉ DU SENTIMENT, FONDEMENT DE SA VALEUR COGNITIVE

La dimension physique, qui est engagée quand le cœur est en jeu, est alors non un obstacle mais un accès privilégié ; elle constitue la seule voie efficace en vertu de son caractère direct. Comme l'indique le fragment 382, une hiérarchie claire s'établit entre le cœur et l'esprit : certains chrétiens jugent des prophéties « par le cœur comme les autres en jugent par l'esprit. C'est Dieu lui-même qui les incline à croire, et ainsi ils sont très efficacement persuadés » (L 382 / S 414). Pascal oppose l'action propre de la divinité au travail de l'esprit humain.

1 Jean-Luc Marion, *Sur la pensée passive...*, *op. cit.*, p. 117-118.
2 Jean-Luc Marion, *Sur la pensée passive...*, *op. cit.*, p. 76.

Par le cœur, Dieu touche l'homme sans détour, sans s'adresser en lui à un intellect auquel le sujet a tendance à s'identifier. L'homme ne rencontre pas Dieu par un effort dont il pourrait être fier, mais par une sorte de mise à disposition de lui-même, par un renoncement au contrôle de l'esprit.

La « sensibilité » du cœur et du corps est avant tout une disponibilité – ce que Pascal appelle « sentir ». Cette dimension de réceptivité inhérente au sentiment fait de l'homme le siège d'une opération qu'il accueille. Aussi, dans le domaine religieux, cela se traduit-il par le fait que le « Dieu sensible au cœur » est un Dieu qui assume la production du sentiment ; l'action de Dieu n'est jamais perceptible pour l'homme que comme un « résultat » en lui. Dès lors, l'accès à Dieu, ou plus exactement l'accès de Dieu à l'homme, se fait par le cœur en vertu de la passivité de ce dernier, de sa « capacité », c'est-à-dire de son aptitude à recevoir – aptitude liée à sa dimension corporelle. C'est pourquoi nous mettons l'accent sur la place du corps dans la mystique pascalienne, divergeant en cela de la position d'Hélène Michon qui insiste pour sa part sur l'âme :

> Le *sentir* est ainsi le résultat d'une libre disposition de Dieu qui choisit de se rendre présent, de se rendre sensible à l'homme. Se produit alors une union entre l'âme et Dieu dont ont parlé tous les mystiques[1].

À partir d'une analyse du sentiment à laquelle nous souscrivons, elle évoque une « union entre l'âme et Dieu » qui ne nous paraît pas décrire justement la position de Pascal. En effet, si union il y a, elle passe par le sentiment, Dieu étant « sensible au cœur », c'est-à-dire à une instance qui dépasse le dualisme du corps et de l'esprit. Même un contact avec Dieu qu'on pourrait qualifier de direct ne saurait se passer de l'engagement du corps, constitutif de l'être humain et de toute relation qui est susceptible d'établir. Nous sommes d'accord sur ce point avec Antony McKenna que selon l'apologétique pascalienne, « nous n'avons d'accès à Dieu que par Jésus-Christ[2] », l'incarnation et la condition corporelle étant nécessaire à cette communication dans laquelle ce n'est pas l'homme qui va vers Dieu mais Dieu qui va vers l'homme.

1 Hélène Michon, *op. cit.*, p. 308.

2 Antony McKenna, « Le dilemme de l'apologétique au XVIIIe siècle », in Nicolas Brucker (éd.), *Apologétique 1650-1802. La nature et la grâce*, Berne, Peter Lang, 2010, p. 9.

Les modalités de la relation par le sentiment – réceptivité et corporalité – sont similaires qu'on se situe dans le cadre religieux du rapport à Dieu ou dans le cadre épistémologique de la connaissance des choses. C'est pourquoi le cœur et le sentiment ont dans les deux cas une place centrale. Pour Pascal, connaître est essentiellement sentir, et implique donc le corps. Par cette position s'exprime une forte cohérence entre son approche mystique et sa réflexion épistémologique, dans la mesure où la juste place du sujet humain est caractérisée comme une réceptivité distinguée d'une productivité de l'esprit.

Dans le domaine épistémologique, cette dimension de réceptivité, qui distingue le sentiment de la raison, est explicitée notamment au fragment 110, dans une argumentation qui met en avant les insuffisances de la faculté rationnelle dans laquelle l'homme cherche un fondement sûr pour connaître :

> Cette impuissance ne doit donc servir qu'à humilier la raison – qui voudrait juger de tout – mais non pas à combattre notre certitude. Comme s'il n'y avait que la raison capable de nous instruire, plût à Dieu que nous n'en eussions au contraire jamais besoin et que nous connussions toutes choses par instinct et par sentiment, mais la nature nous a refusé ce bien ; elle ne nous a au contraire donné que très peu de connaissances de cette sorte ; toutes les autres ne peuvent être acquises que par raisonnement. (L 110 / S 142)

Aussi le cœur, faculté du « sentir », s'oppose-t-il à la raison comme l'instinct au raisonnement, c'est-à-dire comme non-discursif au discursif[1]. Affirmer « les principes se sentent, les propositions se concluent » (L 110 / S 142), c'est mettre le sentiment du cœur du côté d'une acquisition immédiate par opposition au déroulement discursif du fonctionnement rationnel. Une opposition qui rend compte de la manière dont l'homme connaît :

> Nous connaissons la vérité non seulement par la raison mais encore par le cœur, C'est de cette dernière sorte que nous connaissons les premiers principes et c'est en vain que le raisonnement, qui n'y a point de part essaie de les combattre. […]
> C'est sur ces connaissances du cœur et de l'instinct qu'il faut que la raison s'appuie et qu'elle y fonde tout son discours. […] Les principes se sentent, les propositions se concluent et le tout avec certitude quoique par différentes

1 Voir Hélène Bouchilloux, *op. cit.*, p. 25.

> voies – et il est aussi inutile et aussi ridicule que la raison demande au cœur des preuves de ses premiers principes pour vouloir y consentir, qu'il serait ridicule que le cœur demandât à la raison un sentiment de toutes les propositions qu'elle démontre pour vouloir les recevoir. (L 110 / S 142)

Il ne s'agit pas d'invalider les apports de la raison en face de ceux du cœur : par les uns comme par les autres « nous connaissons la vérité » (c'est-à-dire que par les uns comme par les autres, l'homme recherche la vérité, lui qui « n'est que [...] mensonge » [L 978 / S 743]). Il y a effectivement une complémentarité ; cependant les places ne sont pas symétriques. Car ce sont bel et bien les seconds qui donnent aux premiers leur fondement, et la connaissance discursive du raisonnement apparaît comme une sorte de pis-aller : « Plût à Dieu [...] que nous connussions toutes choses par instinct et par sentiment ». C'est pourquoi les « différentes voies » auxquelles Pascal fait référence ne sont pas situées sur le même plan : si l'on peut dire que le cœur ne raisonne pas et ne donne pas de preuves, on ne peut pas affirmer aussi nettement que la raison ne « sent » pas. La définition des domaines respectifs de ces deux facultés cognitives montre que celui du cœur est susceptible de recouvrir celui de la raison, ce qui confère au premier une prééminence sur la seconde. C'est ce que font apparaître les propos que Pascal consacre, dans le fragment 512, à la différence entre esprit de géométrie et esprit de finesse, ces deux modalités selon lesquelles peut s'effectuer le travail intellectuel. En tant que tels, tous deux illustrent la voie de la raison dans la recherche de la vérité. Or il est notable que tous deux sont présentés comme mettant en œuvre la dimension du « sentir », quoique par des biais différents. Pour l'esprit de géométrie,

> ... les principes sont palpables mais éloignés de l'usage commun de sorte qu'on a peine à tourner la tête de ce côté-là, manque d'habitude : mais pour peu qu'on l'y tourne, on voit les principes à plein ; et il faudrait avoir tout à fait l'esprit faux pour mal raisonner sur des principes si gros qu'il est presque impossible qu'ils échappent. Mais dans l'esprit de finesse, les principes sont dans l'usage commun et devant les yeux de tout le monde. (L 512 / S 670)

L'esprit de géométrie est envisagé dans un cadre global qui présente le travail de l'esprit par la métaphore de la vision ; une métaphore, en l'occurrence, tellement courante depuis des siècles qu'elle peut être considérée comme quasiment lexicalisée. Du reste Pascal lui-même ne manque pas de remarquer qu'il nous est impossible de parler des choses de l'esprit en des termes autres de corporels :

> … presque tous les philosophes confondent les idées des choses et parlent des choses corporelles spirituellement et des spirituelles corporellement, car ils disent hardiment que les corps tend[ent] en bas, qu'ils aspirent à leur centre, qu'ils fuient leur destruction… (L 199 / S 230)

Étant donné cette contrainte, la métaphore visuelle est sans contexte la plus neutre, et elle sert de toile de fond à une autre représentation imagée, celle du toucher. « Principes palpables », « principes si gros », qu'on ne peut laisser « échapper », les principes de l'esprit de géométrie se démarquent par leur quasi-matérialité, qui assimile son activité à celle d'une faculté sensible. La tangibilité est ici l'expression d'une capacité à être saisi de manière inévitable.

Quant à l'esprit de finesse, voici ce que Pascal précise à son sujet dans la suite du même fragment 512 :

> Ce qui fait que des géomètres ne sont pas fins, c'est qu'ils ne voient pas ce qui est devant eux et qu'étant accoutumés aux principes nets et grossiers de géométrie et à ne raisonner qu'après avoir bien vu et manié leurs principes, ils se perdent dans les choses de finesse, où les principes ne se laissent pas ainsi manier. On les voit à peine, on les sent plutôt qu'on ne les voit… (L 512 / S 670)

Pascal continue à opposer ici la grossièreté des principes de géométrie à la ténuité (la « délicatesse ») des principes de finesse. Mais la sensation ici, au lieu d'être un en deçà de la vision (une chose sur laquelle on bute presque à cause de son encombrement sensoriel), est un au-delà : la sensibilité dont il est question ici excède la vision qui dès lors joue le rôle du sens trop grossier pour saisir. Dans un cas comme dans l'autre, le fonctionnement de l'esprit est rapporté à une logique qui est celle du sentir[1]. C'est alors la définition même d'un domaine de la raison qui est mise en cause. En effet, on a vu que son activité propre était distinguée du sentiment, et que cette même activité semblait pouvoir s'y départager en fonction d'une plus ou moins grande proximité avec la sensation.

1 Voir sur ce point Vincent Carraud, *Pascal et la philosophie*, *op. cit.* : « Pour l'esprit de géométrie, le registre du toucher (grosseur, manipulation, palpation), domine sur celui de la vision […] Pour l'esprit de finesse au contraire, Pascal emploie le vocabulaire de la délicatesse […] De cette délicatesse semblent résulter l'abandon symétrique du modèle de la vision, et le remplacement du voir paradigmatique par le sentir… » (p. 242).

Exploitant avec subtilité la complexité inhérente au terme de « sens », ou de « sentiment » (qui en français actuel se laisse peut-être mieux appréhender sous la forme verbale de « sentir »), la réflexion pascalienne établit cette idée fondamentale que connaître, c'est sentir, quelle que soit la diversité des facultés dont l'opération est en jeu dans cette connaissance. Ainsi la mémoire est-elle qualifiée de sentiment :

> Sentiment. La mémoire, la joie sont des sentiments et même les propositions géométriques deviennent sentiments, car la raison rend les sentiments naturels et les sentiments naturels s'effacent par la raison. (L 646 / S 531)

Faisant jouer cette complexité du sentiment, le fragment 646 invite à considérer la continuité entre les domaines cognitif (mémoire) et affectif (joie). Cette démarche confirme le caractère englobant de la notion, qui va jusqu'à recouvrir, au-delà de facultés, les résultats théoriques qu'elles sont susceptibles de produire : des « propositions ». L'infiltration du domaine rationnel par le sentiment devient telle, que la raison est déclarée apte à conférer (ou à retirer) à ses objets le statut de sentiment ; c'est par l'opération de la raison que la proposition ressortit désormais à « ce que nous sentons naturellement », ou que le « sentiment naturel » s'efface. La raison, ailleurs distinguée du sentiment, en devient elle-même la source. Dans ce sens, si tout objet de l'esprit humain peut être transformé en quelque chose qu'il sent, peut « *devenir* sentiment », c'est parce que le travail de l'esprit *est* sentiment. Et les sentiments n'échappent pas à la versatilité et à la faillibilité, car ils ont partie liée avec une rationalité elle-même versatile et faillible – corrompue. Une rationalité fantaisiste pourrait-on dire, pour suivre le fragment 530 : « la fantaisie est semblable et contraire au sentiment ; de sorte qu'on ne peut distinguer entre ces contraires » (L 530 / S 455).

Cet élargissement de la définition oblige alors à reconnaître que le sentiment peut être faux. En effet, selon la logique qui assimile fantaisie et sentiment, et qui fait de ce dernier un effet de la coutume susceptible aussi bien d'effacement que d'apparition par la force de l'habitude, aussi bien la foi religieuse que les croyances en matière de politique relèvent du sentiment ; pour citer les termes de Pascal, dans un cas « qui s'accoutume à la foi la croit, et ne peut plus ne pas craindre l'enfer et ne croit autre chose » (L 419 / S 680) ; et dans l'autre, « qui s'accoutume à croire que le roi est terrible, etc. ». Or si la foi chrétienne, ici évoquée par Pascal, adhère à une religion qu'il considère comme vraie, la croyance du peuple relève quant à elle d'une opinion saine mais fausse. Sur ce sujet de la crainte inspirée par le roi, il déclare en effet : « Il est donc vrai de dire que tout le monde est dans l'illusion, car encore que les opinions du peuple soient saines, elles ne le sont pas dans sa tête, car il pense que la vérité est où elle n'est pas » (L 92 / S 126). Plus frontalement encore, il faut admettre que Pascal regroupe sous le même terme de « sentiment » à la fois cette opinion fausse et les principes dont nous avons vu plus haut qu'ils nous donnent accès à la vérité :

> Nous connaissons la vérité non seulement par la raison mais encore par le cœur, C'est de cette dernière sorte que nous connaissons les premiers principes [...] Les principes se sentent, les propositions se concluent et le tout avec certitude quoique par différentes voies.... (L 110 / S 142 [je souligne])

« Vérité » et « certitude » des principes se fondent sur leur nature de sentiment – mais le sentiment peut être faux : comment ces deux aspects s'articulent-ils dans la pensée de Pascal, qui ne pose pas le problème explicitement ?

Notre hypothèse pour traiter ce point consiste à prendre appui sur la place que Pascal donne dans son argumentation à l'expérience du fait anthropologique : il constate, en décrivant le fonctionnement humain, d'un côté l'extension du domaine du cœur et la diversité des formes du sentiment, et de l'autre la certitude de principes qui par nature ressortissent au sentiment. Ces principes « sentis » qui régissent toute l'activité mentale de l'homme sont certes « crus » : « Notre âme est jetée dans le corps où elle trouve nombre, temps, dimensions, elle raisonne là-dessus et appelle cela nature nécessité, et ne peut croire autre chose » (L 418 / S 680). Et là, le processus de la croyance se dit dans les mêmes termes que lorsqu'il s'agissait du croyant ou du peuple : ils ne peuvent croire autre chose. Mais il y a néanmoins une vérité de ces principes, sur lesquels se fonde ensuite tout raisonnement, ce que Pascal présente comme un fait dont la positivité est incontournable. Le principe est vrai en ce que, dans le fait de l'expérience du sujet connaissant, la raison est impuissante à le combattre, alors que le sentiment du peuple selon lequel « le roi est terrible » ne résiste pas à l'examen rationnel.

Or la solidité de ces principes, se fonde sur la réalité anthropologique, elle aussi principielle, qui consiste à avoir une nature corporelle (« notre âme est jetée *dans le corps* ») et à l'avoir passivement reçue (« notre âme *est jetée* dans le corps »). Ces deux caractéristiques, liées, font la fiabilité du sentiment quand il est fiable – ce qui n'est pas toujours le cas. Autrement dit, tout sentiment n'a pas la vérité du principe, mais le principe, dans sa solidité, ne peut pas être autre chose qu'un sentiment, c'est-à-dire quelque chose de reçu, qui tient par la coutume et le corps, résistant à toute contestation rationnelle. Seul le sentiment est capable d'avoir cette validité ; c'est par lui que s'atteint la certitude, une certitude seulement subjective qui est la seule à laquelle l'homme puisse accéder.

L'absence d'intervention d'une rationalité humaine active dans le processus est essentielle à sa légitimité. La « fermeté » des principes repose sur le fait qu'ils soient étrangers à la discursivité rationnelle, qu'ils soient « sentis ». Certes, dans la mesure où le cœur, siège du sentiment, est au fondement de toute démarche de connaissance (que ce soit la connaissance des choses naturelles ou de Dieu), il est difficile de soutenir qu'il soit seulement un réceptacle passif. Mais c'est dans sa dimension passive, ou réceptive, que se situe la puissance théorique de la notion. Nous pourrions dire que s'y repère une activité qui ne se légitime que de la dimension passive qu'elle recèle en son fondement.

Cette tension peut de nouveau être décrite par confrontation avec l'analyse du *corpus meum* chez Descartes proposée par Jean-Luc Marion. Sa perspective fait apparaître comme un mouvement théorique commun à Descartes et Pascal l'assimilation de la pensée à un sentir : « … la pensée ne prend son acception précise (c'est-à-dire humaine) de *cogitatio* qu'en procédant par *sensus* au titre de la *res cogitans*[1]… ». On retrouve chez Pascal l'importance de cette dimension de réceptivité, qui seule garantit à la pensée sa validité, et qui vient du corps : « L'esprit ne sent que par le corps, seule instance de la passivité[2]. » Mais pour Jean-Luc Marion, la caractéristique essentielle de cette passivité est qu'elle ne vient pas de l'extérieur :

> Au lieu de faire [de la passivité] une activité qui viendrait d'ailleurs et non de l'*ego* (une pensée passive pour moi, mais produite encore et toujours activement par un autre, que ce soit Dieu, un autrui, ou même une chose du monde, Descartes […] y voit comme la modalité intrinsèquement et non pas accidentellement passive de ma *cogitatio* : la sensation apparaît comme la

1 Jean-Luc Marion, *Sur la pensée passive…*, *op. cit.*, p. 130.
2 Jean-Luc Marion, *Sur la pensée passive…*, *op. cit.*, p. 151.

> passivité qu'impose à la *mens* le fait de s'exposer à l'extériorité [...], celle que seule permet l'union[1].

Le corps (la « chair ») est une sorte d'extériorité interne à la pensée. Autrement dit, Descartes récupérerait la dimension du corps pour la faire entrer dans le fonctionnement autonome de la pensée. Avec Pascal, à partir d'un même souci de décrire la manière dont l'homme pense avec son corps, c'est comme le chemin inverse qui est parcouru : il accorderait effectivement que c'est au titre de la *res cogitans* que la pensée est humaine, mais pour montrer que c'est aussi à ce titre qu'elle erre, et que cette pensée doit être articulée à ce qui n'est pas elle pour trouver une validité. Là où Descartes construit l'*ego*, Pascal demande qu'on s'en départisse ; d'où le fait que pour lui, la distinction entre ce qui vient du dedans et ce qui vient du dehors perd rapidement sa pertinence. Et le corps, passif, est le lieu où justement le moi, identifié à sa pensée peut renoncer à sa centralité pour recevoir une vérité.

SOUMISSION À LA CONTINGENCE DE L'EXPÉRIENCE

Cette dimension de réceptivité dans laquelle l'homme se vit comme siège et non comme origine de ce qui se joue en lui, c'est typiquement la dimension corporelle. Nous avons vu au premier chapitre comment dans l'anthropologie pascalienne, l'appartenance à la corporéité est vécue comme une limitation malheureuse par un esprit qui aimerait trouver en lui-même la confirmation de sa grandeur. Si la contingence de la matérialité physique qui le constitue est pour l'homme une misère, c'est parce qu'elle résiste à la maîtrise qu'il entend exercer sur lui-même et sur les choses. Elle cesse de l'être dès lors qu'il renonce à ce contrôle. Pascal donne à ce geste le nom de soumission : « De sorte que ce n'est pas par les superbes agitations de notre raison mais par la simple soumission de la raison que nous pouvons véritablement nous connaître » (L 131 / S 164). La raison est en l'homme la faculté qui, dans sa prétention (« superbe ») de prendre des initiatives, voit les actions qu'elle entreprend se réduire en « agitations »

1 Jean-Luc Marion, *Sur la pensée passive...*, *op. cit.*, p. 265.

et échoue dans les buts qu'elle se propose. La connaissance de soi cherchée par le chrétien pourra être obtenue non dans l'exercice souverain d'une action, mais dans la reconnaissance primordiale de l'impuissance qui sert de cadre à cette action : « Soumission et usage de la raison : en quoi consiste le vrai christianisme » (L 167 / S *titre liasse XIV*).

Or comment la raison peut-elle reconnaître sa limite ? En réalité, elle y est constamment confrontée, de par le lien qui l'articule au corps dans l'être humain. Le corps, constitutif de la créature humaine, est ce par quoi elle est appelée à la soumission :

> Il faut que l'extérieur soit joint à l'intérieur pour obtenir de Dieu ; c'est-à-dire que l'on se mette à genoux, prie des lèvres, etc., afin que l'homme orgueilleux qui n'a voulu se soumettre à Dieu soit maintenant soumis à la créature. (L 944 / S 767)

La soumission au corps, sous la forme du rituel extérieur qui engage le mouvement physique, est présentée par ce fragment 944 comme le relais de la soumission à Dieu.

Si le cœur donne accès à une connaissance vraie (connaissance de Dieu par le contact mystique, connaissance de soi et du monde par les premiers principes), c'est parce qu'il a partie liée avec le corps et participe de sa réceptivité, par opposition à l'emprise d'une rationalité qui entend s'ériger en principe. Il s'agit donc de montrer que la place donnée au sentiment dans la réflexion pascalienne renvoie au caractère central de l'ancrage corporel, aussi bien dans l'élaboration scientifique que dans la quête religieuse.

Tout d'abord, Pascal propose une théorie de la connaissance entièrement déterminée par sa conception anthropologique du mixte, du composé qu'est l'être dont émane cette connaissance. Nous suivons dans ce sens les analyses d'Antony McKenna, qui à partir des fragments L 418 / S 680 et L 199 / S 230, insistent sur cet aspect :

> Les principes sont ceux qui apparaissent à un esprit uni à un corps. Le corps détermine ainsi notre vision des choses [...] Ce n'est que parce qu'elle se trouve unie à un corps que l'âme pense en termes de nombres, temps, dimension [...] Le sentiment est donc le mode de connaissance qui caractérise un être constitué d'une âme et d'un corps[1].

1 Antony McKenna, « Pascal : le cœur... », *op. cit.*, p. 214.

Ces lignes renvoient également au fragment 110, cité plus haut, qui explicite le rôle du cœur dans l'élaboration de la connaissance. En tant que pourvoyeur des sentiments qui fonctionnent comme principes de cette connaissance, le « cœur qui [...] sent qu'il y a trois dimensions » (L 110 / S 142) est bien l'expression de la corporalité humaine.

Cette prise en considération primordiale du corps fait apparaître l'option radicalement antimétaphysique de Pascal, cohérente avec la théorie du point de vue évoquée plus haut. Ainsi que le note Hélène Bouchilloux, « il ne faut être d'aucun parti si on veut servir la vérité ; il faut être libre de toute attache humaine[1] ». Mais le moyen de s'extraire de ce qui fait l'humanité même ? L'auteur montre bien, en même temps que la nécessité de cette impartialité, son impossibilité foncière, inhérente à la condition de l'homme. De fait, souligne-t-elle aussi, c'est « une juste appréciation de sa condition physique [qui] lui donne également une juste appréciation de sa capacité intellectuelle[2] ». Le point de vue de l'homme est nécessairement local, car ancré dans un corps, et le seul accès à la vérité qui lui soit ouvert passe par la reconnaissance de cette contingence.

Aussi toute connaissance est-elle marquée par ces contraintes anthropologiques, qui ne lui dénient pas toute validité, mais ne peuvent être écartées. Comme l'écrit Catherine Chevalley, on lit « chez Pascal une idée de la connaissance qui la restreint à ce à quoi l'homme a rapport et qui la rend intrinsèquement dépendante de ses conditions physiologiques, intellectuelles et affectives[3] ». Le sujet connaissant que décrit Pascal n'effectue pas son investigation depuis un lieu métaphysique neutre, car pareil lieu n'existe pas : « L'absence de méthode universelle chez Pascal est due à la diversité des régions de l'expérience, mais il s'y ajoute qu'il n'existe jamais d'objet indépendant, jamais d'instrument d'observation neutre[4]. » On conviendra dès lors, toujours avec Catherine Chevalley, que sa démarche revient à « libérer la philosophie et la science du problème de la vérité comme adéquation. Puisque tout le savoir humain est contingent, l'ambition de rattraper l'objet est dénuée de sens[5]. » Dans ce cadre, c'est bien plutôt le sujet qu'il s'agit

1 Hélène Bouchilloux, *op. cit.*, p. 18.
2 Hélène Bouchilloux, *op. cit.*, p. 61.
3 Catherine Chevalley, *Pascal. Contingence et probabilités*, Paris, PUF, 1995, p. 109.
4 Catherine Chevalley, *op. cit.*, p. 107.
5 Catherine Chevalley, *op. cit.*, p. 112.

de « rattraper », en élucidant les conditions spécifiques qui affectent le point local où il est assigné.

Tout regard posé sur les choses n'est pour Pascal qu'un « côté par lequel on envisage la chose » (L 701 / S 579), du simple fait, que, pour reprendre le terme du fragment sur le pari, nous sommes « embarqués » (L 418 / S 680) dans un corps. Tout regard, et aussi bien celui de Pascal même, est alors à situer dans les conditions corporelles dont il est aussi le produit[1]. Ce regard, qui ne prétend pas se fonder dans une réalité métaphysique, se fait sensible à cette continuelle fluctuation, comme le note Tamas Pavlovits :

> À la différence des apologétiques traditionnelles, où l'apologiste occupe la position de la vérité et s'oppose à l'interlocuteur ignorant, Pascal ne fixe pas sa position. Il refuse de parler au nom de la vérité, aussi bien que d'accuser ceux qui ne partagent pas son opinion [...] Il suit une méthode argumentative beaucoup plus souple qui consiste en un renversement continuel de toute position fixe[2].

Telles sont les implications d'une position qui prend acte de la dimension corporelle du sujet humain, et pour laquelle « la vérité n'est pas une vérité abstraite et théorique, mais [...] est nécessairement vécue et existentielle[3] ». Cette épaisseur anthropologique est sans doute l'une des raisons pour lesquelles la réflexion pascalienne continue d'avoir des résonances très actuelles. C'est ainsi que son attention à « l'inclusion matérielle – souvent inaperçue ou refoulée[4] » – des productions symboliques du sujet humain, a été soulignée par Pierre Bourdieu, dont les *Méditations pascaliennes* dénoncent

1 Cette considération fait apparaître une divergence majeure entre l'articulation de la pensée au corps telle que nous la repérons chez Pascal et la lecture qu'en fait Jean-Luc Marion par le biais de la notion de « *meum corpus* », au-delà du rapprochement que nous avions effectué entre la « chair » cartésienne et le cœur pascalien : « L'étendue (ou quasi-étendue) non localisée de *meum corpus* relève de la pensée et n'a quasi-lieu qu'en elle – dont elle permet la passivité. [...] Tel est le paradoxe de l'extension de l'âme de l'union. » (*Sur la pensée passive*, *op. cit.*, p. 158) Là où se repère chez Descartes un mouvement « centripète » (p. 127) qui fait de la corporalité une dimension de la pensée, Pascal met plutôt l'accent sur le mouvement centrifuge de « l'âme jetée dans le corps » (L 418 / S 680) ; il investit pour ainsi dire l'espace du « quasi » ménagé par l'analyse citée ci-dessus. L'accointance de la pensée avec le corps revient à la situer, un ancrage dont elle ne saurait se défaire.

2 Tamas Pavlovits, *Le rationalisme...*, *op. cit.*, p. 273.

3 Tamas Pavlovits, *Le rationalisme...*, *op. cit.*, p. 226.

4 Pierre Bourdieu, *op. cit.*, p. 189.

> la méconnaissance, ou l'oubli, de la relation d'immanence à un monde qui n'est pas perçu en tant que monde, en tant qu'objet posé devant un sujet percevant conscient de lui-même, en tant que spectacle ou représentation susceptible d'être appréhendée d'un seul regard[1]...

Pour Pascal, la validité de la connaissance que peut construire le sujet humain n'est pas due à la distance qu'il est capable de prendre vis-à-vis de son objet, dans la logique d'une rationalité constructive imposant sa maîtrise, mais au contraire à cette espèce d'adhésion immédiate, non rationnelle, et corporellement engagée qu'est le sentiment. Il est impossible pour l'homme d'avoir sur les choses ce regard métaphysique, panoramique, cautionné par une instance qui échapperait à la contingence du point de vue, comme l'indique Antony McKenna :

> De l'analyse pascalienne du rôle du sentiment, il s'ensuit que nous n'avons que des idées obscures ou confuses, en ce sens qu'elles ne sont pas engendrées par une pure intelligence, mais par l'union de l'âme et du corps ; elles sont toutes fondées sur le sentiment [...] Dès lors le sentiment est dépourvu de garantie métaphysique[2].

En l'absence de « garantie », le meilleur atout dont l'homme dispose est ce corps réceptif à ce qui le dépasse. La quête de la vérité, celle de la science ou celle du salut, relève chez Pascal de l'expérience, c'est-à-dire d'une connaissance qui s'éprouve dans un corps. Nous suivons ainsi Vincent Carraud quand il déclare à la fois que « le savoir par cœur, en deçà de la raison et lui fournissant ses principes, est un savoir par corps » et que « c'est le statut de l'incarnation que de fournir un savoir par cœur[3]... ».

Cette notion d'expérience permet de faire apparaître comment les enjeux que nous venons d'évoquer, relatifs au fonctionnement cognitif de l'homme, convergent avec les enjeux théologiques de l'apologétique pascalienne. En effet, il s'agit d'un côté comme de l'autre de mettre à distance l'emprise rationnelle en misant sur le corps : « les principes se *sentent* » (L 110 / S 142), et « Dieu [est] *sensible* au cœur » (L 424 / S 680), le sentiment jouant de part et d'autre le corps contre la raison, l'expérience contre la spéculation.

---

1 Pierre, Bourdieu, *op. cit.*, p. 205.

2 Antony McKenna, « Pascal : le cœur... », *op. cit.*, p. 215.

3 Vincent Carraud, *Pascal et la philosophie*, *op. cit.*, p. 249.

La notion circonscrit un terrain commun pour appréhender les différents aspects de la démarche antimétaphysique de Pascal[1]. Si elle est plus couramment associée à la démarche scientifique qui s'inaugure au XVIIe siècle, elle est tout aussi opératoire dans le domaine théologique, comme en témoigne l'analyse de Michel de Certeau qui note qu'en cette période, « présentée comme une expérience ou comme une connaissance expérimentale, la théologie mystique s'oppose peu à peu à la théologie scolastique[2] ». Elle permet du reste de retrouver, au sein même de la réflexion théologique, la distinction entre une orientation rationnelle et une démarche plus centrée sur le corps, comme le précise Antoinette Gimaret :

> La notion d'expérience prend en particulier une grande importance aux XVIe et XVIIe siècles, à la suite de la scission entre théologie spéculative (qui deviendra la théologie positive valorisant la raison) et théologie mystique (valorisant l'expérience comme description d'une suite d'états psychologiques). Par là, le recours à l'expérience acquiert une portée polémique, puisqu'il implique le refus de la spéculation sur les causes au profit d'une perception intuitive de la présence du divin[3].

La ligne de partage que trace cette approche isole moins des domaines objectifs que des principes méthodologiques pour les aborder. Ce qui fait apparaître la parenté entre champs épistémologiques dont la compatibilité nous paraît peu évidente aujourd'hui, à nous qui sommes les héritiers de séparations entre les savoirs qui se sont précisément affirmées en ce début des temps modernes. C'est un rapport aux choses qui donne consistance à cette unification :

> Ce concept d'expérience, que Montaigne baptise du nom d'« essai », paraît constituer un élément clé dans l'histoire des mentalités aux XVIe et XVIIe siècles, dans la mesure où il concerne à la fois le rapport à soi, le rapport à Dieu et le rapport aux choses, la révolution cartésienne ayant par ailleurs mis en avant l'importance de la notion d'expérience scientifique[4].

---

1 Sur le caractère central et unificateur de la notion d'expérience dans la pensée pascalienne, voir Gérard Ferreyrolles, « La preuve et l'épreuve », *op. cit.*

2 Michel de Certeau, « Mystique au XVIIe siècle, le problème du langage mystique », in *L'homme devant Dieu, Mélanges offerts au P. de Lubac*, Paris, Éd. Aubier, 1964, p. 278. Cité par Hélène Michon, *op. cit.*, p. 268.

3 Antoinette Gimaret, *op. cit.*, p. 174.

4 Antoinette Gimaret, *op. cit.*, p. 808.

L'approche par l'expérience place la question du corps au centre de l'investigation scientifique aussi bien que de la pratique mystique, à un stade de la pensée moderne pendant lequel le remaniement des territoires disciplinaires est en cours, ce qui fait faire à Michel de Certeau un rapprochement entre les deux lorsqu'il déclare : « Qu'est-ce que le corps ? L'interrogation obsède le discours mystique », en un moment où « le corps n'est pas encore mué en une colonie de la médecine ou de la mécanique[1] ». Pour Pascal, qui a intégré les apports du mécanisme cartésien, le corps tel qu'il l'envisage a bien certainement opéré la mutation dont parle Michel de Certeau ; mais cela ne l'empêche pas de constituer un espace commun à la physique et à la mystique, un espace que la démarche pascalienne unifie notamment par son usage des notions de cœur et de sentiment. Et en mettant l'expérience et sa dimension corporelle au centre de sa réflexion, il se révèle le continuateur d'un Montaigne effrayé par « ces humeurs transcendantes[2] », car « c'est toujours à l'homme que nous avons affaire, duquel la condition est merveilleusement corporelle[3] ».

Poursuivant dans la ligne d'une attention à l'homme tel qu'il est, en son « commun », Pascal est amené à retrouver et en physique et en morale les mêmes contraintes d'exercice qui sont propres à un sujet limité par sa condition. C'est pourquoi, signale Catherine Chevalley, il « s'oppose au partage qui s'instaure à cette époque entre la science (certaine) et la pratique humaine (arbitraire)[4] », avec pour conséquence de considérer l'une et l'autre comme contingentes et limitées par la perspective d'un point de vue :

> Le souci de penser la science et le savoir moral sur le même plan ne conduit pas chez Pascal, comme ce sera le cas au XVIIIe siècle, à aligner la pratique humaine sur la certitude du savoir exact, mais plutôt à étendre à tout le mélange du certain et de l'incertain[5].

Aussi bien dans les sciences que dans la morale ou la religion, tout savoir auquel l'homme peut prétendre est d'abord celui d'un corps situé ; un savoir qui engage la dimension physique du mixte humain, et qui est aussi une pratique.

1 Michel de Certeau, *La Fable mystique…*, *op. cit.*, p. 108.
2 Montaigne, *Essais*, III, 13, *op. cit.*, p. 1114.
3 Montaigne, *Essais*, III, 8, *op. cit.*, p. 930.
4 Catherine Chevalley, *op. cit.*, p. 111.
5 *Ibid.*

LE RECOURS AU TÉMOIGNAGE

Ces observations convergent avec une autre problématique majeure de la réflexion pascalienne, qui est celle du témoignage. Comme l'explique Antony McKenna, aussi bien dans l'expérience scientifique, dans l'histoire que dans la vie pratique, le recours inévitable au témoignage renvoie à une condition humaine dans laquelle, en l'absence d'une certitude absolue, le sujet doit se fier aux apparences[1]. On verra que cette omniprésence du témoignage dans la construction des savoirs humains conforte l'importance du rôle qu'y joue le corps, dans la mesure où la validité du témoin repose essentiellement sur son engagement physique.

Le recours au témoignage, qui peut être vu comme repli sur la vraisemblance et sur la médiation en l'absence de vérité immédiate, peut être considéré, inversement, comme la représentation la plus forte possible de cette vérité. Cette ambivalence du témoignage renvoie à celle du cœur dont nous parlions plus haut comme d'une instance dont le rapport à la vérité est assuré par sa dimension passive, réceptive. Le témoin n'est légitimement médiateur que parce qu'il est simplement réceptacle. Illustrant cette ambivalence, le corpus pascalien permet de dégager deux fonctionnements principaux du témoignage : le témoignage comme acte, produit par un observateur, témoin oculaire, et le témoignage comme état, qui peut être porté par des êtres non humains aussi bien que par des hommes.

Le premier cas est celui du témoin observateur[2] : le témoin est celui qui atteste l'action sans l'accomplir lui-même. C'est celui que propose la science expérimentale quand, pour asseoir la validité de ses résultats, elle prend appui sur la confirmation par la présence d'autrui. Ainsi Pascal peut-il déclarer, dans un passage de ses *Écrits sur le vide* :

> … je fis de nouvelles expériences très différentes de celle-là, en présence de plus de cinq cents personnes de toutes sortes de conditions, et entre autres de cinq ou six Pères Jésuites du collège de Rouen[3].

1 Antony McKenna, « Pascal et le corps… », *op. cit.*, p. 492. Le témoignage est reconnu comme une notion clé de la réflexion pascalienne par Tetsuya Shiokawa, qui en fait l'un des points de départ de son étude sur les miracles chez Pascal, *Pascal et les miracles*, Paris Nizet, 1977.

2 Sur l'établissement des faits par des témoins fiables, voir Dominique Descotes, *L'argumentation chez Pascal*, *op. cit.*, p. 316 *sq.*

3 Pascal, *Œuvres complètes*, *op. cit.*, p. 227 A.

Dans la situation de procès qui constitue une sorte d'arrière-plan au déploiement de la notion de témoin, ces personnes pourraient être amenées à produire un récit de ce qu'elles ont vu, et c'est à ce titre qu'elles consolident le dispositif de l'expérience.

Le témoin auquel on a recours est un sujet réceptacle, ici un groupe de personnes, dont la fiabilité repose à la fois sur leur présence au moment des faits, leur nombre et leur qualité. Ce qui est mis en avant dans ce témoin collectif, c'est justement le nombre, associé à l'idée d'une diversité des individus. Ainsi la mention du statut social de certains témoins (« Pères Jésuites du collège de Rouen ») fait-elle plus figure de détail anecdotique que d'argument discriminant pour valider l'attestation.

Cette remarque trouve un écho dans d'autres écrits de Pascal, où l'on constate une indifférence à cet aspect de la réflexion sur le témoin : quels seraient les critères socioculturels ou psychologiques à mettre en œuvre pour garantir la bonne qualité de la médiation qu'il propose ? Ce qui fait la « grandeur » du témoin n'a pas à être cerné selon ces critères :

> Cette religion si grande en miracles – saints purs, irréprochables, savants et grands témoins, martyrs, roi – David – établis, Isaïe prince du sang, – si grande en science après avoir étalé tous ces miracles et toute sa sagesse. Elle réprouve tout cela et dit qu'elle n'a ni sagesse, ni signe [...] Car ceux qui par ces signes et cette sagesse ont mérité votre créance et qui vous ont prouvé leur caractère, déclarent que rien de tout cela ne peut nous changer... (L 291 / S 323)

Si les témoins sont considérés comme fiables, ce n'est pas en raison des signes extérieurs qui peuvent sembler matérialiser cette fiabilité : rang social, pureté morale, qualité scientifique ou éthique. L'accréditation du témoin est d'un autre ordre ; elle relève d'une expérience vécue par le témoin, qui se constitue dans l'épreuve. C'est l'expérience qui qualifie Salomon comme témoin, non son rang :

> Salomon et Job ont le mieux connu et le mieux parlé de la misère de l'homme, l'un le plus heureux et l'autre le plus malheureux. L'un connaissant la vanité des plaisirs par expérience, l'autre la réalité des maux. (L 403 / S 22)

Et Pascal va loin pour substituer à la logique de la qualité du témoin celle de son engagement existentiel ; la déclaration est fameuse : « Je ne crois que les histoires dont les témoins se feraient égorger » (L 822 / S 663). C'est la mise en jeu totale de sa vie du corps qui fait la légitimité du témoin, par une radicalisation dramatique qui court-circuite la dimension médiate du témoignage et qui, par sa puissance éthique, entend couper court à l'idée qu'il pourrait y avoir une distorsion ou une dégradation du contenu transmis.

Autre critère de validité qui repose sur l'implication du corps du témoin : celui de la concomitance. Ainsi le récit biblique de la création tire-t-il sa fiabilité d'être offert par un « historien unique *contemporain* », Pascal précisant ailleurs que « toute histoire qui n'est pas *contemporaine* est suspecte » (L 436 / S 688). C'est à ce prix que l'historien est un témoin digne de foi. Exiger que le témoin ait connu les mêmes coordonnées chronologiques que ce qu'il atteste revient pratiquement à promouvoir la figure du témoin oculaire. Celui-ci constitue une garantie ultime de fiabilité pour les sciences historiques dans la mesure où elles reposent sur la transmission des données initialement fournies par lui.

Cette promotion du témoin oculaire vaut également dans la science expérimentale, où de surcroît le simple témoignage livresque peut induire en erreur. C'est la situation dans laquelle Pascal suppose que le Père Noël s'est trouvé : « Et comme il ne connaît les expériences que par écrit il a pensé qu'en effet le doigt ne sentait plus aucune attraction[1]... ». C'est pourquoi il importe au premier chef que les cinq cents personnes mentionnées tout à l'heure aient été effectivement présentes sur les lieux de l'expérience. Le recours au témoignage oculaire est un argument clé dans l'établissement de la vérité, dont Pascal ne se prive pas dans ses échanges épistolaires avec des destinataires qui jouèrent eux-mêmes ce rôle de témoin :

> « Je ne saurais mieux vous témoigner la circonspection que j'apporte avant que de m'éloigner des anciennes maximes, que de vous remettre dans la mémoire l'expérience que je fis ces jours passés en votre présence avec deux tuyaux[2]... »

L'existence de ce témoin oculaire est ici un argument si fort pour assurer le fait, que Pascal ne pose pas la question de savoir ce que voit le témoin : sa perception parfaite du spectacle semble se déduire implicitement de sa présence, sans plus d'examen des conditions matérielles effectives de cette perception. Autrement dit, la part d'activité du sujet dans l'opération est réduite au minimum. Sa principale fonction est

1 Pascal, *Œuvres complètes*, *op. cit.*, p. 214 A.
2 Pascal, *Œuvres complètes*, *op. cit.*, p. 222 A.

d'être là pour recevoir, d'offrir son corps percevant comme un organe d'enregistrement de la situation.

Aussi peut-on dire que le témoignage en tant qu'acte est fondamentalement légitimé par le fait que le témoignage est aussi un état. De fait, la place faite au témoin dans la réflexion pascalienne montre qu'il n'est pas essentiellement un sujet qui produit et contrôle. Un témoin n'est pas un pur et simple instructeur et ce qu'il transmet est toujours aussi ce qu'il a vécu. Autrement dit, le témoignage entendu comme acte d'un sujet se fonde sur une réalité dans laquelle ce même sujet est passif et sans grande prise sur ce qui le traverse. il est comme inhérent au témoignage que le témoin soit en quelque sorte débordé par lui. Il est difficile de savoir, pour reprendre la question telle que la pose Emmanuel Housset,

> … si celui qui témoigne peut comprendre pleinement ce dont il témoigne, s'il peut élucider vraiment le sens de ce qui a lieu, ou si l'acte même de témoigner ne suppose pas que l'objet du témoignage ne peut avoir la transparence des objets purs et simples de la science[1].

Témoigner, c'est *être* plutôt que *faire* ; c'est faire un acte d'un état. Ainsi, la réflexion pascalienne sur le témoin exprime pleinement comment l'accès à une vérité requiert un sujet réceptif plus que productif, et un sujet défini par la contingence de son expérience. Cette dimension de témoin fait apparaître le sujet non comme un centre d'initiative et de maîtrise mais plutôt comme un lieu où s'expérimente le rapport de forces diverses. Il s'agit donc d'examiner la manière dont cette idée du témoignage comme état se lit dans les écrits de Pascal.

Selon cette acception du terme, le témoignage est une manifestation qui renvoie à une forme de passivité. Ce sujet n'est pas seulement passif au sens où il serait le réceptacle ou le siège d'un message qu'il n'a pas produit et qu'il transmet sans le maîtriser ; ici, c'est l'initiative même de cette transmission qui lui est déniée. Si le témoin atteste quelque chose, c'est dans la mesure où son existence constitue un témoignage indépendamment de toute action et de toute intention de sa part, indépendamment de toute volonté assumée par lui en tant que sujet.

---

1 Emmanuel Housset, « L'objet du témoignage », in *Le Témoignage, Perspectives analytiques, bibliques et ontologiques*, *Philosophie* n° 88, hiver 2005, Paris, Les Éditions de Minuit, p. 145.

C'est pourquoi un objet ou un être non humain peut être dit témoin. Ainsi chez Pascal, la nature, le monde, les choses témoignent – ils témoignent en l'occurrence de ce Dieu caché qui se manifeste en elles. Pascal écrit à Gilberte :

> Car comme toutes choses parlent de Dieu à ceux qui le connaissent et qu'elles le découvrent à ceux qui l'aiment, ces mêmes choses le cachent à tous ceux qui ne le connaissent pas[1].

Affirmation qui fait écho au fragment 3 des *Pensées* :

> Eh quoi ne dites-vous pas vous-même que le ciel et les oiseaux prouvent Dieu ? Non. [...] Car encore que cela est vrai en un sens pour quelques âmes à qui Dieu donna cette lumière, néanmoins cela est faux à l'égard de la plupart. (L 3 / S 38)

Ici, « parler de » et « prouver » renvoient à la conception du témoignage qui nous intéresse : parler n'est pas produire un discours, tout comme prouver n'est pas produire la preuve ; il s'agit pour l'être concerné de manifester Dieu par sa simple existence, aussi brute fût-elle que celle d'une pierre. Pour citer la Bible que cite Pascal : « Si ceux-là [les chrétiens] se taisent les pierres parleront » (L 916 / S 746). Aussi, dans la formule générique que nous pouvons reconstituer, « le monde témoigne de Dieu », le sujet grammatical n'est-il pas actif dans le processus signifié par le verbe. Le témoignage se soutient pour ainsi dire tout seul ; il est premier, et c'est lui qui dans un second temps constitue le témoin comme son porte-parole.

Dans cette configuration, l'efficacité du témoignage relève moins de sa production que de sa destination. Dans la perspective du témoignage comme acte, le témoin pouvait ne pas être l'inventeur du message transmis ; cependant, il restait structurellement à la place du producteur en s'en faisant le garant. Dans la perspective du témoignage comme état, l'existence du témoin a pour condition la présence d'un destinataire adéquat. Les textes cités le disent clairement : le témoignage n'existe que s'il y a une instance pour le recevoir. L'oiseau n'est témoin que pour ceux que Dieu a ainsi disposés, c'est-à-dire, pour reprendre le texte de la lettre à Gilberte déjà citée, « ceux à qui Dieu fait connaître ces

---

1 Pascal, *Œuvres complètes*, *op. cit.*, p. 273 A.

grandes vérités[1] ». Il existe une relation de figuration entre le support du témoignage (le monde, la nature, le visible) et le contenu du témoignage (le divin, le surnaturel), selon laquelle « Dieu a représenté les choses invisibles dans les visibles[2]... ». Mais cette correspondance symbolique ne devient un témoignage qu'à partir du moment où elle est reçue par l'esprit auquel elle est destinée.

Pour qu'il y ait témoignage, il faut que soit posée l'instance capable de l'adopter et de le reconnaître comme tel. Une capacité qui n'est en rien déterminée par des qualités dont le témoin pourrait se prévaloir : on ne se demande pas si l'oiseau ou le monde ont la compétence de témoigner. En revanche, le message dont ils sont porteurs peut ou non témoigner, c'est-à-dire peut ou non se transformer en témoignage. Et la décision appartient au destinateur du message, à Dieu : c'est la grâce qui fait le témoin dans le sens où c'est elle qui donne au message le destinataire capable de le recevoir[3] ; c'est elle qui donne à l'homme cette « disposition toute sainte » (L 381 / S 413) qui lui permet de voir dans le monde un témoignage de la présence divine.

Telle est la difficile position de l'activité humaine face au Dieu caché :

> Les prophéties, les miracles mêmes et les preuves de notre religion ne sont pas de telle nature qu'on puisse dire qu'ils sont absolument convaincants, mais ils

1 Pascal, *Œuvres complètes*, *op. cit.*, p. 273 A.

2 *Ibid.*

3 On dit ici que la grâce fait le témoin en ce sens que sans elle, ce qui existe ne pourrait exister en tant que témoignage pour quelqu'un. Notons que la constitution du témoin par la grâce peut être comprise dans un autre sens, plus direct. On peut en effet considérer, pour citer Jean-Louis Chrétien commentant Paul, que « Dieu seul convertit et rend par là contemporain de l'événement de sa révélation » (« Neuf propositions sur le concept chrétien de témoignage », in *Le Témoignage, Perspectives analytiques, bibliques et ontologiques*, *Philosophie* nº 88, hiver 2005, Paris, Les Éditions de Minuit, p. 87-88). Perspective dans laquelle le témoignage comme démarche active du sujet est rendu possible et validée par un rapport au divin même si ce sujet n'a pas été témoin oculaire : « Il n'est pas un moindre témoin que celui dont il a reçu cette annonce, comme si la distance à la source s'accroissait toujours d'un degré avec le temps, car l'Esprit fait que nous pouvons toujours être à la source même, dans un rapport direct, bien qu'il soit médiatisé. » (*op. cit.* p. 87). La constitution du témoin par la grâce est alors une réponse à la question du mode de validation du témoin. Il n'y a pas ici de propagation du statut de témoin par la transmission d'un contenu, mais par un renouvellement des conditions de sa réception. Ce qui invalide l'idée d'une supériorité du témoin oculaire sur les suivants : « Chaque témoin nouveau, dans son unicité, porte tout entier le poids et la charge du témoignage. » (*op. cit.* p. 93), à l'encontre d'une logique de constitution historique du témoignage par accumulation, qui l'expose au risque de destruction, de distorsion ou de dilution, avec le temps.

> le sont aussi de telle sorte qu'on ne peut dire que ce soit être sans raison que de les croire. [...] Et par ce moyen il y a assez d'évidence pour condamner, et non assez pour convaincre, afin qu'il paraisse qu'en ceux qui la suivent c'est la grâce et non la raison qui fait suivre... (L 835 / S 423)

Le monde ne témoigne de Dieu que pour qui sait le voir, et c'est une faculté qui n'est pas du ressort du spectateur. Même en tant que destinataire du témoignage, le sujet humain n'a pas vraiment de rôle dans sa constitution puisqu'il n'est pas à l'origine de la lucidité qui le lui ferait reconnaître.

La réalité physique du monde devient témoignage par la volonté du Créateur, et non par une activité du sujet humain. Se fait jour dans le corps des choses une vérité dont l'homme ne peut que prendre acte. En cela, Pascal fait du témoignage une opération qui destitue l'esprit au profit du corps : le témoin n'est pas tel par la vertu d'une activité intellectuelle ou d'une maîtrise cognitive, mais par la réalité physique de son existence. Et Pascal dégage cette modalité de manifestation de la vérité non seulement dans les êtres dépourvus de compétence intellectuelle, mais aussi dans l'homme lui-même.

Lui aussi est susceptible de témoigner de la présence de Dieu sans que se pose la question de l'autorisation du témoin : celui-ci atteste de toute façon et malgré lui un état de fait sur lequel il n'a aucune prise. Dans le témoignage comme acte, la misère et la finitude humaines pouvaient apparaître comme un obstacle à l'accomplissement d'une bonne attestation ; dans le témoignage comme état, elle en est la matière même. C'est le cas d'Adam, attestant dans sa faillibilité le message à la fois clair et obscur de la divinité :

> Et cependant pour affermir l'espérance de ses élus dans tous les temps il leur en a fait voir l'image, sans des assurances de sa puissance et de sa volonté pour leur salut, car dans la création de l'homme *Adam en était le témoin* et le dépositaire de la promesse du sauveur qui devait naître de la femme. (L 392 / S 11)

C'est le cas des Juifs :

> C'est visiblement un peuple fait exprès pour servir de témoin au messie. Is. 43. 9. 44. 8. Il porte des livres et les aime et ne les entend point. (L 495 / S 736)

Ici, le statut de témoin n'est pas accordé en vertu de quelque chose qui aurait été dit ou fait par Adam ou les Juifs. C'est leur existence même et tout ce qu'ils donnent à voir à travers elle qui leur donne ce statut. Tout comme les oiseaux parlent de Dieu, ils en témoignent sur un mode involontaire, en tant que créatures ayant telle place dans le monde et dans l'histoire. Ainsi Pascal précise-t-il à propos du peuple juif qu'il rend « en corps » témoignage du Christ :

> C'est un peuple tout entier qui l'annonce et qui subsiste depuis 4000 années pour rendre en corps témoignages des assurances qu'ils en ont, et dont ils ne peuvent être divertis par quelques menaces et persécutions qu'on leur fasse. (L 332 / S 364)

Au-delà des témoignages historiques qu'il a pu porter selon le registre du témoignage comme acte délibéré, l'existence et la subsistance de ce peuple attestent une vérité.

Cette dimension est encore accentuée par le fait que ce type de témoignage peut être porté à l'insu du témoin. Le peuple juif témoigne, par son refus de l'admettre, d'une vérité qu'il ne conçoit pas ; la force du témoignage est alors fondée non sur la maîtrise du sujet qui le propose mais sur une opération qui se déroule à son insu, voire contre son gré. Ainsi fonctionne également le témoignage de Tacite, dont Pascal dit qu'il témoigne pour Jésus-Christ en n'en parlant pas :

> Sur ce que Josèphe ni Tacite, et les autres historiens, n'ont point parlé de Jésus-Christ.
> Tant s'en faut que cela fasse contre, qu'au contraire cela fait pour. Car il est certain que Jésus-Christ a été et que sa religion a fait grand bruit et que ces gens-là ne l'ignoraient pas et qu'ainsi il est visible qu'ils ne l'ont celé qu'à dessein ou bien qu'ils en ont parlé et qu'on l'a supprimé, ou changé. (L 746 / S 619)

Ou celui des non pyrrhoniens qui témoignent pour la gloire des pyrrhoniens en confirmant malgré eux les vues de leurs adversaires :

> Mais il est bon qu'il y ait tant de ces gens-là au monde qui ne soient pas pyrrhoniens pour la gloire du pyrrhonisme, afin de montrer que l'homme est bien capable des plus extravagantes opinions… (L 33 / S 67)

Ce mécanisme dans lequel le témoignage est porté par l'état pour ainsi dire objectif du témoin repose non sur ce que dit ou fait ce dernier, mais sur ce qu'il *est* dans un contexte donné, sur les effets produits par les modalités de cette existence dans une situation – à son corps défendant.

Cette modalité du témoignage comme état rejoint alors paradoxalement celle du martyre, puisque dans les deux cas, le témoin témoigne en engageant ce qu'il est, à savoir une existence physique qui résiste et incarne ainsi ce qui est refusé, ou une existence physique qui s'offre et prouve dans le sacrifice la valeur de ce qui est accepté. Dans les deux cas, c'est la mise en jeu de la vie et du corps qui fonctionne comme témoignage, en une passivité qui se retourne en activité : le témoin, par le maintien obstiné de son existence dans une situation hostile transforme son état en acte[1]. Ce qui fait de l'homme un témoin, c'est non le développement d'une acuité de son esprit, mais la mise en jeu de la résistance du corps, délibérée ou non.

On voit ainsi que la pratique du témoignage, dont Pascal reconnaît l'omniprésence, que ce soit dans la sphère de la science ou dans celle de la religion, est selon ses modalités propres représentative de la place du corps dans la construction de tous les savoirs humains : la légitimité de ce qui est transmis par le témoin repose en effet soit sur la présence physique du témoin (c'est-à-dire sur une forme de contiguïté corporelle avec les faits), soit sur son existence objective en tant que corps. L'utilisation que fait Pascal de cette thématique du témoignage peut être lue comme l'expression de l'importance qu'il reconnaît à la contribution du corps dans la quête humaine de vérité. Représentant la réceptivité dans les opérations cognitives, ce corps continue de fonctionner comme ouverture à une action qui n'est pas celle de la raison. Grâce à la part qu'il prend dans l'élaboration de la connaissance, il fonctionne objectivement comme limitation aux prétentions de la raison qui se heurte à lui. Le « cœur qui sent » est l'instance la plus fiable. La voie du corps est plus sûre que celle de l'esprit, que ce soit en science ou en morale.

Ces remarques font apparaître que le rôle accordé à l'expérience du corps, facilement admis en physique, est loin d'y limiter sa portée, qui s'étend globalement à toute la pensée anthropologique et apologétique de Pascal. Car cette expérience du corps est inévitablement le lieu où s'exprime la spiritualité. Cette position situe Pascal à la croisée des démarches de Saint-Cyran et de Nicole telles que Béatrice Guion

1 La différence qui persiste entre le martyr et le témoin malgré lui réside dans la manière dont le témoin a conscience de sa situation et l'assume.

les analyse dans son article déjà cité « De l'abandon à la méditation : représentations de l'espace intérieur à Port-Royal[1] ». Elle repère chez le premier une spiritualité mystique insistant sur la réceptivité du cœur, qu'elle distingue d'une spiritualité largement fondée sur l'activité humaine chez le second. D'une part, explique-t-elle,

> ... à la réflexion, Saint-Cyran oppose la simplicité qui, précisément, est absence de réflexivité : ce sont les actes simples des mystiques. La prière est un mouvement non pas de l'esprit mais du cœur. [...] La réparation, ici, consiste à se dépouiller de tout mouvement propre pour être le pur réceptacle de la grâce[2].

Quant à Nicole,

> ... à l'inverse, [il] définit une voie ascétique qui reconnaît une légitimité à l'activité humaine. [...] La discursivité que Nicole considère comme la règle du fonctionnement habituel de l'esprit constitue l'un de ces moyens humains. [...] Rompant avec le théocentrisme métaphysique des spirituels de la première moitié du siècle, tels Bérulle ou Canfield, Nicole considère que la foi s'éprouve non seulement dans l'expérience intérieure, mais aussi dans le déroulement concret de l'existence quotidienne[3].

Selon cette distinction, de quel côté pourrait-on situer Pascal ? En fonction des éléments que nous avons dégagés, il apparaît qu'il pourrait aussi bien se placer d'un côté (accent mystique mis sur le cœur) que de l'autre (accent pratique mis sur la dimension corporelle de la vie humaine). En fait, rien de surprenant, à lire attentivement les données fournies par Béatrice Guion elle-même : à la position du « réceptacle » selon Saint-Cyran, elle associe « les *actes* simples des mystiques » (je souligne) ; et dans les « moyens humains » exploités par Nicole, elle inclut « le déroulement *concret* de l'existence *quotidienne* » (je souligne). Ce qui se révèle comme trait commun des deux voies, c'est une dimension pratique de mise en jeu du corps, celle-là même dont nous avons vu apparaître le caractère central dans la réflexion pascalienne : d'une part l'approche mystique ne se comprend pas sans un ancrage physique ; d'autre part l'esprit humain ne peut produire ses effets que dans et par l'expérience du corps.

---

1 Béatrice Guion, *op. cit.*, p. 39-53.
2 Béatrice Guion, *op. cit.*, p. 48.
3 Béatrice Guion, *op. cit.*, p. 49-50.

Et l'apport spécifique du corps réside là dans son aspect de réceptivité, y compris dans le second cas, celui du recours aux « moyens humains » – et c'est ce qu'il s'agit à présent de développer. Les actes par lesquels le mystique s'abandonne et ceux par lesquels le chrétien concentré sur sa conscience de ce qu'il fait se rejoignent en une pratique commune qui consiste à mettre le corps au premier plan et à se confier à lui : au message divin dont il porte les marques, ou à la mécanique aveugle qui lui permet de contrer les errements de l'esprit[1].

1 En cela nous situons Pascal dans la continuité de l'apport cartésien comme Béatrice Guion le fait avec Nicole, mais selon le point de vue du corps, et non de l'esprit. Elle déclare en effet : « En face des menaces que font peser sur l'intégrité du moi les passions et les mouvements non conscients, il existe un garant : c'est la conscience. [...] Nicole fait donc reposer la vie morale sur l'effort conscient : la désappropriation de la volonté propre qui est requise du chrétien n'est pas un anéantissement du moi. Quand l'augustinisme néantiste, qui considère que *l'ego* ne saurait constituer un principe de subsistance, prône la disparition du moi, Nicole a pris acte de la promotion épistémologique du sujet réalisée par Descartes. Il fait ainsi une place aux moyens humains dans le travail d'ascèse morale. » (*op. cit.* p. 50). Selon notre lecture, la prise en compte par Pascal de l'apport cartésien ne consiste pas en une promotion du sujet, mais en une capitalisation sur les acquis du mécanisme. Lui aussi fait bien une place aux moyens humains ; mais loin de miser sur une conscience fondamentalement troublée, son apologétique passe par un corps auquel sa réceptivité assure une fiabilité supérieure.

MACHINE

Nous avons vu que la dimension corporelle, constitutive de la condition humaine, est centrale chez Pascal, aussi bien dans sa pratique religieuse et sa position théologique que dans sa réflexion épistémologique et scientifique. C'est par le corps, en tant qu'instance de la réceptivité, que se fait l'accès à Dieu (« sensible au cœur »), la perception des principes (qui « se sentent »), ou la construction d'une connaissance fondée sur le témoignage (le sien propre ou celui d'autrui). Ce caractère réceptif du corps offre la meilleure fiabilité possible au savoir ainsi acquis, étant donné la faillibilité essentielle de l'esprit humain, et fournit en même temps l'ouverture nécessaire pour accéder à la dimension chrétienne qui dépasse cet ordre de l'esprit. S'en remettre au corps, ce n'est pas verser dans une approche matérialiste qui ferait l'impasse sur ce qui en l'homme ne relève pas de ce corps, mais au contraire se saisir des seuls moyens humainement à notre disposition pour appréhender « nous-mêmes, [...] notre tout » (L 427 / S 681). Pareille démarche consiste non à nier la pensée, mais à organiser son bon usage dans le cadre, indépassable par des ressources humaines, de la seconde nature.

Ce rôle du corps est primordial : non seulement l'esprit est faillible, mais surtout l'homme s'identifie à lui et cherche à établir sa dignité par lui. D'où la nécessité de faire sa place à une instance qui vienne contrebalancer ou court-circuiter cette présomption. C'est ainsi que le corps, outre son caractère de réceptivité dans l'acquisition des principes et la validation des savoirs, contribue à un fonctionnement cognitif plus efficace de l'être humain en régulant l'activité de l'esprit.

LE CORPS, POUR RÉGLER LA PENSÉE

Le fragment 200 offre une formulation de ce programme : « Toute notre dignité consiste donc en la pensée. C'est de là qu'il nous faut relever et non de l'espace et de la durée, que nous ne saurions remplir. Travaillons donc à bien penser voilà le principe de la morale » (L 200 / S 232).

Mais qu'est-ce que « travailler à bien penser » ? Et en quoi cela engage-t-il le corps ? Trouver une réponse à ces interrogations exige de resituer la phrase citée dans le fragment qu'elle conclut :

> L'homme n'est qu'un roseau, le plus faible de la nature, mais c'est un roseau pensant. Il ne faut pas que l'univers entier s'arme pour l'écraser ; une vapeur, une goutte d'eau suffit pour le tuer. Mais quand l'univers l'écraserait l'homme serait encore plus noble que ce qui le tue, puisqu'il sait qu'il meurt et l'avantage que l'univers a sur lui. L'univers n'en sait rien. Toute notre dignité consiste donc en la pensée. C'est de là qu'il nous faut relever et non de l'espace et de la durée, que nous ne saurions remplir. Travaillons donc à bien penser voilà le principe de la morale. (L 200 / S 231-232)

À première vue, Pascal invite justement à mettre de côté ce qui relève du corps (« espace », « durée »), d'un univers matériel dans lequel la fragilité physique de l'homme le voue à l'anéantissement (« écraser », « tuer », « mourir »), car le point d'appui qui lui permettra de bien conduire sa vie (« le principe de la morale ») réside dans le déploiement d'une activité de l'esprit. Mais comment faut-il entendre cette mise à l'écart de la condition spatio-temporelle au profit de la pensée ? Le rapprochement avec le fragment L 113 / S 145 peut aider à le préciser. Il reprend la même idée en termes légèrement différents, et permet d'éclairer la complexité de la place donnée ici au corps : « Ce n'est point de l'espace que je dois chercher ma dignité, mais c'est du règlement de ma pensée. Je n'aurai point d'avantage en possédant des terres. » Ici, la quête de dignité présentée comme une impasse est la démarche d'acquisition de biens matériels, démarche non nécessaire, qui peut être évitée, et à laquelle un engagement dans le domaine de l'esprit peut être préféré. « L'espace », en l'occurrence, est une option. Mais dans le fragment 200, l'espace dont il est question est celui du propre corps de l'homme, qui marque son appartenance inévitable à la matérialité, et par le biais duquel, effectivement et non de manière hypothétique, il meurt, est « tué », « écrasé ». Si la pensée est ce par quoi l'homme se relève, elle ne peut être dissociée du corps qu'elle pense. Ce que Pascal qualifie de « relèvement » consiste moins à se dégager du corps (chose impossible tant qu'on est en vie) qu'à l'accompagner, sous la forme d'une conscience. Car la conscience qui fait la dignité de l'homme, nous l'avons souligné dans le premier chapitre, est la conscience de sa misère, tout comme dans notre passage, la « noblesse » de la conscience n'empêche pas la réalité de la mort, dite au présent de l'indicatif. Ainsi, dans le cadre de notre condition corporelle, penser de manière juste, c'est penser dans la soumission au corps, non dans un oubli du corps, forcément illusoire.

Cette perspective peut donner un éclairage sur la modalisation qui affecte, dans les deux textes, la mention de l'activité de l'esprit : l'un parle de « *bien* penser », l'autre de « *règlement* de la pensée » (je souligne). L'articulation avec le corps peut être considérée comme une contrainte pour la pensée ; on peut aussi y voir l'occasion de trouver une justesse d'orientation qui lui fait défaut. De fait, Pascal indique en plusieurs endroits cette nécessité d'une régulation de la pensée. Ainsi au fragment 530 :

> Tout notre raisonnement se réduit à céder au sentiment. Mais la fantaisie est semblable et contraire au sentiment ; de sorte qu'on ne peut distinguer entre ces contraires. L'un dit que mon sentiment est fantaisie, l'autre que sa fantaisie est sentiment. Il faudrait avoir une règle. La raison s'offre mais elle est ployable à tous sens. (L 530 / S 455)

Face au constat de la confusion qui règne dans le domaine de l'esprit, la raison ne peut intervenir comme point de référence susceptible de faire apparaître un ordre. Le dérèglement ne peut formellement être désigné comme tel dans un contexte d'équivalence des points de vue et de multiplication indifférenciée des trajectoires :

> Ceux qui sont dans le dérèglement disent à ceux qui sont dans l'ordre que ce sont eux qui s'éloignent de la nature et ils la croient suivre, comme ceux qui sont dans un vaisseau croient que ceux qui sont au bord fuient. Le langage est pareil de tous côtés. Il faut avoir un point fixe pour en juger. Le port juge ceux qui sont dans un vaisseau, mais où prendrons-nous un port dans la morale ? (L 697 / S 576)

L'activité de l'esprit est soumise à des fluctuations incessantes, en raison de son inaptitude à saisir directement la réalité des choses : l'opposition entre ordre et dérèglement est toujours recouverte par un discours situé, orienté, partiel, en l'absence d'un « point fixe » auquel rapporter la diversité des mouvements. En morale donc, point de port qui puisse servir de cap pour régler la marche de l'esprit dans le sens d'un « bien penser ». Cette situation de flottement généralisé est clairement exposée au fragment 199, qui s'appuie également sur l'image de la navigation :

> Voilà notre état véritable. C'est ce qui nous rend incapables de savoir certainement et d'ignorer absolument. Nous voguons sur un milieu vaste, toujours incertains et flottants, poussés d'un bout vers l'autre ; quelque terme où nous pensions nous attacher et nous affermir, il branle, et nous quitte, et si nous le suivons il échappe à nos prises, nous glisse et fuit d'une fuite éternelle ; rien ne s'arrête pour nous. (L 199 / S 230)

La quête d'un absolu susceptible de nous orienter dans le pilotage de nous-même est désespérée. Elle l'est du moins tant que cette quête consiste à vouloir se soustraire à ce mouvement qui est inhérent à la condition humaine, et à persister dans une attitude de saisie – attachement, affermissement, prise, qui sont essentiellement des mouvements illusoires de la pensée (« nous pensions… ») avide de contrôle. Le « règlement de la pensée » auquel invite Pascal n'est pas impossible ; il implique qu'elle commence par renoncer à elle-même, qu'elle commence par se soumettre à cette réalité incontournable : « nous voguons ». La pensée, « embarquée », ne pourra suivre son cours qu'en commençant par se fier au mouvement du navire, lui-même soumis à celui des flots qui le portent.

Faire sa place au corps pour « bien penser » est la démarche que Pascal propose à l'interlocuteur incroyant qui, très frontalement, arriverait devant lui avec une interrogation tout à fait pratique : « … je suis fait de telle sorte que je ne puis croire. Que voulez-vous que je fasse ? » (L 418 / S 680). La réponse de Pascal, qui sera elle aussi d'ordre pratique, repose sur sa conception du christianisme qui est la vraie foi : « Soumission et usage de la raison : en quoi consiste le vrai christianisme » (L 167 / S *titre liasse XIV*) ; et du chrétien, habité par cette foi : « Pyrrhonien, géomètre, chrétien : doute, assurance, soumission » (L 170 / S 201).

Comment se manifeste cette soumission, que s'agit-il de *faire* ? Dans la suite du fragment 418 où il se lance le défi de cette question, Pascal n'en élude pas l'urgence : il faut, dit-il, engager le corps dans des pratiques physiques et matérielles qui permettront de surmonter l'impuissance de la raison :

> Que voulez-vous donc que je fasse ? Il est vrai, mais apprenez au moins que votre impuissance à croire vient de vos passions. Puisque la raison vous y porte et que néanmoins vous ne le pouvez, travaillez donc non pas à vous convaincre par l'augmentation des preuves de Dieu, mais par la diminution de vos passions. [...] apprenez de ceux, etc. qui ont été liés comme vous et qui parient maintenant tout leur bien. [...] suivez la manière par où ils ont commencé. C'est en faisant tout comme s'ils croyaient, en prenant de l'eau bénite, en faisant dire des messes, etc. [...] Si ce discours vous plaît et vous semble fort, sachez qu'il est fait par un homme qui s'est mis à genoux auparavant et après, pour prier cet être infini et sans parties, auquel il soumet tout le sien, de se soumettre aussi le vôtre pour votre propre bien et pour sa gloire... (L 418 / L 680)

Ce texte est extrêmement riche pour notre propos, et nous aurons à y revenir plus en détail. Contentons-nous pour le moment de noter qu'il confirme ce que nous notions plus haut : pour Pascal, la réponse au défi apologétique passe conjointement par un geste de soumission et par un recours au corps, ce qui invite à explorer les voies selon lesquelles cette soumission est soumission au corps. Ainsi souscrivons-nous à cette analyse de Pierre Macherey :

> Confier au seul esprit le soin d'approcher la vérité, c'est se condamner à ne jamais pouvoir s'approprier celle-ci de manière suivie, mais à n'en arracher que d'impalpables éclats, aussitôt dissipés ou échappés. Il faut donc se soumettre en conscience à la loi du corps, à laquelle il n'est de toute façon pas possible de se soustraire[1].

Cette soumission première à la « loi du corps » nous paraît en effet un élément fondamental de l'apologétique pascalienne, qui donne un éclairage sur la place de la règle dans la pensée de Pascal. Laurent Thirouin a consacré une étude à cette question, qu'il aborde sous l'angle du jeu.

---

1 Pierre Macherey, « Pascal et la Machine », intervention du 9/11/2005 pour le groupe d'études « La philosophie au sens large » de l'équipe *Savoirs, Textes, Langages* (UMR8163), http://stl.recherche.univ-lille3.fr/seminaires/philosophie/macherey/macherey20052006/macherey-09112005cadreprincipal.html (texte non paginé). Page consultée le 12 décembre 2014.

Il est ainsi amené à s'interroger, notamment dans la deuxième partie de cette étude, sur la réflexion de Pascal à propos de la loi naturelle :

> Pascal croit en l'existence de la loi naturelle mais, par réalisme, il abandonne l'espoir qu'on puisse, ici-bas, s'appuyer sur son autorité. S'il est parfois possible, guidé par la foi, de la discerner, pour ceux en revanche qui comptent sur les seules forces humaines, elle est devenue insaisissable. [...] Dès lors on ne peut plus juger des règles par leurs prétentions à la justice. Il faut chercher ailleurs un art objectif de *régler*[1].

L'argumentation repose sur une acception juridique et politique du terme de loi, selon laquelle l'homme se trouve dans la situation suivante : « S'il veut échapper au dérèglement, l'homme est contraint d'inventer ses propres règles[2] ». Or la perspective change dès lors qu'on envisage le terme dans une acception physique. Dès lors, il n'est plus question de l'autorité d'une loi que l'homme est susceptible de suivre ou non, mais de l'existence effective d'une loi qu'il est susceptible de reconnaître ou non. Et le bénéfice apologétique à en tirer est que la loi du corps est saisissable « par les seules forces humaines ». La soumission au corps est ainsi capable de procurer à l'être humain une règle « objective », qui présente justement l'intérêt de ne pas être produite par lui. Extérieure à la créativité, et donc à la faillibilité humaine, elle offre une régulation fiable qui est aussi un chemin vers la foi[3].

Il semble que dans sa propre vie, Pascal ait fait l'expérience de s'en remettre ainsi à la règle du corps, articulant le déploiement de sa foi et

1 Laurent Thirouin, *op. cit.*, p. 67. Sur cette question de la loi naturelle, voir aussi Gérard Ferreyrolles, « La loi naturelle dans les *Provinciales* et les *Pensées* », Dominique Descotes et Gilles Proust (dir.), *« Le droit a ses époques ». De Pascal à Domat*, CD-Rom, Clermont-Ferrand, Presses Universitaires Blaise-Pascal, 2003, p. 1-13. Sur la discussion entre G. Ferreyrolles et L. Thirouin à ce sujet, voir Hall Bjornstad, *Créature sans créateur*, *op. cit.*, p. 23-24, et Olivier Jouslin, *« Rien ne nous plaît que le combat », La campagne des* Provinciales *de Pascal, étude d'un dialogue polémique*, Presses Universitaires Blaise Pascal, 2007, p. 171.

2 Laurent Thirouin, *op. cit.*, p. 71.

3 Ainsi suivrons-nous effectivement Philippe Sellier quand il écrit que « le corps n'est pas absent de cette marche vers la foi » (*Port Royal et la littérature I, Pascal*, Paris, Champion, 1999, p. 261), mais en un sens positif alors que Philippe Sellier y voit surtout une dimension négative : « Après saint Augustin, Pascal est frappé – nous l'avons vu – par la force sournoise des habitudes [...] L'apologiste comptait faire comprendre à son interlocuteur à quel point il est naïf de s'imaginer que la raison échappe à l'influence du corps et des routines psychiques » (*ibid.*). Si l'auteur montre comment il s'agit pour Pascal de « maîtriser la "machine" » (*ibid.*), nous pointons pour notre part comment il invite aussi à se laisser maîtriser par elle.

le soin de sa santé physique. Rappelons à ce titre ce passage déjà cité de la *Vie de Monsieur Pascal*, dont les termes sont significatifs à cet égard :

> Il avait *réglé* dans le commencement de sa retraite la quantité de nourriture qu'il fallait pour le besoin de son estomac ; et depuis ce temps-là, quelque appétit qu'il eût, il ne passait jamais cette *mesure* et quelque dégoût qu'il eût aussi, il fallait qu'il mangeât ce qu'il avait *réglé*. Lorsqu'on lui demandait la raison pourquoi il faisait cela, il répondait que c'était le besoin de l'estomac qu'il fallait satisfaire et non celui de l'appétit[1].

Gilberte indique ici l'importance des conditions physiques de l'expérience spirituelle : la « retraite » se caractérise d'abord par un souci du corps qui, loin d'être abandonné, est scruté dans son fonctionnement propre de manière à ce qu'il seconde le dessein. La règle n'est pas une violence faite au corps (nous reviendrons plus bas à cette non-violence « naturelle »), mais une écoute attentive de ce qu'il exige au-delà des perturbations créées par ses interactions avec l'esprit : l'« appétit » est ici un obstacle à surmonter, au même titre que les « passions » du fragment 418, en ce qu'il n'exprime pas le corps pour ainsi dire purement et simplement, mais diffracté par une représentation de la volonté corrompue. C'est l'observation du « besoin » du corps qui lui fournit la « règle » permettant, dans la vie pratique, de tenir l'esprit en lisière. Sachant bien que la retraite où il s'engage est une navigation dangereuse, Pascal commence par prendre soin de son esquif, qui est son meilleur allié.

Cette expression biographique de la place donnée au corps, qui confirme et prolonge les indications données par Pascal à son interlocuteur dans les *Pensées*, montre que nous n'avons pas ici affaire à une prise de position simplement rhétorique, destinée à toucher un interlocuteur supposé sensible à cette dimension corporelle – souci rhétorique certes présent, mais loin de justifier à lui seul la place donnée au corps dans l'apologétique pascalienne. Cette place ne résulte pas essentiellement d'une concession faite au raisonnement du libertin à convertir, mais d'une nécessité interne, inhérente à l'anthropologie et à l'épistémologie assumées par Pascal.

En effet, l'intérêt porté au corps est intimement lié au souci de « bien penser », c'est-à-dire de trouver l'exercice d'une pensée dûment soumise, réglée, dont la quête ne soit pas une impasse ou une errance

1 « vie… », *op. cit.*, p. 22 A. Je souligne.

infinie ; c'est une réponse au dérèglement de l'esprit – nous suivons ici l'analyse Pierre Macherey, qui note que pour Pascal,

> … la pensée, qui est comme une montre déréglée, n'a pas d'ordre propre, et elle est essentiellement faillible […] L'esprit, dans sa seconde condition postérieure à la chute, est définitivement compromis avec le corps : et c'est dans ce contexte, en tenant compte des conditions restreignantes qui le caractérisent, qu'il peut espérer tirer quelque perfectionnement de l'utilisation de machines, qui régulent, en partie du moins, et sans garantie, son fonctionnement[1].

Ainsi, dire que ma dignité ressortit au « règlement de ma pensée », c'est dire qu'elle ressortit à une activité de l'esprit consciente de son insuffisance, et ouverte à l'action d'un principe capable de canaliser son désordre. C'est la fonction que Pascal assigne précisément à la « Machine » :

> Une lettre d'exhortation à un ami pour le porter à chercher. Et il répondra : mais à quoi me servira de chercher, rien ne paraît. Et lui répondre : ne désespérez pas. Et il répondrait qu'il serait heureux de trouver quelque lumière. Mais que selon cette religion même quand il croirait ainsi cela ne lui servirait de rien. Et qu'ainsi il aime autant ne point chercher. Et à cela lui répondre : La Machine. (L 8 / S 42)

Invoquer la « Machine » revient à « exhorter à chercher » celui qui ne cherche plus faute de trouver. La proposition est énigmatique. C'est que la quête dont il est question par la mise en jeu de la Machine présente la caractéristique particulière d'être négative, comme l'explique un fragment voisin : « Après la lettre qu'on doit chercher Dieu, faire la lettre d'ôter les obstacles qui est le discours de la Machine, de préparer la Machine, de chercher par raison » (L 11 / S 45). Il y a disjonction entre la démarche de recherche et le recours à la Machine, ce dernier consistant non à s'engager sur un chemin, mais à le dégager de ce qui l'obstrue. La contribution du corps se manifeste en creux : il s'agit de faire moins, non de faire plus – en l'occurrence de déblayer, de faire le vide.

Le rôle du corps dans cette recherche paradoxale est encore précisé dans le fragment 418, qui donne des éléments supplémentaires pour comprendre la nature de l'obstruction et le nécessaire recours au corps pour y remédier :

---

1 Pierre Macherey, *op. cit.*

> Que voulez-vous donc que je fasse ? Il est vrai, mais apprenez au moins que votre impuissance à croire vient de vos passions. Puisque la raison vous y porte et que néanmoins vous ne le pouvez, travaillez donc non pas à vous convaincre par l'augmentation des preuves de Dieu, mais par la diminution de vos passions. (L 418 / S 680)

Dans ce passage, on retrouve l'orientation négative dans l'invitation à diminuer plutôt qu'à augmenter, le « travail » visant pour ainsi dire à faire baisser le niveau de l'énergie mise en jeu. Ensuite, les passions, sources de l'empêchement, entravent l'élan de la raison ; on pourrait en déduire que la recherche revient alors à libérer l'esprit d'une paralysie produite par le corps, à l'œuvre dans la passion. En fait, la situation du « chercheur » est plus complexe, étant donné l'impossibilité, que nous avons établie plus haut, d'appliquer la simplification d'un schéma dualiste, et ce pour deux raisons. Premièrement, l'élan de la raison, quand bien même il ne serait pas entravé, est marqué par une impuissance intrinsèque, car « la foi est différente de la preuve » (L 7 / S 41), et à la question dramatiquement concrète – que *faire* ? – le recours à la raison pour aller vers la foi bute sur cette réalité incontournable que « la foi est un don de Dieu » (L 7 / S 41), échappant à la preuve, qui est humaine. Autrement dit, la « diminution des passions » n'est pas du ressort de l'esprit, dont l'opération propre consiste à convaincre avec des preuves. Il faudra donc qu'elle vienne d'ailleurs. Deuxièmement, dire que « l'impuissance à croire vient [des] passions », c'est dire qu'elle vient de l'esprit lié au corps ; c'est dire que l'esprit n'est pas exempt d'une responsabilité qui pèserait exclusivement sur le corps. Là encore, « la raison vous y porte » n'implique pas l'idée d'un chemin spirituel ouvert par la raison et barré par le corps.

Bien au contraire, c'est le corps qui est invoqué dans ce travail de diminution des passions. Rappelons en effet la suite du fragment 418 :

> Vous voulez aller à la foi et vous n'en savez pas le chemin. [...] apprenez de ceux, etc. qui ont été liés comme vous et qui parient maintenant tout leur bien. [...] suivez la manière par où ils ont commencé. C'est en faisant tout comme s'ils croyaient, en prenant de l'eau bénite, en faisant dire des messes, etc. (L 418 / S 680)

Contrairement à ce qu'on attendrait peut-être, c'est non l'esprit qu'il faut libérer du corps, mais le corps qu'il faut libérer de l'esprit. C'est là que réside toute l'efficacité de ce que Pascal appelle la Machine, qui consiste, comme le note Pierre Macherey, à solliciter le corps sans l'esprit :

> La Machine, c'est donc le corps : la main qui prend l'eau bénite et fait le signe de la croix, le genou qui se plie devant l'autel, les lèvres qui marmonnent machinalement, sans les comprendre, les paroles du rituel, et aussi, bien que Pascal n'y fasse pas ici explicitement allusion, le torse flagellé qui subit la mortification de la « discipline », toute une anatomie en mouvement qui, *sans nécessiter une intervention directe de l'esprit*, mime les postures de la soumission[1].

Ainsi s'explique cette espèce d'injonction paradoxale faite par l'apologiste : cherchez (engagez-vous activement sur le chemin) en cessant de chercher (contentez-vous de supprimer l'obstacle, n'argumentez plus). Ce que nous pouvons effectivement qualifier avec Pierre Macherey de « ruse stratégique qui pourrait faire penser, dans un contexte "dialectique", à une sorte de travail du négatif », est décrit de manière très parlante par Pierre Guenancia comme un « court-circuit » :

> Pour [Pascal], ce ne sont ni les idées ni les jugements ni les maximes morales et rationnelles qui règlent ou peuvent corriger le comportement ou la croyance de l'homme, comme le montre bien le célèbre argument du pari qui s'achève sur l'appel à la *machine*, c'est-à-dire à une discipline et à un régime autonomes du *corps*. [Utilisé comme figure, il] affecte l'esprit et imprime en lui une sorte de pensée toute faite, une sorte de schème moteur qui court-circuite la conception de l'entendement, qui s'y substitue[2].

L'idée du détour négatif aussi bien que celle du court-circuit permettent d'approcher cette relation particulière de l'esprit et du corps à laquelle Pascal fait appel pour répondre à la question « que voulez-vous que je fasse ? ». Il s'en dégage l'importance d'une dimension corporelle de l'homme qui se déploie hors de l'emprise de l'esprit, et est ainsi susceptible d'en régler le mouvement, l'inertie du corps neutralisant les errances de l'esprit.

---

1 Pierre Macherey, *op. cit.*, je souligne.

2 Pierre Guenancia, « Remarques sur le corps comme figure chez Pascal », in *Les significations du « corps » dans la philosophie classique*, Chantal Jaquet et Tamas Pavlovits (dir.), Paris, L'Harmattan, 2004, p. 97.

RÉPÉTITION ET IMITATION

En se fiant à la machine, l'homme s'en remettra à une instance qui pour ainsi dire suspend sa pensée. Or cette application de l'esprit au corps fait étrangement écho à une pratique que Pascal dénonce, à savoir le divertissement. Aussi faut-il clarifier en quoi le recours à la Machine en diffère. L'absorption de l'esprit dans le corps est effectivement la démarche que Pascal repère chez celui qui s'étourdit dans les plaisirs : « Je vois bien que c'est rendre un homme heureux de le divertir de la vue de ses misères domestiques pour remplir toute sa pensée du soin de bien danser » (L 137 / S 169) ; sa « joie d'occuper son âme à penser à ajuster ses pas à la cadence d'un air ou à placer adroitement une barre » (L 137 / S 169) réside justement dans la mobilisation de l'esprit au profit d'une activité physique – un objet dont Pascal récuse la légitimité morale :

> L'homme est visiblement fait pour penser. C'est toute sa dignité et tout son mérite ; et tout son devoir est de penser comme il faut. Or l'ordre de la pensée est de commencer par soi, et par son auteur et sa fin. Or à quoi pense le monde ? jamais à cela, mais à danser, à jouer du luth, à chanter, à faire des vers, à courir la bague etc. et à se battre, à se faire roi, sans penser à ce que c'est qu'être roi et qu'être homme. (L 620 / S 513)

Entre autres exemples du phénomène décrit, la danse réapparaît ici comme représentative d'un investissement dans le corps qui, loin de favoriser le « règlement de la pensée », est signe d'une incapacité (ou d'un refus) de « penser comme il faut ». Quelle est donc la différence entre l'engagement physique qui consiste à se mettre à genoux, et celui qui consiste à « ajuster ses pas » ? Tout d'abord, c'est l'objet de la pensée qui diffère : le divertissement est condamnable parce qu'il vise le plaisir du corps[1] ; le corps est instrumentalisé par la pensée comme moyen d'une affirmation de soi plus ou moins symbolisée (« faire des vers »), plus ou moins hégémonique (« se battre », « se faire roi »). Avec la machine, il n'est pas question d'une jouissance procurée par le corps au sujet qui s'en

1 Sur le divertissement, analysé dans sa relation à la démarche spirituelle, voir Laurent Thirouin, « Se divertir, se convertir », in *Pascal, auteur spirituel*, Dominique Descotes (dir.), Paris, Champion 2006, p. 299-322.

remet à elle. C'est dû au fait que, plus fondamentalement, le recours au corps dans cette démarche qualifiée comme « la Machine » ne cherche pas à mettre en jeu la singularité d'un désir, mais plutôt de la faire disparaître dans une mécanique neutre et anonyme : l'utilisation de l'article défini (Pascal ne parle pas d'*une* machine mais de *la* machine), couplée avec l'emploi de la majuscule, creuse autant que faire se peut dans une formule si ramassée, l'écart entre les deux orientations[1].

En d'autres termes, le divertissement relève d'abord et avant tout de la pensée – le corps en tant que tel n'y est qu'accessoire. Se divertir, c'est penser à autre chose qu'on ne devrait : se divertir, c'est mal penser[2]. En face de ce fonctionnement, la Machine propose ainsi un chemin tout différent : extérieure et étrangère à la pensée, elle peut s'offrir à elle comme règle.

Se fier au corps en tant que machine, c'est pour le sujet se livrer à une activité physique dont il renonce à fixer les modalités – court-circuiter l'activité de l'esprit. Ce n'est pas affirmer la singularité d'humeurs fluctuantes, mais, pour reprendre la formule de Pierre Macherey, « se soumettre à la loi du corps », impersonnelle. C'est pourquoi le recours au corps que Pascal présente comme une solution à l'incroyant passe par la promotion d'autrui comme modèle pratique, et invite non à l'initiative personnelle, mais à la répétition :

1 Il appartient à l'efficacité de la notion qu'elle désigne une instance qui s'exprime dans le corps humain sans s'y réduire. On pourrait dire qu'elle relève de l'extériorité du monde naturel ; mais comme le note Vincent Carraud, « Pascal [...] ne parle jamais de la machine du monde. Les quelques emplois célèbres qu'il fait de la notion de machine désignent le corps humain comme le lieu de la répétition... ». (*Pascal, des connaissances naturelles à l'étude de l'homme*, Paris, Vrin, 2007, p. 48-49). Cette répétition est aveugle, impersonnelle, et ne réfère pas à autre chose qu'elle-même, sans détermination ; c'est pourquoi la formule « la machine *de (x)* » n'apparaît pas dans les *Pensées*.

2 On pourrait ajouter ici que le recours à la Machine relève d'une application de la pensée au corps consciente d'elle-même, alors que le divertissement est associé par Pascal à une opération « insensible » pour le sujet, comme il l'indique au fragment 414 : « La seule chose qui nous console de nos misères est le divertissement. Et cependant c'est la plus grande de nos misères. Car c'est cela qui nous empêche principalement de songer à nous et qui nous fait perdre *insensiblement*. Sans cela nous serions dans l'ennui, et cet ennui nous pousserait à chercher un moyen plus solide d'en sortir, mais le divertissement nous amuse et nous fait arriver *insensiblement* à la mort. » (L 414 / S 33 [je souligne]). Sur ce point, voir Sylvia Giocanti, « La Mothe Le Vayer : modes de diversion sceptique », in *Libertinage et philosophie au XVII*^e^ *siècle, 2. La Mothe Le Vayer et Naudé*, Publications de l'Université de Saint-Étienne, 1997, p. 48. Chez Pascal, l'expérience du divertissement est présentée comme une anesthésie, aux antipodes de celle qu'offre la souffrance, qui au contraire exacerbe la conscience de notre condition.

> … apprenez de ceux, etc. qui ont été liés comme vous et qui parient maintenant tout leur bien. […] suivez la manière par où ils ont commencé. C'est en faisant tout comme s'ils croyaient, en prenant de l'eau bénite, en faisant dire des messes, etc. […] Si ce discours vous plaît et vous semble fort, sachez qu'il est fait par un homme qui s'est mis à genoux auparavant et après… (L 418 / S 680)

Dans ce passage qui figure dans le fragment dit du « pari », l'interlocuteur de Pascal est exhorté à se risquer hors de lui-même et de ses repères habituels. À l'incertitude inhérente à l'acte même de parier fait écho la projection d'une apparence – d'un « faire comme si » : dans l'espace qui s'ouvre ici s'annonce la rencontre d'un sujet simulateur et d'une promesse sans garantie. Le caractère fantomatique de cette relation est essentiel ; elle est ainsi délestée des représentations, des désirs et des intentions propres à un sujet qui renonce à s'affirmer.

En outre, le « faire comme si » de cette simulation, exprimant déjà une affirmation subjective de faible intensité, se présente dans le fragment comme la simple duplication du geste d'autrui, qu'il s'agit d'imiter. Pour reprendre les termes de David Rabourdin à propos de ce passage, « c'est un programme *mimétique* : il s'agit de faire "comme si" l'on croyait, c'est-à-dire de mimer l'attitude des croyants sans avoir soi-même la foi[1] ». Prenant en cela la suite du fragment, il présente en un seul mouvement une démarche dont nous voudrions souligner le caractère double, et doublement significatif du fonctionnement de la Machine. L'attitude mimétique décrite par Pascal consiste à la fois à « faire comme » et à « faire comme si » ; articulant le premier aspect de relation à l'autre (sur le mode de l'imitation) avec le second aspect de relation à soi (sur le mode du semblant), elle incite à « faire comme ceux qui font comme si ». On observe ici une double référence au fonctionnement machinal : le « faire comme si » du modèle est opératoire par la mise en jeu du mécanisme du corps ; le « faire comme » de l'imitateur est opératoire par suspension de la volonté propre, qui consiste à se traiter soi-même comme un mécanisme. En associant une logique de simulation et une logique d'imitation, Pascal met subtilement l'accent sur le caractère graduel de l'évidement du sujet au profit des automatismes de la Machine : il faut suspendre l'exigence d'une adhésion à soi, d'une plénitude du rapport à soi (car la croyance dans cette plénitude peut faire défaut – et

1 David Rabourdin, *Foi et Conversion*, Paris, PUF, 2013., p. 64.

justement, il s'agit de susciter la foi) pour se livrer à l'hétéronomie qui fait de l'autre mon modèle.

Cette démarche fait apparaître comment l'imitation, qui est décentrement, a partie liée avec le recours à la gestuelle du corps. Il y a homogénéité entre le contenu de l'injonction et la nature de la démarche mimétique prônée : il s'agit d'une part de se laisser entraîner par l'exemple d'autrui et de placer en lui le principe de son action, et d'autre part de mettre en jeu le corps dans des gestes simples qui laissent de côté la dimension intellectuelle du sujet. C'est le corps de l'autre que j'imite avec mon propre corps : la machine fait jouer une dynamique physique de répétition dans laquelle l'intervention de l'esprit du sujet est réduite au minimum, permettant la pleine efficacité du décentrement mimétique[1].

L'imitation à laquelle invite Pascal dans le fragment L 418 / S 680 consiste à sortir de soi en prenant pour modèle un autre qui à la fois est mon semblable et me précède sur le chemin de la foi et du salut. Cette démarche rejoint celle de l'imitation de Jésus Christ, proposée comme pratique dévotionnelle. Pour reprendre les termes de Simon Icard,

> l'imitation du Christ consiste donc à reconnaître en lui l'archétype de l'humanité [...] Cela implique un changement de perspective : le fondement de l'anthropologie n'est pas l'humanité créée par Dieu, mais l'humanité recréée par Dieu en Jésus-Christ[2].

C'est bel et bien, dans les deux cas, un « changement de perspective » qui est recherché, dans la mesure où il manifeste un renoncement du sujet à faire prévaloir sa liberté. Dans ce sens, on peut voir dans le cheminement prôné par Pascal des échos d'une spiritualité salésienne pour laquelle « en abandonnant sa capacité d'autodétermination, la volonté place sa liberté dans la soumission au bon plaisir de Dieu[3] ». Cette

---

1 C'est dans ce sens que nous comprenons la distinction que fait Dominique Descotes entre les utilisations de l'expérience que font respectivement Montaigne et Pascal : « Montaigne cherche à associer son lecteur à son expérience personnelle ; chez Pascal au contraire, on assiste au spectacle de l'extérieur, et c'est seulement après coup, par un jugement réflexif, qu'on peut s'appliquer ce qu'on vient de voir. » *op. cit.*, p. 276. L'« application » à laquelle est invité le lecteur le sollicite dans sa capacité à reproduire ce qui a été saisi de l'extérieur, plutôt qu'à produire quelque chose qui aurait été intériorisé (c'est pourquoi nous aurions une réserve sur l'idée de « jugement réflexif », à moins qu'on n'entende ici véritablement un effet mécanique de miroir et non une invention originale du sujet).

2 Simon Icard, *Le Mystère théandrique*, Paris, Champion, 2014, p. 51-52.

3 Simon Icard, *Le Mystère théandrique*, *op. cit.*, p. 77.

spiritualité, qui repose sur un « abandon par la volonté de sa propre capacité à se déterminer par elle-même, de sorte que ce soit Dieu lui-même qui veuille en l'homme[1] » fait une grande place à l'imitation, c'est-à-dire à une pratique du corps[2]. La référence à un exemple en faisait un « modèle indispensable à la construction d'une vie dévote, dans la mesure où il décide d'une gestuelle et d'une discipline de vie[3] », comme l'explique Antoinette Gimaret. Et elle précise que l'accent sur l'itération du quotidien pouvait être opposé à la quête de moments mystiques exceptionnels :

> Dans l'émergence du courant salésien de dévotion civile, la préférence est en effet accordée non à l'expérience spirituelle, telle que les exploits ascétiques pouvaient la mettre en scène, mais à une pratique quotidienne et édifiante des vertus chrétiennes[4].

Il s'agit ainsi d'une « vision qui défend massivement un principe d'imitation propre au corps c'est-à-dire l'idée de reproductibilité des gestes et des postures [...] Le dévot fait de son corps le creuset d'une ressemblance, le support d'une identification[5] » – et c'est une pareille logique que nous trouvons à l'œuvre chez Pascal.

---

1 Simon Icard, *Le Mystère théandrique*, *op. cit.*, p. 73.

2 La dimension d'engagement du corps dans l'imitation s'inscrit du reste dans une longue tradition. Simon Icard indique, à propos de la règle de saint Benoît : « Cette conformation de l'homme à Dieu par la psalmodie est fondamentalement une conformation au Christ. En effet, il s'agit de faire sienne des prières qui furent celles du Christ lui-même. Le Christ a prié son Père en psalmodiant, s'identifiant même au psalmiste avant de mourir sur la croix [...] En priant les psaumes, il en accomplit le sens. Le chrétien qui psalmodie fait donc sienne une prière qui fut celle du Christ. » (*Le Mystère théandrique*, *op. cit.*, p. 101) C'est ainsi tout un réseau de relations mimétiques qui se met en place par l'intermédiaire de la reproduction d'un acte physique. Cette question de l'imitation trouve également un prolongement dans la théorie du corps mystique (*cf. infra*), « aussi centrale, note Denise Leduc-Fayette, dans les *Pensées* que dans les écrits de saint François de Sales » (*Pascal et le mystère du mal*, Paris, Éditions du Cerf, 1996, p. 263), voire dans les conceptions de l'Eucharistie – D. Leduc-Fayette rappelant ici, après Jean Orcibal, que « Pascal, à l'instar de Bérulle, fait du mystère de l'Eucharistie l'"imitation du mystère de l'Incarnation, comme son application et son extension à chacun des chrétiens." » (*Ibid.*)

3 Antoinette Gimaret, *op. cit.*, 505-506.

4 Antoinette Gimaret, *op. cit.*, p. 800-801. Dans le contexte salésien, la référence à cette « gestuelle » du quotidien renvoie doublement à une logique mimétique : répétition de soi jour après jour, et répétition d'autrui dans le souci d'une dévotion ordinaire : « Il y aurait plus de sainteté à *faire comme* tout le monde, contre le plaisir de la dévotion particulière... » Gimaret, *op. cit.*, p. 185 (je souligne).

5 Antoinette Gimaret, *op. cit.*, p. 806.

La machine, mécanique du corps incitant à renoncer à une initiative personnelle dictée par l'esprit, opère comme répétition par le sujet du geste d'un autre qui le précède sur le chemin de la foi – une répétition du geste qui révèle une identité des sujets qui l'accomplissent, au-delà de leur individualité[1]. Dans le cadre de cet affaiblissement de l'affirmation individuelle, le sujet accomplit une réitération qui n'est pas fondamentalement différente de celle qu'il peut opérer lorsqu'il répète son propre geste.

Cet état de fait inscrit du même coup sa pratique dans une dimension « naturelle » de l'imitation, comme le fait apparaître un autre terme de la fin du fragment 418 : « Naturellement même cela vous abêtira ». Le recours à ce mot situe la réflexion dans la perspective d'une conception du développement naturel non comme production de nouveauté, mais comme reproduction à partir d'un modèle, quitte à observer des écarts : « Nature *diversifie* et imite » (L 541 / S 459) (je souligne). Écarts et différence sont présentés dans un cadre général qui est celui de l'imitation :

> Nature s'imite. La nature s'imite. Une graine jetée en bonne terre produit. Un principe jeté dans un bon esprit produit.
> Les nombres imitent l'espace qui sont de nature si différente.
> Tout est fait et conduit par un même maître. (L 698 / S 577)

L'intérêt de ce texte pour nous réside dans la manière dont il associe similarité et imitation. Rapportés à leur cause unique, les différents effets envisagés ne sont pas seulement décrits comme ayant une caractéristique

1 Se révèle par là une communauté au-delà des individus, comme le note Éric Méchoulan dans son article « La question de la répétition dans les *Pensées* de Pascal », in Ziad Elmarsafy (dir.) *Philosophies of Classical France / Philosophies au siècle classique en France*, Berlin, Weidler Buchverlag, 2001 : « Le monde nous apparaît parce qu'il se répète : dans les autres hommes avec lequel nous le partageons et dans l'accord des réponses dont nous prenons l'habitude. La communauté des hommes [...] semble bien structurée par la répétition. » (p. 188). Relevant que « la répétition relève de l'usage proprement humain des choses » (p. 187), il déclare à propos de « l'épreuve physique et coutumière de la foi » (p. 188) proposée par Pascal dans le fragment du pari : « Il faut savoir se servir de la force impliquée par la répétition : dans les moments rares où une vérité sera apparue il s'agira de lui donner la couleur d'une habitude pour qu'elle demeure en nous et continue de nous illuminer intérieurement. » (*Ibid.*) Notre analyse se sépare de celle d'Éric Méchoulan en ce qu'il voit dans la répétition un acte où s'affirme une intentionnalité humaine, avec toutes ses contradictions, un acte qui reste pris dans les impasses anthropologiques propres à l'être humain. Nous insistons pour notre part sur le caractère automatique de la répétition, qui permet à l'homme justement de suspendre l'exercice de sa volonté corrompue au profit d'un mécanisme susceptible de frayer une voie moralement plus juste.

semblable, mais comme la produisant, dans un mouvement mimétique. La description de la production naturelle dans le cadre général d'une imitation, et même d'une imitation de soi, est un terrain propice au rapprochement, effectué par Pascal notamment dans le passage étudié du fragment 418, entre naturel et artificiel : la répétition à laquelle le croyant a recours est une pratique physique qui met le corps de l'homme à la croisée des deux domaines, rejoignant le mécanisme tel que Descartes l'invoque pour décrire le fonctionnement du corps. Pierre Macherey note, après Canguilhem que Descartes

> … se représente par hypothèse le corps sur le modèle d'une machine qui serait fabriquée de manière à reproduire ou à imiter, non seulement de l'extérieur comme le ferait une sculpture, mais aussi de l'intérieur, quoi ?, le corps, qui est ainsi fait à l'image d'une machine faite elle-même à sa propre ressemblance. […] Ceci veut dire que la relation d'imitation ne passe pas seulement entre la nature et l'art, mais pénètre intimement la constitution propre de l'un et de l'autre. C'est facile à comprendre dans le cas du mécanisme artificiel, qui est monté de façon à s'imiter lui-même, en répétant indéfiniment le programme assigné à son fonctionnement, ce dont les comportements instinctifs des animaux constituent une réalisation exemplaire : « Le bec du perroquet qu'il essuie, quoiqu'il soit net » (107/343)[1].

S'imiter soi-même, c'est le fonctionnement de la machine, et aussi bien de la nature elle-même et de l'instinct animal. Aussi l'imitation se voit-elle reliée à l'abêtissement.

ABÊTISSEMENT

Pour l'interlocuteur du fragment 418, il s'agit de se comporter comme ceux qui ont procédé

> … en faisant tout comme s'ils croyaient, en prenant de l'eau bénite, en faisant dire des messes, etc. Naturellement même cela vous fera croire et vous abêtira. Mais c'est ce que je crains. – Et pourquoi ? Qu'avez-vous à perdre ? (L 418 / S 680)

1 Pierre Macherey, *op. cit.*

Ce terme frappant, « abêtir », a fait l'objet depuis les premières publications des *Pensées* de réactions et de commentaires très fournis, la contribution d'Étienne Gilson ayant marqué un tournant, dont nous prenons acte à la suite de Pierre Macherey :

> Dans un article sur « Le sens du terme "abêtir" chez Blaise Pascal » repris dans le recueil Les idées et les lettres (éd. Vrin, 1932, p. 262-274), É. Gilson a montré de façon convaincante que « s'abêtir » n'a pas seulement ici la signification allégorique [...] mais doit être pris à la lettre et veut dire : modelez vos comportements sur ceux des bêtes ou des animaux. Alors, la référence à la machine prend tout son sens, avec à l'arrière-plan, la conception cartésienne du corps organisé comme une machine [...]. S'abêtir, c'est donc adopter, de son plein consentement et en connaissance de cause, des comportements purement machinaux, dans lesquels l'esprit n'est en rien engagé, ce que font naturellement les bêtes qui agissent par instinct[1].

On peut effectivement voir dans l'instinct animal, tel que le modèle cartésien de l'animal comme machine le conçoit, la manifestation de ce fonctionnement qui prend appui sur l'action mimétique pour se déployer selon une causalité étrangère à l'intention du sujet. Et l'animal paradigmatique choisi par Pascal au fragment L 107 / S 139 insiste sur cette dimension de l'abêtissement, qui est la mise à l'écart de l'action de l'esprit : « Le bec du perroquet qu'il essuie, quoiqu'il soit net. » Choix en effet assez malicieux : Pascal met devant les yeux de son lecteur l'exemple type de l'animal mimétique, celui qui reproduit sur un mode souvent comique ce qui peut être considéré comme une aptitude propre à l'être humain, à savoir le langage articulé. Or le perroquet n'est pas ici intéressant en ce qu'il imite l'homme mais en ce qu'il est animé par un mouvement automatique marqué par son caractère non intentionnel : l'aveuglement de l'oiseau qui, pour ainsi dire, ne verrait pas l'inutilité de son geste (« quoiqu'il soit net ») n'est pas autre chose qu'une indifférence à ce résultat ; aucun objectif fixé par l'esprit ne le motive. Pascal met en scène, de préférence à un autre animal, celui qui paraît usurper la supériorité humaine (esprit et rationalité exprimés dans le langage), et ce pour évoquer un instinct dénué de tout engagement de l'esprit : il met ainsi délibérément de côté la vision hiérarchique selon laquelle le fonctionnement de la bête serait une version inférieure et mutilée du fonctionnement de l'homme.

1 Pierre Macherey, *op. cit.*

Nous voudrions ici insister sur le fait que l'abêtissement, en tant que recours au corps machinal, n'intervient pas dans le propos de Pascal comme une dégradation, mais plutôt comme une sommation à l'adresse de toute tentation intellectualiste ou spiritualiste. Il figure dans le cadre d'une proposition apologétique qui n'a de cesse de mettre en garde contre l'oubli du corps, comme en témoigne ce passage du fragment 821 :

> Car il ne faut pas se méconnaître, nous sommes automate autant qu'esprit. Et de là vient que l'instrument par lequel la persuasion se fait n'est pas la seule démonstration. [...] Les preuves ne convainquent que l'esprit, la coutume fait nos preuves les plus fortes et les plus crues. [...] Enfin il faut avoir recours à elle quand une fois l'esprit a vu où est la vérité afin de nous abreuver et nous teindre de cette créance qui nous échappe à toute heure, car d'en avoir toujours les preuves présentes c'est trop d'affaire. [...] Il faut donc faire croire nos deux pièces, l'esprit par les raisons qu'il suffit d'avoir vues une fois en sa vie et l'automate par la coutume, et en ne lui permettant pas de s'incliner au contraire. (L 821 / S 661)

Pascal situe clairement les données anthropologiques auxquelles sa démarche a affaire : « automate *autant qu'*esprit ». Certes, le rôle de l'esprit qui procède par démonstration est indéniable ; c'est même par cette voie que l'auteur envisage un accès à la vérité, ici affirmé sur le mode indicatif (« quand une fois l'esprit *a vu* »). La question n'est pas là. Cette dimension de l'homme est reconnue et doit être cultivée – on lit ailleurs, effectivement « soumission et *usage de la raison* » (L 167 / S *titre liasse XIV* [je souligne]).

La question est plutôt celle de l'ordre dans lequel il est juste que le corps intervienne par rapport à l'exercice de l'esprit. En effet, le fragment 821 évoque une situation dans laquelle la coutume et l'automate interviennent après coup, pour donner un ancrage corporel aux vérités que l'esprit a préalablement dégagées. Mais ce n'est là qu'une partie du processus. En effet, le fragment 11 précise sur la même question de l'ordre : « Ordre. Après la lettre qu'on doit chercher Dieu, faire la lettre d'ôter les obstacles qui est le discours de la Machine, de préparer la Machine, de chercher par raison » (L 11 / S 45). Ici, la recherche rationnelle doit se développer non *avant* que ses résultats soient infusés dans le corps, mais après : la Machine vient d'abord, pour dégager le chemin à l'engagement de l'esprit.

Les deux démarches ne sont pas en concurrence, mais se complètent : le rôle du corps se manifeste aussi bien en amont qu'en aval du travail de l'esprit. Un rôle majeur, sur lequel l'apologétique pascalienne insiste parce qu'il est méconnu – d'où l'injonction, à entendre au sens fort : « Il ne faut pas se méconnaître ». Injonction indispensable, étant donné la tendance générale à cette méconnaissance, qui prend appui de manière particulièrement insidieuse et pernicieuse sur une conception distordue de notre « dignité par la pensée ». Pascal invite non à renoncer à l'esprit, mais au prestige fallacieux de l'esprit qui exclut le corps.

Ainsi l'abêtissement est-il invoqué dans le sens d'un rééquilibrage de la conception que l'homme a de lui-même, la prise en compte de « nos deux pièces », seule voie susceptible d'orienter sa conduite morale sur la voie du salut. Pourtant, Pascal ne considère-t-il pas ailleurs le devenir-bête de l'homme comme une perspective regrettable ? On lit en effet au fragment 678 cette célèbre formule : « L'homme n'est ni ange ni bête, et le malheur veut que qui veut faire l'ange fait la bête » (L 678 / S 557). Quel rapport entre ces deux abêtissements, entre « s'abêtir » et « faire la bête » ?

Partons de la seconde formulation. La phrase attribue une valeur morale (« le malheur veut que… ») à une situation caractérisée par deux constats initiaux : d'un côté la double exclusion qui met syntaxiquement les deux pôles sur un pied d'égalité (« ni ange ni bête »), de l'autre la volonté de s'identifier à l'un deux. Telles sont les données que livre l'observation du comportement humain (exprimée sous la forme généralisante du présent). La conclusion que Pascal en tire s'adresse à un homme qui refuse sa corporéité[1] – ce refus étant une forme de sa présomption : « Il faut que l'extérieur soit joint à l'intérieur pour obtenir de Dieu ; c'est-à-dire que l'on se mette à genoux, prie des lèvres, etc., afin que l'homme orgueilleux qui n'a voulu se soumettre à Dieu soit maintenant soumis à la créature » (L 944 / S 767). Il faut rappeler l'homme à la mécanique du corps à cause de sa propension à oublier qu'elle fait partie de sa nature.

Tel est l'interlocuteur auquel il s'adresse : un homme que sa méconnaissance de lui-même conduit à l'élaboration d'une fiction désastreuse de soi. En effet, dans la mesure où l'homme n'est, ontologiquement

1 Ou en fait un mauvais usage, en en restant à une jouissance concupiscente de cette dimension corporelle.

parlant, ni ange ni bête, toute tentative d'identification à l'une ou l'autre de ces formes ne peut que relever d'une construction, d'une fabrication (« faire ») d'un « comme si ». Si l'homme finit par se comporter « comme s'il était » une bête, c'est parce qu'il est animé d'une volonté incompatible avec la réalité de ce qu'il est. Le renversement de l'intention initiale en son contraire ne sort pas le sujet de sa méconnaissance fondamentale de soi et de la conduite morale fondamentalement inadéquate qui s'ensuit.

La recommandation de « s'abêtir » au fragment 418 est différente. Elle vise justement à la suppression de cette intention, manifestée dans le texte sous la forme d'une peur : « Naturellement même cela vous fera croire et vous abêtira. Mais c'est ce que je crains. – Et pourquoi ? Qu'avez-vous à perdre ? » (L 418 / S 680) Celui auquel Pascal s'adresse redoute de perdre la tête, de perdre le contrôle de soi qu'il croit exercer avec son esprit. Ainsi peut s'expliquer l'encadrement mimétique de la proposition qui lui est faite : le « faire comme si » auquel il est invité ne consiste pas à fantasmer une identification impossible, mais d'abord à « faire comme », ce qui revient à se défaire de tout projet pour soi-même au profit d'une imitation d'autrui. Comme l'écrit Pierre Macherey, « les bêtes, c'est le cas de le dire, sont bêtes ; elles font des choses sans raison, de même qu'un automate reproduit toujours les mêmes mouvements, *en l'absence de tout projet qui lui soit personnel*[1] ».

L'abêtissement réside alors non dans une imitation de la bête omettant l'une de nos « deux pièces », mais dans l'imitation de l'homme, c'est-à-dire dans une démarche de pure reproduction qui suspend le travail de l'esprit. Et c'est indirectement, à travers cette suspension, que le sujet rejoint le fonctionnement repérable chez les animaux. Dans ce sens en effet, il ne « perd » rien de son humanité. Bien au contraire, cessant d'être aveuglé par la peur de perdre ce qui fait sa dignité, il peut adopter un comportement adapté à ce qu'il est, informé par la connaissance de ses « deux pièces ».

Dès lors, « faire la bête » est effectivement un « malheur » pour qui persiste à se chercher entre les deux fantasmes jumeaux de la réalité purement matérielle et de la réalité purement spirituelle ; être « abêti », en revanche, est une issue hors de ce malheur qui fait sortir de ces vues de l'esprit en permettant la remise en contact avec la réalité du corps. Par ce programme, Pascal mobilise une anthropologie qu'il partage avec

1 Pierre Macherey, *op. cit.*, je souligne.

ces libertins dont on a coutume de faire ses adversaires. Ainsi Antoinette Gimaret note-t-elle par exemple à propos de l'*Hexaméron rustique* de La Mothe Le Vayer :

> La reconnaissance du corps participe d'une certaine relativisation de l'anthropocentrisme, alors même qu'il paraissait essentiel à l'apologétique chrétienne de différencier l'homme, créature de Dieu, de la bête. [...] La voix du corps rappelle la vertu à l'ordre et l'empêche de se dissiper dans des considérations morales fondées sur une conception de la vertu totalement inaccessible dans la pratique, par exemple l'idéal angélique de la morale chrétienne[1].

Ce rapprochement souligne que l'opposition utilisée entre d'une part la « morale chrétienne », et d'autre part le propos libertin qui la critique ne tient souvent qu'au prix d'une double simplification : assimilation de ce discours critique à une attaque contre la religion d'un côté, et identification de la morale chrétienne à la promotion d'un « idéal angélique » de l'autre. En amont de cette distinction, qui se justifie pour certains auteurs chrétiens et certains auteurs hétérodoxes, et sans aucun doute pas pour tous, apparaît une ligne commune de réflexion qui donne au corps une place importante dans la définition de l'homme et de sa place dans le monde. L'apologétique de Pascal, certainement représentative d'une morale chrétienne, prend appui sur ces mêmes considérations relatives à la dimension corporelle applicables à un La Mothe Le Vayer. Dans un cas comme dans l'autre l'accent est mis, au nom de la pratique, sur l'inadéquation d'une approche morale de l'être humain fondée sur la sélection de l'esprit au détriment du corps. Ce dernier y est alors réintroduit pour remédier à ce déséquilibre. C'est alors la référence à la bête qui sert de support à cette opération, dans la mesure où, pour reprendre les termes de Hall Bjornstad à propos de Pascal, « l'être-créature corporel est [...] ce en quoi l'homme est semblable aux bêtes[2] ».

Dans ce cadre, parler d'abêtissement ne consiste pas pour Pascal à dégrader l'homme en se livrant à une opération de sélection inverse, mais plutôt à récuser la logique de sélection. Ainsi qu'il le dit ailleurs, « s'il se vante je l'abaisse » (L 130 / S 163) : autrement dit, l'abaissement n'a de sens que parce qu'il refuse un mouvement d'élévation indu.

1 Antoinette Gimaret, *op. cit.*, p. 751.

2 Hall Bjornstad, *Créature sans créateur*, *op. cit.*, p. 89.

C'est pourquoi, parallèlement, « s'il s'abaisse je le vante. Et le contredis toujours. Jusqu'à ce qu'il comprenne qu'il est un monstre incompréhensible » (L 130 / S 163). Le sentiment d'incompréhensibilité est le prix à payer pour l'abandon des vues schématiques qui saisissent l'homme de manière partielle. Le mouvement d'abêtissement est la reconquête d'une vision intégrale, qui impose à la pensée de s'arrêter dans le corps – un corps, pour reprendre le mot de Bourdieu, « traité comme *pense-bête*[1] ».

INCLINATION

Procédant à un rééquilibrage de la vision que l'homme a de lui-même, l'abêtissement n'est pas un déni de son humanité ni une violence qui lui serait faite. Il intervient plutôt comme un soutien, dans une logique de complémentarité dénuée de toute orientation conflictuelle. C'est ce que fait nettement apparaître le fragment 821, dont il faut poursuivre l'exploration :

> Enfin il faut avoir recours à elle quand une fois l'esprit a vu où est la vérité afin de nous abreuver et nous teindre de cette créance qui nous échappe à toute heure, car d'en avoir toujours les preuves présentes c'est trop d'affaire. Il faut acquérir une créance plus facile qui est celle de l'habitude qui sans violence, sans art, sans argument nous fait croire les choses et incline toutes nos puissances à cette croyance, en sorte que notre âme y tombe naturellement. Quand on ne croit que par la force de la conviction et que l'automate est incliné à croire le contraire ce n'est pas assez. Il faut donc faire croire nos deux pièces, l'esprit par les raisons qu'il suffit d'avoir vues une fois en sa vie et l'automate par la coutume, et en ne lui permettant pas de s'incliner au contraire. *Inclina cor meum deus.* (L 821 / S 661)

Le corps peut prendre le relais là où l'esprit défaille, surchargé par « trop d'affaire » – et l'expérience montre combien ses défaillances sont nombreuses. Se met alors en place une relation entre l'esprit et le corps qui, pour être « incompréhensible[2] », n'en est pas moins « facile », « naturelle ». Le recours à l'automate est conforme à un ordre des choses auquel

1 Pierre Bourdieu, *op. cit.*, p. 204.

2 Voir L 130 / S 163, L 131 / S 164.

seule la présomption d'un esprit avide d'affirmer son contrôle oppose une résistance : « Mais c'est ce que je crains ». Au-delà de la peur qui exprime cette crispation de l'esprit, l'« incompréhensible [qui] ne laisse pas d'être » (L 149 / S 182) devient, dans son incontournable existence, le support d'une pratique efficace moralement parce qu'adéquate à la nature humaine. Dans cette perspective, l'abêtissement, « naturel », peut être analysé comme une remise en mouvement, comme le fait David Rabourdin :

> L'adverbe [*naturellement*] reçoit un sens dynamique qui correspond au contexte de description d'un processus. […] L'homme s'est découvert immobile sur le chemin de la foi, entravé et même paralysé. […] L'action mécanique et humble est donc un processus, qui relève l'homme de sa stupeur[1].

Rétablissement d'une circulation, la mise en œuvre de l'automate, en tant que naturelle, produit une sorte de soulagement : « Naturellement *même* cela vous fera croire et vous abêtira ». Il y a comme une heureuse surprise dans l'expérience de cette facilité.

Dans le fragment L 821 / S 661, l'emploi récurrent de la notion d'inclination permet de préciser les modalités de cette opération « naturelle » de la Machine. Opération délicate, qui peut être analysée en deux temps. Dans un premier temps, il s'agit d'affecter l'objet, de guider son mouvement sur une pente donnée ; c'est le moment actif, qui comporte l'exercice d'une certaine contrainte sur l'objet. Dans un second temps, il s'agit de laisser agir la pente, d'abandonner l'objet qui s'est pour ainsi dire désormais approprié l'impulsion donnée ; c'est le moment inerte, dont l'autonomie permet le maintien pérenne du cap imprimé. C'est en quoi la force qui incline tout à la fois s'impose et éveille ; elle développe la puissance d'une contrainte aussitôt relayée par un mouvement de l'objet qui s'en fait le complice. On pourrait dire que l'inclination fonctionne comme l'ordre tel que la lecture de Pascal incite Pierre Bourdieu à le penser, en repérant dans le corps des dispositions dont l'automatisme va prendre en charge l'impulsion extérieure :

> La plupart du temps (le choix de l'exécutant d'un ordre donné) peut s'appuyer sur ce que Pascal appelle l'« automate », c'est-à-dire sur des dispositions préparées à le reconnaître pratiquement – ce qui lui donne son apparence

1 David Rabourdin, *op. cit.*, p. 85-86.

> « automatique » et peut incliner à l'interpréter d'un point de vue mécaniste. La force symbolique, celle d'un discours performatif et, en particulier, d'un ordre, est une forme de pouvoir qui s'exerce sur le corps, directement, et comme par magie [...] mais la magie n'opère qu'en s'appuyant sur des dispositions préalablement constituées, qu'elle « déclenche » comme des ressorts[1].

Ce que Pierre Bourdieu formule en termes de « magie », c'est l'exploitation de l'inertie du mécanisme, ce que Pascal qualifie de « naturel » – c'est-à-dire de conforme à cette nature qui a construit l'homme comme un système de poids et de contrepoids, de ressorts :

> La nature nous a si bien mis au milieu que si nous changeons un côté de la balance nous changeons aussi l'autre. [...] Cela me fait croire qu'il y a des ressorts dans notre tête qui sont tellement disposés que qui touche l'un touche aussi le contraire. (L 519 / S 453)

Donc incliner l'automate, c'est le mettre sur le bon rail, et laisser opérer son mécanisme propre, par lequel il pourra, contrairement à l'esprit, persister « à toute heure[2] » dans cette voie. Ainsi la notion d'inclination permet-elle de prendre en charge deux questions : celle de la mise en route du mécanisme, et celle de son inertie. Dans ce sens, elle rend compte de la différence entre homme et animal : l'instinct animal garantit la permanence du mouvement initialement réglé, alors que la pensée humaine vient lui apporter d'incessantes variations, produisant un comportement erratique. D'où le fait que l'idée d'inclination n'a pas de sens pour l'animal, comme le relève Pierre Macherey dans son commentaire du fragment L 821 / S 661 :

> Le terme « incliner », qui suggère la représentation d'une courbure ou d'un changement d'orientation [...], est inapproprié s'agissant des animaux, dont les comportements sont une fois pour toutes réglés et réglementés [...] Ployable en tous sens, comme un roseau, [l'homme] dispose, jusque dans la relation qu'il entretient avec sa propre machine corporelle, d'une mobilité, d'une plasticité, qui constitue, en même temps qu'une faiblesse, une richesse à exploiter[3].

Nous rejoignons cette analyse dans son constat initial, mais nous en séparons dans les causes qu'elle lui donne : pour nous, le caractère

1 Pierre, Bourdieu, *op. cit.*, 243.
2 Pour reprendre la formule du fragment L 821 / S 661 cité plus haut.
3 Pierre Macherey, *op. cit.*

« ployable » de l'homme est bel et bien une faiblesse, celle-là même qui rend nécessaire le processus d'inclination là où l'animal n'en a pas besoin. Dans la mesure où il est gouverné par l'instinct, l'animal est aussi infaillible que la machine artificielle. Ainsi Gérard Ferreyrolles déclare-t-il, à propos de la machine arithmétique :

> Elle donne à l'homme, aussi ignorant ou expérimenté qu'on voudra, l'infaillibilité de l'animal qui produit sans raisonner mais par des mouvements nécessaires des effets auxquels notre raisonnement n'atteint qu'avec lenteur et maladresse. À défaut d'un supplément d'âme, la machine nous offre un supplément d'instinct[1].

La sûreté de la machine, c'est ce qui fonde le caractère régulateur de la Machine pour l'esprit humain :

> Nous commençons alors à mieux comprendre ce qui, aux yeux de Pascal, distingue l'esprit d'une machine : à savoir que le premier, précisément, est faillible, alors que la seconde ne l'est pas, sous réserve bien sûr qu'elle fonctionne correctement[2].

Dans le cadre de cette opposition, l'inclination est un mouvement qui, ne s'adressant pas à l'esprit sur le mode de la persuasion ou de la démonstration, mise sur la mécanique du corps. Elle y renvoie à une géométrie de la droite plutôt que de la courbe, à l'exploitation de l'image de la pente[3] et de l'inclinaison. Certes, le terme ressortit bien au registre moral, ce qui explique l'incohérence, soulignée par Pascal au fragment L 199 / S 230, des propos qui attribuent des inclinations au corps. Et c'est également dans une perspective morale que se situe la référence aux *Psaumes* (« *inclina cor meum deus* » se lit au fragment L 821 / S 661, et est reprise aux fragments L 380 / S 412 et L 382 / S 414). Mais le champ sémantique du substantif comme du verbe est aussi largement constitué par des déterminations physiques dans la langue du temps. En témoigne le dictionnaire de Furetière, dans

1 Gérard Ferreyrolles, *op. cit.*, p. 68.

2 Pierre Macherey, *op. cit.*

3 Terme également employé dans un sens moral, mais qui mobilise encore fortement un sens matériel. Voir le fragment L 142 / S 175 : « Mais s'ils s'y trouvent répugnants, s'[ils] n'[ont] aucune pente qu'à se vouloir établir dans l'estime des hommes… » et le fragment L 421 / S 680 : « Il faut tendre au général, et la pente vers soi est le commencement de tout désordre… ».

lequel la notice consacrée à « inclination » commence par en présenter les définitions dans le registre physique, pour poursuivre en précisant : « Se dit *figurément* des affections de l'âme[1] » – et il en va de même de la notice « incliner ». Aussi pouvons-nous considérer que cette terminologie, quand elle intervient dans le texte de Pascal à propos de la machine et de la mécanique du corps, est à entendre avec toute la richesse de ce sémantisme physique[2].

En misant sur la mécanique du corps, ces formulations contribuent à marquer un rapport du sujet à l'action qui va dans le sens du désengagement du sujet. Comme l'indiquait la citation des *Psaumes*, c'est avant tout à Dieu qu'il appartient d'incliner :

> Ne vous étonnez pas de voir des personnes simples croire sans raisonnement. Dieu leur donne l'amour de soi et la haine d'eux-mêmes. Il incline leur cœur à croire. On ne croira jamais, d'une créance utile et de foi si Dieu n'incline le cœur et on croira dès qu'il l'inclinera. (L 380 / S 412)
>
> C'est Dieu lui-même qui les incline à croire et ainsi ils sont très efficacement persuadés. [...] mais je réponds à cela que nous avons des preuves que Dieu imprime incline véritablement ceux qu'il aime à croire la religion chrétienne... (L 382 / S 414)

Dire que cet infléchissement vient de Dieu, c'est essentiellement dire qu'il arrive à l'homme, qui en est le siège et aucunement la cause : « Il est indubitable qu'après cela on ne doit pas refuser, en considérant ce que c'est que la vie, et que cette religion, de suivre l'inclination de la suivre, si *elle nous vient* dans le cœur » (L 482 / S 717 [je souligne]). La source de cet apport n'est ici pas mentionnée : ce qui importe, c'est son extériorité; un fonctionnement qui se dit ailleurs dans le vocabulaire de la nécessité : « Et ainsi ce bien fait nous le rend aimable, outre que

1 Antoine Furetière, *Dictionnaire universel contenant généralement tous les mots françois, tant vieux que modernes, & les termes de toutes les sciences et des arts*, 1690. Je souligne.

2 La mobilisation d'un vocabulaire relevant des sciences de la nature pour rendre compte d'une relation à Dieu qui passe par le corps se retrouve chez d'autres auteurs de la période. C'est ce qui autorise Simon Icard à parler de « mécanique spirituelle » lorsqu'il évoque le rôle donné à l'ascèse dans le groupe de Port-Royal (*Le Mystère théandrique*, *op. cit.*, p. 18). Plus largement même, il note que « Molina, Jansenius et Saint-Cyran décrivent la concorde de la grâce et du libre arbitre comme la conjonction de deux forces. Sous leurs plumes, le concours de Dieu et de l'homme est expliqué par de véritables mécaniques de la grâce, comme le montrent les métaphores qu'ils emploient : suspension résultant de deux flux, balance à doubles plateaux, boule parfaitement ronde sur un plateau parfaitement plat, poids et contrepoids. » (p. 27)

cette communauté d'intelligence que nous avons avec lui incline nécessairement le cœur à l'aimer » (L 652 / S 536).

La notion d'inclination comporte que le sujet soit traité sur le mode du corps inerte qui se contente de recevoir une impulsion et de la laisser jouer en lui, sans avoir de prise sur elle. Cette pente peut avoir été disposée en nous dès l'origine :

> Il est faux que nous soyons dignes que les autres nous aiment. Il est injuste que nous le voulions. Si nous naissions raisonnables et indifférents, et connaissant nous et les autres, nous ne donnerions point cette inclination à notre volonté. Nous naissons pourtant avec elle, nous naissons donc injustes. (L 421 / S 680)

Ce passage fait apparaître que l'initiative que nous pourrions prendre pour nous orienter nous-mêmes (en « donnant cette inclination ») relève en fait de la pure fiction. Elle est en réalité prise en charge par une disposition innée (« si nous naissions… »), qui détermine puissamment notre comportement, comme l'indique la suite du fragment :

> Car tout tend à soi : cela est contre tout ordre.
> Il faut tendre au général, et la pente vers soi est le commencement de tout désordre, en guerre, en police, en économie, dans le corps particulier de l'homme.
> La volonté est donc dépravée. Si les membres des communautés naturelles et civiles tendent au bien du corps, les communautés elles-mêmes doivent tendre à un autre corps plus général dont elles sont membres. L'on doit donc tendre au général. Nous naissons donc injustes et dépravés. (L 421 / S 680)

Nous voudrions souligner l'orientation insistante de la conclusion ici réitérée : le constat de la disposition de naissance débouche certes sur une exhortation à s'en dégager (« il faut tendre au général »), mais il est significatif qu'elle soit toujours suivie d'un mouvement de réaffirmation du constat. Signalant l'écart entre une situation effective et un devoir-être, l'impératif a pour fonction non la réduction mais la consolidation de cet écart, et donc la consolidation du mécanisme qui le commande. Ainsi l'inclination est-elle une tendance que l'on a[1], et dont on ne se défait pas ; c'est la présence en nous (d'où l'usage du

1 Voir L 54 / S 87 (« l'âme [a] diverses inclinations… »), L 199 / S 230 (« les corps ont des inclinations… »), L 427 / S 681 (« … de corrompre ceux qui auraient quelque inclination à les suivre. »).

possessif[1]) d'un dispositif qui, une fois mis en place, suit son propre cours selon les lois d'une inertie physique.

La situation est donc la suivante : selon une causalité externe, l'inclination vient de Dieu ; selon une causalité interne, elle relève, une fois en place, d'un mouvement propre. Il s'agit alors de trouver comment une intervention de la volonté humaine s'insère dans ce schéma pour répondre à la question : « Que voulez-vous donc que je fasse ? » (L 418 / S 680). On peut considérer, comme le fait Thomas Parker, qu'il y a deux solutions :

> *There are two solutions to his pessimistic representation portraying humans as moral automatons whose inner concupiscent will dominates outward behavior. The first of these is to hope that God "inclines" the heart... There is another solution, however, based on an Aristotelian conception of the will [...] The solution in question is to train the will through rite when reason does not sufficiently entice it to follow the right road*[2].

La difficulté réside alors dans leur articulation : si la mécanique de l'inclination repose sur l'inertie de la pente[3], et si la volonté concupiscente est mise hors-jeu, d'où vient l'impulsion qu'elle implique également ?

VOLONTÉ *A MINIMA*

Pour dégager dans quelle mesure la réflexion de Pascal sur le corps permet d'éclairer cette question, il convient de rappeler dans quelles limites il situe l'exercice de la volonté humaine. Tout d'abord, il y a ce constat indépassable de la dépravation de la volonté, qui s'impose à l'initiative du sujet. Il ne faudrait cependant pas en conclure à une passivité totale

1 Voir L 35 / S 69 (« nos inclinations »), L 199 / S 230 (« notre inclination »), L 428 / S 682 (« qui se laissant conduire à leurs inclinations... »).

2 Thomas Parker, *Volition, Rhetoric and Emotion in the Work of Pascal*, New York, London, Routledge, 2008, p. 59. Sur la volonté humaine, cause « produite » et en même temps expression d'une liberté chez Augustin, et sur la causalité humaine se manifestant dans la prière, voir Gérard Ferreyrolles, « Histoire et finalité : sur les origines du discours providentialiste au XVIIe siècle », *Seventeenth Century French Studies*, vol. 23, 2001, respectivement p. 5 et 11.

3 Cette « extraordinaire inertie qui résulte de l'inscription des structures sociales dans les corps » dont Bourdieu repérait l'analyse dans la pensée de Pascal (*op. cit.*, p. 247).

du sujet – du reste peu compatible avec le projet apologétique lui-même. Leszek Kolakowski résume ainsi la position janséniste assumée par Pascal :

> Il n'est pas vrai que la volonté humaine soit passive dans le processus qui conduit les hommes vers leur destinée universelle ; les volontés humaine et divine convergent (« concourent ») dans les deux voies, mais c'est la seconde qui domine, qui est « maîtresse » : elle est « la source, le principe et la cause » de la première et opère sans faillir. Alors que la volonté du premier homme, soutenue par la grâce, était au commencement indifférente au bien et au mal de sorte qu'il pouvait employer sa liberté de l'une ou l'autre façon, tous ses descendants ont hérité d'une volonté corrompue par l'énormité de son crime, et cette volonté se complaît inévitablement dans le mal. C'est seulement grâce à l'aide divine gratuite que la volonté choisit Dieu[1].

Une fois posé ce cadre, qui met entièrement l'homme entre les mains de Dieu, il y a bel et bien une liberté dont l'être humain se doit d'avoir un exercice réglé – c'est-à-dire, soumis, comme le notent nombre de commentateurs : pour Hélène Bouchilloux, « les disciples de Saint Augustin soumettent le libre arbitre à la grâce mais sans supprimer le libre arbitre[2] » ; Denise Leduc-Fayette précise : « Loin que la liberté soit perdue, au contraire, elle retrouve dans sa soumission la condition de possibilité de son exercice, fondamentalement compromis par le péché[3] ». Il nous paraît important de remarquer, à la suite de cette dernière analyse, que la soumission ne se présente pas comme la limitation négative d'un pouvoir plus grand dont l'homme disposerait mais plutôt comme le dépassement positif d'une impuissance radicale.

C'est le caractère pour ainsi dire optimiste de cette positivité que nous voudrions souligner en examinant le rôle qu'y joue le recours à la Machine et à l'inertie du corps. La pertinence de cette approche semble du reste confirmée par la suite du propos de Denise Leduc-Fayette : « Selon Pascal, la volonté humaine "libre" l'est d'autant plus qu'elle est soumise au vouloir de Dieu, qu'elle "se résout de conformer à ses volontés le reste de sa vie". Ce mot "conformer" a une résonance salésienne[4] ». De fait, en se penchant sur les modalités effectives de cette « soumission », on se trouve reconduit à la relation qui prend la forme de l'imitation

---

1 Leszek Kolakowski, *Dieu ne nous doit rien. Brève remarque sur la religion de Pascal et l'esprit du jansénisme*, 1995, Paris, Albin Michel, 1997, p. 153.

2 Hélène Bouchilloux, *op. cit.*, p. 187.

3 Denise Leduc-Fayette, *op. cit.*, p. 291.

4 Denise Leduc-Fayette, *op. cit.*, p. 292.

examinée plus haut, ou ici de la conformation, et qui consiste fondamentalement à s'en remettre à un modèle pris comme référence pour la conduite pratique de la vie – ce qui passe nécessairement par le corps.

Or on a vu que, utilisée dans le cadre de la Machine, la contribution spécifique du corps réside dans le fait que celui-ci se soustrait à l'emprise de l'esprit. C'est pourquoi il représente une causalité en nous qui, ne relevant pas de nous, est susceptible de contrer le fonctionnement de notre volonté corrompue par la concupiscence. Là où l'action de Dieu se situe par définition en dehors de la juridiction humaine et ressortit à une grâce surnaturelle, l'action du corps n'en est pas exclue, dans la mesure où le corps est l'une de « nos deux pièces », dont l'efficacité se déploie justement au niveau du « naturel ». Cette action du corps permet d'amener à une foi humaine, la seule à laquelle l'homme puisse prétendre par ses propres moyens. Il s'agit dès lors d'examiner comment peuvent s'articuler Machine et volonté.

Conformément à tout ce qui a été vu jusqu'ici, on peut affirmer qu'il y a une forte opposition entre les deux. Ainsi Vincent Carraud déclare-t-il :

> Pascal va jouer l'automate contre la volonté : la machine est indifférente, l'automate est sans désir, sans préjugé, sans objet [...] On peut ainsi opposer la volonté comme partialité et l'automate comme indifférence[1]...

La même distinction est faite par Pierre Macherey, excluant toute affinité entre les deux : « La machine, dit-il, qui est sans volonté propre, peut donc servir d'antidote aux errements de la volonté » ; et il souligne plus loin, à propos de la machine comme dispositif mécanique :

> La machine peut donner l'impression qu'elle ressemble à un entendement, dont elle effectue à sa place certaines opérations ; mais il est exclu qu'elle puisse s'apparenter à la volonté : la machine qui calcule intelligemment le fait justement parce qu'elle obéit à des impulsions involontaires dont la maîtrise lui échappe complètement, ce qui, répétons-le, est la condition de l'exactitude de son fonctionnement[2].

La fiabilité de la machine artificielle comme de la Machine conçue sur son modèle repose entièrement sur sa déconnexion d'avec la volonté.

Dès lors, il est logique de considérer que son efficacité se déploie en amont de la volonté, pour la déterminer. Ainsi fait Tamas Pavlovits :

1 Vincent Carraud, *Pascal et la philosophie*, *op. cit.*, p. 252.
2 Pierre Macherey, *op. cit.*

« Selon la conception pascalienne, le corps est un outil qui doit permettre de convaincre la volonté et le cœur par le biais de la coutume. Le bon usage du corps semble influencer directement la volonté[1] ». La difficulté de cette approche, c'est qu'elle tend en fait à assimiler le corps lui-même à une volonté – en contradiction avec l'opposition établie initialement. Que dit-on d'autre part des formules – peut-être inévitables –, comme « le corps convainc » ? Cette tendance aboutit à une lecture qui finit par assigner au corps une volonté, alors que l'opération du corps reposait justement sur l'opposition de deux fonctionnements. Ainsi, lorsque David Rabourdin écrit : « la machine, c'est l'action déterminée et volontaire par laquelle l'homme utilise son corps pour faire éclore en lui une disposition stable[2] », il en vient à identifier « machine » et « action volontaire ». Le même mouvement se lit dans l'analyse proposée par Alberto Frigo. D'un côté, il reconnaît que l'action du corps se déploie dans une « éclipse de la volonté », belle image qui rejoint celle du court-circuit évoquée plus haut : « *Il corpo assoggetta l'anima ad una passività fondamentale [...] Tale passività prende la forma di una eclissi della volontà che perde ogni* maîtrise *e ogni autonomia*[3] » ; mais par ailleurs, il assimile le fonctionnement du corps et celui de la volonté : « *Contro la volontà impotente, il corpo si propone come uno sostituto della volontà, capace di decidere prima e meglio che la volontà stessa*[4]. »

Le phénomène propre de la Machine exige de penser une mécanique sans esprit ni volonté, et il est en même temps très difficile de le décrire sans mobiliser la représentation d'un corps qui pense. Sommes-nous simplement reconduits aux contraintes de nos façons de parler, bien éclairées au fragment L 199 / S 230, qui nous font « parle[r] des choses corporelles spirituellement et des spirituelles corporellement » ? L'enjeu dépasse cette question de formulation. En effet, le problème fait apparaître que cette approche ne prend pas en charge le problème de l'impulsion première qui a suscité cette inertie mécanique. Présentant le corps comme un outil, elle élude la question de l'agent – ou ne fait que la reposer. Ainsi la citation de Vincent Carraud faite ci-dessus se poursuit-elle dans ces

1 Tamas Pavlovits, *Le rationalisme...*, *op. cit.*, p. 182.

2 David Rabourdin, *op. cit.*, p. 69.

3 Alberto Frigo, « *"Notre âme est jetée dans le corps"*. Funzione et figure del corpo nelle *Pensées* di Pascal », *Alvearium* n° 5, Centro interdipartementale di studi su Descartes e il seicento, Università del Salento, Anno 5, numero 5, Ottobre 2012, p. 60.

4 Alberto Frigo, *op. cit.*, p. 58.

termes : « C'est parce que l'automate est le substitut sans désir de la volonté, et donc rectifiable, que l'homme, selon Pascal, peut échapper à son chaos intérieur pour s'être voulu, et se faire, automate – ou marionnette – entre les mains de Dieu[1] ». Le sujet mise sur l'automate pour échapper à la volonté, mais il le fait en se *voulant* automate.

L'action de la machine, qui se situait en amont de la volonté corrompue, se retrouve en aval, comme dans cette explication de David Rabourdin : « L'esprit est entraîné par l'automate à croire. [...] La machine, "ployée" en direction d'un acte de foi tout humain, entraîne l'esprit à sa suite[2] ». Il y a bien une action de la Machine en amont, sur le mode mécanique qui lui est propre (« entraîner ») ; reste la question de savoir par quoi elle est elle-même « ployée », à laquelle l'auteur répond par une reconduction de la volonté en amont de la machine : « Le corps et la machine, s'ils expriment une dimension involontaire de la nature humaine, manifestent également, par leur statut instrumental, une mise à disposition de cet involontaire à la volonté humaine[3] ».

L'ambivalence de ces analyses, qui toutes se justifient à la lecture des textes, nous paraît effectivement refléter le caractère problématique de l'articulation entre l'automate corporel et la volonté chez Pascal. Plus exactement, envisager l'apologétique sous l'angle du corps conduit à un nouvel éclairage sur la place de la volonté dans la recherche du salut. Pensée dans un cadre janséniste, cette volonté a un double statut. Comme l'indique Thomas Parker,

> *one can say that humans are the cause of their salvation (efficient cause) and God is the cause of their salvation (primary cause), because the use of cause in the two sentences is different. [...] the Jansenists are the only ones to construct correctly the model that sees man's will as both cause and effect*[4].

Cette conception d'une volonté située dans ce double rapport peut également rendre compte de la manière dont elle se situe à l'égard du corps : face au corps ou à Dieu, elle a dans les deux cas affaire à une instance qui agit indépendamment d'elle ; il s'agit pour elle d'adopter une attitude de soumission, aussi bien vis-à-vis de l'inclination divine que de l'inertie du mécanisme physique. Toutes deux ont en commun

1 Vincent Carraud, *Pascal et la philosophie*, *op. cit.*, p. 252.

2 David Rabourdin, *op. cit.*, p. 61.

3 David Rabourdin, *ibid.*

4 Thomas Parker, *op. cit.*, p. 53-56.

d'avoir la capacité de mettre en échec, de suspendre le fonctionnement de la volonté corrompue par la concupiscence.

Et c'est sur cette base commune que se déploie la différence qui justifie le recours au corps dans la démarche apologétique. En effet, la soumission de la volonté humaine à l'action de Dieu est une réalité effective indépendamment de son assomption par la conscience du sujet, une réalité sur laquelle il n'a aucune prise. En revanche, sa soumission à la Machine relève de sa responsabilité. Elle consiste dans la mise en ordre de cette confusion qui est le fond de l'expérience humaine d'interaction entre le corps et l'esprit, confusion marquée par l'emprise sur le corps d'un esprit erratique et présomptueux. En se soumettant à la Machine, l'homme choisit celle de ses « deux pièces » qui lui offre une ouverture hors de son « moi haïssable » : là réside le « règlement de la pensée » où le fragment L 113 / S 145 place sa dignité.

Ainsi les modalités du recours au mécanisme du corps posent-elles les conditions d'une intervention juste de la volonté : c'est un exercice minimal, qui n'a lieu que pour renoncer aussitôt à lui-même. Loin de servir de fondement à l'affirmation d'un sujet souverain, elle est une mise en jeu de l'esprit défiante d'elle-même, qui immédiatement se confie à l'inertie du corps[1]. Pour reprendre l'image d'Alberto Frigo, c'est une « éclipse de la volonté » auto provoquée. Le fonctionnement interne de ce mouvement par lequel la volonté, en un instant décisif, échappe à sa propre dépravation, reste mystérieux : le salut reste entre les mains de Dieu. Mais le « discours de la Machine » indique la voie naturelle par laquelle parle la surnature ; pour le dire brutalement, il dit que se soumettre au corps, c'est se soumettre à Dieu.

Dans ce contexte, l'action légitime du sujet en vue de son salut consiste à ménager les conditions d'un exercice bien réglé de son esprit et de sa volonté – c'est-à-dire d'un usage dégagé de la concupiscence. La responsabilité qui lui incombe réside dans le renoncement à l'affirmation de lui-même comme singularité. La place laissée au jeu du corps sous les espèces de la Machine permet cette suspension et cette réorientation (pour ne pas dire cette conversion). C'est ainsi que le recours au mécanisme du corps lui permet, par la pratique, de se vivre sur le mode non égocentrique de la désappropriation et de l'appartenance à un tout.

1 Sur la suspension de la volonté humaine pour faire place à la volonté divine, impasse majeure du catholicisme moderne, voir Simon Icard, *Le Mystère théandrique*, *op. cit.*

TOUT

Par le biais d'un exercice minimal de la volonté qui laisse le champ libre à la Machine, c'est le rapport intime qu'il entretient avec lui-même que l'apologétique pascalienne invite son destinataire à modifier. En s'en remettant au fonctionnement du corps, il se soumet ainsi à une instance qui à la fois le constitue et lui échappe ; à une instance qu'il est susceptible de considérer comme fondamentalement sienne, ou comme étrangère. Et précisément, c'est l'ambivalence de la relation que le sujet peut entretenir avec « son » corps, qui en fait l'espace d'une transition vers un rapport à soi différent, dépassant la fermeture sur la singularité du moi. L'enjeu est le passage d'un corps propre, à un propre du corps, le passage du registre de la possession (ce qui est mien selon mon intérêt) au registre de l'adéquation (ce qui me revient légitimement au regard de l'ordre). Le support du corps devient alors cela même qui englobe cette singularité et lui donne son sens – une totalité à laquelle elle appartient.

CORPS PROPRE ET PROPRE DU CORPS : LAISSER LE MOI EN SOUFFRANCE

On peut commencer par noter que dans les *Pensées*, les occurrences du terme de corps en association avec un adjectif possessif sont rares, à peine une dizaine, et que deux seulement renvoient à un sujet humain pris dans la singularité de son existence. Dans les autres cas, il est question d'un corps singulier mais qui n'appartient pas à une humanité ordinaire[1],

1 Une concerne l'Église (« … les Juifs qui n'ont jamais été de son corps… » L 658 / S 542), une le ciron (« …un ciron lui offre dans la petitesse de son corps des parties incomparablement plus petites… » L 199 / S 230), une un prophète (« J'ai livré mon corps aux coups

ou d'un corps au pluriel renvoyant à l'humanité en général[1]. Autrement dit, l'idée d'un corps propre auquel le sujet s'identifierait est étrangère à l'apologétique pascalienne : sa démarche consiste bien plutôt à utiliser le corps comme outil d'une mise en cause de toute identification stable. Ce dont témoignent les deux seuls passages où figure expressément la formule « mon corps ». Ainsi lit-on au fragment 427 :

> Je ne sais qui m'a mis au monde, ni ce que c'est que le monde, ni que moi-même ; je suis dans une ignorance terrible de, toutes choses ; je ne sais ce que c'est que *mon corps*, que mes sens, que mon âme et cette partie même de moi qui pense ce que je dis, qui fait réflexion sur tout et sur elle-même, et ne se connaît non plus que le reste. (L 427 / S 681 [je souligne])

Dans le cadre global d'une ignorance de l'homme sur les vérités qui devraient lui importer le plus, telles sont les « obscurités impénétrables » dans lesquelles il reste englué. L'appropriation que marque l'adjectif possessif n'y change rien : « mon corps » n'est pas plus que « mon âme » un objet de familiarité.

Et même quand on cherche à éclaircir ces obscurités, avec les moyens limités dont on dispose, le repli sur ce registre relatif de science ne lève pas l'inquiétude, comme l'indique le second passage où figure une référence au corps assumé en première personne. Il s'agit de la réflexion sur l'union du fragment 957 :

> L'union de deux choses sans changement, ne fait point qu'on puisse dire que l'une devient l'autre. Ainsi l'âme étant unie au corps [...]
> Parce que mon corps sans mon âme ne serait pas le corps d'un homme. Donc mon âme unie à quelque matière que ce soit fera mon corps.
> Il ne distingue la condition nécessaire d'avec la condition suffisante, l'union est nécessaire mais non suffisante.
> Le bras gauche n'est pas le droit.
> L'impénétrabilité est une propriété du corps. Identité *de numero*, au regard du même temps exige l'identité de la matière.
> Ainsi si Dieu unissait mon âme à un corps à la Chine, le même corps *idem numero* serait à la Chine.

---

et mes joues aux outrages... » L 483 / S 718, avec une citation d'Isaie), une à Jésus-Christ (« J.-C. [...] devant offrir lui-même son corps et son sang. » L 608 / S 504).

1 « Les mouches... mangent *notre* corps » (L 22 / S 56) ; « Qui n'admirera que *notre* corps... soit à présent un colosse... » (L 199 / S 230) ; « Notre intelligence tient dans l'ordre des choses intelligibles le même rang que *notre* corps dans l'étendue de la nature. » (*Ibid.*) Je souligne.

> La même rivière qui coule là est *idem numero* que celle qui court en même temps à la Chine. (L 957 / S 792)

À la différence du fragment précédemment cité, qui fait état de l'ignorance radicale à laquelle l'homme est condamné par sa condition, celui-ci explore le savoir auquel, étant donné cette condition, il peut néanmoins avoir accès. Dans cette optique, différents rapports du corps avec l'âme peuvent être spécifiés (union avec ou sans changement), et des propriétés peuvent être affirmées (l'impénétrabilité, la non-équivalence des parties organiques). Mais l'établissement de ce savoir sur le corps ne contribue pas à en faire un repère stable pour le sujet. Bien au contraire, il le conduit à constater que l'expérience qu'il fait de la propriété du corps propre est une pure contingence soumise à la volonté divine (« si Dieu unissait ») ; contingence susceptible de faire varier les limites de « mon corps », selon une logique qui place l'organisme humain sur le même plan que n'importe quelle réalité physique (en l'occurrence, géographique) du monde.

Ces textes montrent que le corps, même dans les rares cas où il est évoqué comme propre à une première personne du singulier, n'est pas pour Pascal le terrain privilégié de la réflexion sur le propre de l'homme, sur ce qu'il considère fondamentalement comme sien, voire comme soi – situation bien différente en cela de celle que Jean-Luc Marion repère chez Descartes pour lequel une place toute particulière serait donnée au « *corpus meum* », au « corps mien, ce qui m'est propre par excellence[1] ». Non que cette question de la propriété soit étrangère à la réflexion pascalienne. De fait, la tendance à l'appropriation est un processus anthropologique central, comme l'indique le fragment 64 :

> Mien, tien.
> Ce chien est à moi, disaient ces pauvres enfants. C'est là ma place au soleil. Voilà le commencement et l'image de l'usurpation de toute la terre. (L 64 / S 98)

Ce processus est même au cœur de la constitution de l'instance censée représenter ce que le sujet a de plus propre, à savoir le moi – ce « moi haïssable » (L 597 / S 494) qui, lui aussi, est le résultat d'une « usurpation ». Ainsi le fragment 688 intitulé « Qu'est-ce que le moi ? » fait-il apparaître la démarche courante par laquelle l'homme conçoit comme

1 Jean-Luc Marion, *Sur la pensée passive…*, *op. cit.*, p. 105.

lui appartenant en propre un certain nombre d'éléments, parmi lesquels figure son corps :

> Qu'est-ce que le moi ?
> Un homme qui se met à la fenêtre pour voir les passants ; si je passe par là, puis-je dire qu'il s'est mis là pour me voir ? Non ; car il ne pense pas à moi en particulier ; mais celui qui aime quelqu'un à cause de sa beauté, l'aime-t-il ? Non : car la petite vérole, qui tuera la beauté sans tuer la personne, fera qu'il ne l'aimera plus. Et si on m'aime pour mon jugement, pour ma mémoire, m'aime-t-on ? Moi ? Non, car je puis perdre ces qualités sans me perdre moi-même. Où est donc ce moi, s'il n'est ni dans le corps, ni dans l'âme ? Et comment aimer le corps ou l'âme, sinon pour ces qualités, qui ne sont point ce qui fait le moi, puisqu'elles sont périssables ? (L 688 / S 567)

Dans ce passage, quelle est la place faite au corps dans la constitution de « moi en particulier », dans la saisie de la « personne » en tant que telle, de « moi-même » ? L'argument montre que, pas plus que l'âme, il ne peut être assimilé à ce noyau persistant, inamissible, par laquelle mon expérience de moi-même résiste aux accidents qui peuvent les affecter. Dès lors, effectivement, le moi n'est nulle part, aucun lieu ne peut lui être assigné. C'est qu'il se forme en amont de cette assignation impossible : plus qu'un objet, il est un processus. Le moi est ce processus d'appropriation toujours à l'œuvre malgré l'échec répété de ce qui cherche à saisir : « La nature de l'amour-propre et de ce moi humain est de n'aimer que soi et de ne considérer que soi[1] » (L 978 / S 743).

Le moi est synonyme d'amour-propre en tant qu'il est cet élan qui ne vise qu'à établir et à consolider une propriété – et c'est en cela qu'il

1 Sur la question de la nature du moi, voir Vincent Carraud, *L'Invention du moi*, Paris, PUF, 2010, p. 28-40 (en particulier le chapitre « Ce qui fait le moi »). L'auteur y situe la genèse et l'usage pascaliens du terme par rapport à Descartes, pour noter que de l'*ego* cartésien au moi pascalien, il y a une « substantivation du moi [qui est le] point de départ de sa désubstantialisation » (p. 40). Pascal opère ainsi « la substantialisation du moi dont il allait faire apparaître la vanité » (*ibid.*), parce que « ce n'est pas en métaphysique que le moi peut être atteint, mais en morale ». (p. 37-38). Sur ce point, voir aussi du même auteur *Pascal, des connaissances naturelles à l'étude de l'homme*, *éd. citée* (en particulier p. 105-126), où il précise l'échec de cette assignation de substance – « le moi, ce n'est pas moi » (p. 126). Nous proposons de considérer que ce moi est à chercher dans le mouvement de l'appropriation plus que dans ce que ce mouvement veut (en vain) constituer comme identité stable. Un mouvement qui se manifeste sous la forme de l'amour : Pascal, précise Vincent Carraud, « recondui[t] aporétiquement la question de l'essence à celle de l'identité : m'aime-t-on, moi, moi en particulier ? » (*Ibid.*). La quête identitaire passe par le désir de l'autre, dont il s'agit de capter l'attention pour constituer un « propre » par lequel se saisir soi-même.

est haïssable, qu'il doit être combattu. Le corps du sujet, mon corps, n'est en jeu dans cette bataille que dans la mesure où il est l'objet de cette vaine et constante tentative d'appropriation ; le corps ainsi éprouvé comme propre n'est ainsi qu'une invention du moi avide de singularité.

Il existe bien, cependant, un propre de l'homme, dans lequel le corps a sa place constitutive. Seulement le corps qui est en jeu ici n'est pas principalement « mon corps », et la familiarité que le sujet a avec lui ne lui en procure aucune connaissance particulière. Ainsi le fragment 199 insiste-t-il sur cette étrangeté :

> … l'homme est à lui-même le plus prodigieux objet de la nature, car il ne peut concevoir ce que c'est que corps et encore moins ce que c'est qu'esprit, et moins qu'aucune chose comment un corps peut être uni avec un esprit. C'est là le comble de ses difficultés et cependant c'est son propre être. (L 199 / S 230)

Le corps qui le constitue est pour l'homme à compter au nombre des choses énigmatiques, en dépit de cette relation profonde d'appartenance dans laquelle il est perçu. Incompréhensible en lui-même, incompréhensible encore davantage dans son union avec l'esprit, il est néanmoins un constituant du « propre être » de l'humain. Il faut donc que cette propriété soit entendue dans un sens qui n'indique pas une appropriation de l'objet par un sujet qui le contrôle. Pour Pascal, il y a bien un propre de l'homme, non pas au sens où le moi cherche à le faire exister par appropriation, mais au sens où l'homme a une place déterminée dans l'ordre de la nature. Il s'agit si l'on veut d'un propre objectif et non subjectif, de celui qui fait dire à Pascal que le propre de chaque chose doit être cherché (L 797 / S 650). L'anthropologie pose l'existence de ce propre : « Ainsi l'homme est si malheureux qu'il s'ennuierait même sans aucune cause d'ennui par l'état *propre* de sa complexion » (L 136 / S 168)[1] ; mais il ne désigne pas une appartenance dans laquelle l'homme se reconnaît :

> Nous ne nous contentons pas de la vie que nous avons en nous et en notre propre être. Nous voulons vivre dans l'idée des autres d'une vie imaginaire et

1 Ce propre renvoie ici à sa condition déchue, la condition d'avant la Chute en déterminant un elle aussi : « La grandeur de l'homme est si visible qu'elle se tire même de sa misère, car ce qui est nature aux animaux nous l'appelons misère en l'homme par où nous reconnaissons que sa nature étant aujourd'hui pareille à celle des animaux il est déchu d'une meilleure nature qui lui était *propre* autrefois. » (L 117 / S 149). Je souligne.

> nous nous efforçons pour cela de paraître. Nous travaillons incessamment à embellir et conserver notre être imaginaire et négligeons le véritable. (L 806 / S 653 [je souligne])

En cherchant à se consolider par l'assimilation des produits de l'imagination, le moi cherche à constituer un propre par possession. Ce « travail », cet « effort », cette tension « incessante » sont vains, parce qu'ils passent à côté de ce qui est indépendamment du moi, c'est-à-dire indépendamment de tout désir d'accaparement. Notre « être véritable » n'est pas de l'ordre de ce que nous pouvons cerner comme nôtre, et s'en soucier relève d'une démarche de désappropriation plutôt que d'appropriation. Tel est le propre paradoxal de l'homme, ouverture sur ce qui le dépasse plus que fermeture sur un soi familier.

Or le corps est chez Pascal l'instance qui permet ce mouvement d'ouverture. Distinct d'un moi essentiellement possessif, il n'est pas traité sur le mode de la propriété. On a vu plus haut qu'il pouvait être considéré comme un lieu d'intimité, en particulier sous les espèces du cœur ; mais cette intimité, selon la ligne augustinienne d'un « *intimior intimo meo* », est une trouée vers l'altérité (fût-elle celle du gouffre sans fond). Distinct du moi, il est également distinct de la chair, dont l'ordre consiste aussi en une appropriation, en l'occurrence celle du corps par l'esprit avide de plaisir.

Aussi la souffrance occupe-t-elle une place importante dans cette économie du corps. Elle est cette expérience physique par laquelle le sujet éprouve son corps comme totalement sien et totalement étranger ; pour reprendre l'expression oxymorique proposée par Jean-Luc Marion à propos de Descartes, la douleur est « extérieurement intime[1] ». Ce statut en fait une arme pour combattre le moi qui est aspiration à la singularité d'un propre jouissant de lui-même. On pourrait ainsi appliquer au corps le raisonnement que Vincent Carraud fait à propos des discours, opposant Pascal à Descartes :

> Par opposition à Descartes, pour qui il s'agit toujours de faire bon usage de ce qui est sien, Pascal conçoit l'homme comme usufruitier, et non propriétaire, de ses discours : mes pensées et mes mots ne m'appartiennent pas plus que la balle au joueur[2].

1 Jean-Luc Marion, *Sur la pensée passive…*, *op. cit.*, p. 87.
2 Vincent Carraud, *Pascal et la philosophie*, *op. cit.*, p. 140-141.

La distinction augustinienne entre *uti* et *frui*, à l'œuvre chez Pascal, éclaire le rôle de la souffrance comme usage du corps. Lorsqu'il souffre, l'homme n'est guère tenté de s'installer dans cette modalité pénible de la jouissance physique et de se conduire en propriétaire attaché à la permanence de ce qui est alors vécu. L'inconfort est un encouragement à se concevoir comme simple usufruitier. Cette efficacité morale de la souffrance, incompatible avec la position de propriétaire que voudrait adopter l'homme, est également un élément de l'analyse que propose Dominique Descotes de la *Prière pour demander le bon usage des maladies* :

> Le malade tente d'abord de briser ses liens avec son mal et le monde pour se tourner vers Dieu. Avec l'exaltation, le détachement s'effectue : les souffrances du corps apparaissent comme figures et punition des maux de l'âme ; elles deviennent « amies » en rendant l'homme capable de pénitence. À la fin, le corps a perdu sa réalité propre : il devient une figure qui permet de participer à la Passion et de glorifier Dieu[1].

Ce commentaire montre bien que la séparation d'avec le corps n'étant pas une option pour l'homme, il ne peut que se soumettre à l'expérience douloureuse. Mais surtout, elle fait apparaître que le processus de pénitence qu'elle rend possible repose sur une désappropriation : le corps est alors privé de « sa réalité propre », c'est-à-dire qu'il s'ouvre à une réalité qui n'est pas celle du propre, et qui est celle de la participation[2].

La douleur présente la particularité d'interdire à l'homme une jouissance tranquille de lui-même, tout en lui permettant de cultiver un rapport à soi, par le biais du corps, qui échappe à l'appropriation du moi et ouvre un accès à ce qui est vraiment le propre de l'homme. Cette particularité est exposée dans un passage du fragment 795, qui oppose sur le plan moral la recherche de la douleur et la recherche du plaisir :

> Il n'est pas honteux à l'homme de succomber sous la douleur, et il lui est honteux de succomber sous le plaisir.

1 Dominique Descotes, *op. cit.*, p. 99.

2 Sur la relation entre souffrance et ouverture à Dieu, on peut se référer globalement à la *Prière pour demander à Dieu le bon usage des maladie*s, déjà citée, au sujet de laquelle Antoinette Gimaret note : « Dans ce texte très fortement lié à des circonstances autobiographiques, l'expérience de la maladie et celle de la conversion sont indissociables [...] La souffrance vécue devient une expérience spirituelle fondamentale, qui rappelle l'homme à sa condition dérisoire de créature et l'amène à une reconnaissance globale de sa situation de pécheur. » *op. cit.*, p. 550.

> Ce qui ne vient pas de ce que la douleur nous vient d'ailleurs, et que nous recherchons le plaisir. Car on peut rechercher la douleur et y succomber à dessein sans ce genre de bassesse. D'où vient donc qu'il est glorieux à la raison de succomber sous l'effort de la douleur, et qu'il lui est honteux de succomber sous l'effort du plaisir ? C'est que ce n'est pas la douleur qui nous tente et nous attire ; c'est nous-mêmes qui volontairement la choisissons et voulons la faire dominer sur nous, de sorte que nous sommes maîtres de la chose, et en cela c'est l'homme qui succombe à soi-même. Mais dans le plaisir c'est l'homme qui succombe au plaisir. Or il n'y a que la maîtrise et l'empire qui fasse la gloire, et que la servitude qui fasse honte. (L 795 / S 648)[1]

Le point de départ du raisonnement fait du corps une instance qui peut abattre l'homme de deux manières symétriques : dans un affrontement avec la raison (il est « honteux » ou « glorieux *à la raison* ») et du corps, celui-ci est susceptible de faire « succomber » l'homme par la douleur ou le plaisir. Il y a dans les deux cas une soumission de l'esprit au corps, la « raison » subissant l'« effort » d'une puissance qui s'impose à elle. Mais ce n'est pas ce qui intéresse ici Pascal. En effet, dans la situation que construit son argument, douleur et plaisir sont considérés comme objets d'un désir de l'homme : l'un comme l'autre peuvent être « recherchés », c'est-à-dire utilisés par le moi comme aliment de sa consolidation. À ce titre, ces deux mouvements seraient également « honteux ». D'où vient alors que celui qui vise la douleur échappe à cette caractérisation ? C'est qu'il fait désirer à l'homme l'échec de son désir. Pour Pascal, l'efficacité morale de la douleur repose sur sa capacité de résistance à la tendance hégémonique du moi : son avidité se casse les dents pourrait-on dire sur ce noyau d'adversité fondamentalement inassimilable. Le mouvement indéracinable de la concupiscence n'est pas surmonté, mais défléchi et retourné contre lui-même. Et ce changement de direction est essentiel dans la description que Pascal veut donner du fonctionnement de la douleur : en effet, il s'interdit de penser une simple continuité du mouvement, c'est-à-dire l'existence d'un plaisir de la douleur. Cela reviendrait à assimiler recherche de l'un et recherche de l'autre, et à réabsorber l'ensemble dans une concupiscence honteuse. La place que Pascal donne à la douleur sert précisément à maintenir une séparation, et à poser un « empire » de l'homme – une possibilité pour lui d'agir pour son salut avec ses instruments corrompus.

1 Pour une analyse du rôle du corps dans ce fragment, voir Alberto Frigo, *op. cit.*, p. 52.

Il y a bien une « maîtrise » du sujet, mais dans la stricte mesure où elle renonce à elle-même : « nous sommes maîtres de la chose, et en cela c'est l'homme qui succombe à soi-même ». Gloire de la déchéance ; conscience de la misère ; exercice de la volonté se déposant elle-même : l'expérience de la douleur est pour Pascal une des voies par lesquelles le corps fait toucher à l'homme son « être véritable ». Face à elle, nous pouvons vouloir la domination de cette contrainte physique qui pèse sur nous. C'est dans ce sens, en « succombant » à bon escient, que « nous sommes maîtres de la chose ». L'« empire » de l'homme qui s'y manifeste est fait de soumission ; son principal effet est de neutraliser la constitution d'une propriété dont l'homme pourrait se prévaloir. Le corps souffrant est et n'est pas mon corps : en acceptant la souffrance, j'accepte qu'il ne soit pas mon corps, qu'il ne soit pas l'instrument de mon désir mais d'une puissance sur laquelle je ne peux rien. En cela, il m'introduit à l'expérience d'une appartenance physique au corps matériel des choses, au-delà de moi[1].

Ainsi pourrait-on dire que le propre du corps – dans la mesure où le propre de chaque chose doit être recherché – est d'opposer à la tendance appropriatrice du moi une réalité constitutive du sujet par laquelle il peut se saisir et s'éprouver sans s'enfermer dans une singularité illusoire. Il peut être traité comme le point de départ d'une désappropriation par laquelle je désapprends à me vivre comme un moi.

LA SCIENCE DU CORPS, OUTIL APOLOGÉTIQUE

Cette appréhension du corps, qui met l'accent sur son appartenance foncière à une réalité plus vaste que lui, est fondamentale dans l'ensemble de l'œuvre de Pascal, et on en trouve un écho très net dans sa façon de penser la démarche scientifique et dans la place qu'il lui a donnée dans sa vie. On voudrait en effet montrer que lorsque Pascal savant fait du

1 En cela, le corps, comme nous le disions plus haut, n'est pas assignable à un ordre, à la différence de la chair. Ce qui permet à Henry Phillips de conclure ses analyses de la douleur chez Pascal comme suit : « Dans le processus de la maladie et, *a fortiori* de l'apologétique comme elle est conçue par Pascal, la douleur se situe enfin non dans l'ordre de la chair, mais dans l'ordre de la charité. » « Pascal et les *Pensées* : Négligence de la douleur, douleur de la négligence », *Ull Critic*, n° 9-10 (2005), p. 243.

corps un objet de sa réflexion, c'est moins pour développer la possibilité d'une emprise rationnelle permettant une affirmation triomphante du sujet, que la possibilité d'une expérience pratique et éthique resituant l'homme comme un corps parmi les corps du monde.

Pour commencer, il est nécessaire de s'arrêter rapidement à la position ambivalente de Pascal vis-à-vis de la science, afin de préciser la place qu'il donne à la science du corps. De manière globale, cette ambivalence s'exprime dans la coexistence d'une activité scientifique de Pascal tout au long de sa vie (même si l'équilibre général de ses préoccupations a pu évoluer dans le temps), et des propos qu'il tient sur l'inanité de la science dans la perspective apologétique des *Pensées*. L'homme qui, nous y reviendrons, consacre encore à la fin de sa vie du temps et de l'énergie au problème de la roulette, est aussi celui qui déclare vaine cette science qui égare l'homme en détournant son attention :

> Une lettre de la folie de la science humaine et de la philosophie.
> Cette lettre avant le divertissement.
> *Felix qui potuit.*
> *Felix nihil admirari.* (L 408 / S 27)

Associées dans la même invalidation, « science » et « philosophie » renvoient à la démarche humaine de connaissance, considérée dans ce fragment comme un moyen d'accéder au bonheur. Cette quête se discrédite elle-même par les moyens contradictoires qu'elle utilise, comme en témoignent les directions contraires que proposent les deux citations ironiquement rapprochées par l'anaphore du terme « *felix* » : il s'agit tantôt de légitimer la recherche des causes, tantôt d'en délégitimer la source même. Cette dispersion justifie dès lors que Pascal envisage de traiter cette question en préalable à son propos sur le divertissement, et qu'il situe la curiosité scientifique du côté de la faiblesse humaine :

> Faiblesse.
> Toutes les occupations des hommes sont à avoir du bien et ils ne sauraient avoir de titre pour montrer qu'ils le possèdent par justice, car ils n'ont que la fantaisie des hommes, ni force pour le posséder sûrement. Il en est de même de la science. Car la maladie l'ôte. (L 28 / S 62)

La science, équivalente en cela à toutes les autres activités humaines, est appréhendée sous le chef général de la « faiblesse ». Quelle est ici la raison invoquée ? Tributaire des fluctuations qui affectent l'homme, la science ne lui appartient pas, elle n'est pas cette production propre qui lui procurerait, sur le mode de la possession, une force et un support d'identification. Mais toutes les sciences sont-elles logées à la même enseigne ? En effet, si l'approche du fragment 408 traite dans un même mouvement « de la science humaine et de la philosophie », Pascal établit ailleurs deux domaines distincts :

> Vanité des sciences.
> La science des choses extérieures ne me consolera pas de l'ignorance de la morale au temps d'affliction, mais la science des mœurs me consolera toujours de l'ignorance des sciences extérieures. (L 23 / S 57)

Les sciences, dont le point de vue global maintient ici l'inconsistance, se répartissent en deux sous-ensembles avec lesquels l'homme n'entretient pas le même rapport. Une forme d'utilité est reconnue à la « morale », dont est dépourvue la démarche scientifique relative aux corps désignés comme « choses extérieures ». Autrement dit, il y aurait moins de « folie » à s'adonner à cette forme de « science humaine ». De fait, elle serait quant à elle plus « propre » à l'homme. C'est ce que confirme le fragment 687 :

> J'avais passé longtemps dans l'étude des sciences abstraites et le peu de communication qu'on en peut avoir m'en avait dégoûté. Quand j'ai commencé l'étude de l'homme, j'ai vu que ces sciences abstraites ne sont pas propres à l'homme, et que je m'égarais plus de ma condition en y pénétrant que les autres en l'ignorant. J'ai pardonné aux autres d'y peu savoir, mais j'ai cru trouver au moins bien des compagnons en l'étude de l'homme et que c'est la vraie étude qui lui est propre. J'ai été trompé. Il y en a encore moins qui l'étudient que la géométrie. Ce n'est que manque de savoir étudier cela qu'on cherche le reste. (L 687 / S 566)

Le raisonnement se retrouve dans un passage d'une lettre à Fermat, dans laquelle Pascal indique sa position vis-à-vis de la géométrie :

> Car pour vous parler franchement de la géométrie, je la trouve le plus haut exercice de l'esprit ; mais en même temps je la connais pour si inutile, que je fais peu de différence entre un homme qui n'est que géomètre et un habile artisan. Aussi je l'appelle le plus beau métier du monde ; mais enfin ce n'est qu'un métier ; et j'ai dit souvent qu'elle est bonne pour faire l'essai, mais non pas l'emploi de notre force : de sorte que je ne ferais pas deux pas pour la géométrie[1]…

1 Pascal, *Œuvres complètes*, *op. cit.*, p. 282 B.

Selon les termes de cette réflexion, il y a d'une part les sciences morales, propres à l'homme, celles qui méritent qu'on s'y engage, l'étude majeure dont les autres ne sont qu'un substitut ; et d'autre part les sciences « abstraites », dont le modèle est la géométrie, qui sont assimilables, de par leur place dans l'opposition, aux « sciences des choses extérieures », reléguées dans l'inutilité.

Mais le tableau est un peu plus complexe, sous deux angles. Premièrement, on a vu que cette opposition est située dans le cadre d'une analyse globale qui affirme la « vanité des sciences », d'où la conclusion du passage du fragment 687 cité plus haut : « … Mais n'est-ce pas que ce n'est pas encore là la science que l'homme doit avoir, et qu'il lui est meilleur de s'ignorer pour être heureux » (L 687 / S 566). Ainsi la morale est-elle à la fois relativement plus utile et essentiellement aussi vaine ; à la fois plus consolante et inapte à atteindre le but qu'on lui assigne (le bonheur). Là où elle réussit en évitant au sujet de s'égarer loin de sa condition, elle échoue à lui procurer ce qu'il recherche. Centrée sur le sujet de la quête, son résultat consiste à montrer l'inanité de cette quête (« il est meilleur de s'ignorer ») en même temps que l'inconsistance du sujet : définir cette science comme « propre à l'homme », c'est dire sa justesse mais aussi son inadéquation, car la seule quête véritablement valable passe par une désappropriation.

C'est pourquoi, deuxièmement, la réflexion de Pascal ouvre l'espace d'une réévaluation des « sciences extérieures » auxquelles il oppose la morale. Examinons comment elles sont caractérisées. Celui qui s'y livre risque certes l'égarement (« je m'égarais [...] de ma condition en y pénétrant… »). Parce qu'elles ne sont pas bonnes pour faire l'« emploi de notre force », dont la seule destination légitime est de chercher Dieu, on s'égare effectivement « en y pénétrant ». Le programme du fragment 553 peut être lu dans ce sens : « Écrire contre ceux qui approfondissent trop les sciences. Descartes. » (L 553 / S 462) Le piège tendu par l'engagement dans les sciences « extérieures » réside justement dans la nature de cet engagement : elles sont aussi vaines lorsqu'on veut y faire l'emploi de notre force que l'est l'étude de l'homme lorsqu'on veut en obtenir le bonheur. Mais cela n'annule pas le bénéfice qui peut être tiré de ce qui est aussi « le plus haut exercice de l'esprit », « le plus beau métier du monde ». Le domaine de validité de ces sciences est d'emblée limité (« … un homme qui *n*'est *que* géomètre… », « … ce *n'*est *qu'*un métier… »), cantonné à un usage borné : l'« essai » et non l'« emploi ». Et le caractère positif de cet exercice scientifique, qui est sans doute une des raisons pour lesquelles Pascal s'y est livré tout au long de sa vie, réside justement dans sa validité limitée : la conscience de cette limitation permet au savant de donner au savoir qu'il produit la meilleure fiabilité possible, en le garantissant de verser dans l'illusion métaphysique d'une maîtrise de l'esprit. Car la science des choses extérieures conduit l'homme à voir sa propre extériorité à lui-même, en tant que corps parmi les corps.

En effet, les sciences abstraites, portant sur l'extériorité du corps, sont dénoncées comme impropres en ce qu'elles ne donnent pas accès à ce que l'homme pense être son propre, à une connaissance pleine et intime de lui-même. Or la démarche de Pascal consiste à montrer à son lecteur que la quête de cette consolidation du moi est une impasse. Dès lors, l'intérêt des sciences extérieures est d'éviter cette voie sans issue, et d'amener le sujet à une connaissance dégagée de cet égocentrisme. De même que la souffrance, confrontation à une extériorité, est une épreuve qui interdit de conforter le moi dans l'expérience du plaisir, de même la démarche scientifique portant sur les choses extérieures interdit de conforter le moi dans l'illusion intellectuelle de sa singularité. Bien au contraire, elle pousse le sujet qui s'y consacre à s'envisager lui-même comme un corps équivalent à d'autres. Autrement dit, en se révélant impropre à atteindre les objectifs du moi, la pratique scientifique qui encourage l'homme à se considérer de l'extérieur devient un atout dans la lutte contre la concupiscence.

Cette convergence est repérable dans le fragment 199, où Pascal privilégie l'angle du corps en se plaçant d'emblée sur le terrain des « connaissances naturelles » pour se demander : « qu'est-ce qu'un homme, dans l'infini ? » (L 199 / S 230). L'entreprise générale de déstabilisation menée dans ce fragment exploite d'abord la dimension physique de l'homme, ce corps à la fois si familier et si étrange dès lors qu'il est considéré dans sa continuité naturelle avec des prolongements infinis – le firmament et ses astres, le ciron et ses jointures : « … qui n'admirera que notre corps, qui tantôt n'était pas perceptible dans l'univers imperceptible lui-même dans le sein du tout, soit à présent un colosse, un monde ou plutôt un tout à l'égard du néant où l'on ne peut arriver » (L 199 / S 230).

L'accent mis sur notre appartenance au monde matériel relève d'une curiosité qui, si elle ne verse pas dans la présomption et reste consciente de sa « portée », participe d'une juste quête de la vérité. Le corps de l'homme est perdu dans l'univers infini des corps, mais ce moment de la perte de repères fait paradoxalement apparaître le corps comme un point d'appui d'une solidarité réelle, incontournable, avec le monde matériel. Nous rejoignons ici l'analyse proposée par Pierre Macherey :

> … la nature tout entière, vue sous ses aspects matériels, est assimilable à une immense Machine, dont les lois de fonctionnement, fixées une fois pour toutes, ne sont pas susceptibles d'être renégociées : elle est condamnée à s'imiter sans fin, comme les aiguilles de la montre qui, entraînées par des rouages compliqués, refont avec une régularité inexorable le tour du même cadran, comme mues par un instinct aveugle. Mais alors, comment faire confiance au corps, s'il n'est qu'une toute petite machine finie mue par la seule disposition de ses organes qui jouent sans raison dans le milieu infini que constitue la très grande machine de l'univers infini, donc en pleine incertitude ? La réponse à cela est que l'existence humaine se déroule entièrement sous l'horizon du corps, qui témoigne de sa condition, qu'elle n'a de cesse d'oublier, et qu'il est urgent de lui rappeler[1].

Le rappel à cette solidarité avec le monde matériel, outre qu'elle obéit à un principe de réalité, resitue l'homme dans un fonctionnement naturel effrayant dans son impersonnalité mais rassurant dans sa régularité. En s'envisageant lui-même en tant que corps, un corps qui est aussi bien celui de la physique que de l'éthique, l'interlocuteur de Pascal gagne en sécurité ce qu'il perd en singularité ; il peut trouver dans le corps ce que le moi cherche dans l'esprit.

Mais cette restitution du corps de l'homme à la logique globale de la nature physique ne signifie pas une rupture avec l'expérience que fait le sujet de son corps ; elle en permet plutôt l'élargissement. Pour expliquer ce mouvement de désappropriation, disons qu'il trace le chemin inverse de celui que Jean-Luc Marion décrit chez Descartes. Repérant chez ce dernier une « différence entre d'une part les corps du monde matériel et, de l'autre, mon corps de chair[2] », voire une « irréductibilité de *meum corpus* aux *alia corpora*[3] », Jean-Luc Marion dégage l'idée

1 Pierre Macherey, *op. cit.*
2 Jean-Luc Marion, *Sur la pensée passive*, *op. cit.*, p. 61.
3 Jean-Luc Marion, *Sur la pensée passive*, *op. cit.*, p. 95.

que par rapport à ce corps de chair « tous les autres corps [...] n'ont le titre de corps que presque métaphoriquement[1]... ». On pourrait dire que le geste apologétique de Pascal consiste justement à faire en sorte que son lecteur adopte le point de vue symétrique, et voie son corps propre comme la part qui lui est échue d'un corps plus vaste, auquel il pourra se fier s'il se soumet à ses règles et renonce à s'imposer comme singularité égocentrée.

La démarche du savant, saisissant le corps de l'extérieur comme un objet, comme une « chose extérieure », rejoint le propos apologétique. Car l'objectivation, cette instrumentalisation du corps, se fait moins au profit d'une maîtrise scientifique que d'une soumission éthique. Elle opère ainsi comme une propédeutique à la quête du salut, parce que le résultat théorique qu'elle vise est toujours lié à une expérience pratique qui fait du sujet un corps parmi les corps ; elle lui fait sentir que « nous sommes quelque chose et ne sommes pas tout » (L 199 / S 230).

Cette attention portée par Pascal à la dimension corporelle de l'homme explique la convergence du propos scientifique et du propos apologétique chez un homme que la question de l'application pratique et des enjeux éthiques de la pensée n'a jamais quitté. Elle explique qu'à la fin de sa vie, un Pascal entièrement consacré à Dieu soit en même temps resté un savant, mais aussi un entrepreneur. Une diversité de centres d'intérêt dont Laurent Thirouin remarque l'incompatibilité avec l'approche sans doute simplifiée de la *Vie* écrite par sa sœur :

> Mais comment comprendre, dans le cadre [d'une existence qui se conforme peu à peu à une signification unique], que Pascal continue à entretenir une correspondance scientifique à l'époque des *Provinciales*, qu'il lance un concours sur la cycloïde au moment même où il classe ses premiers dossiers en vue de l'*Apologie* ? Plus troublant encore, comment expliquer son intérêt pour les transports en commun dans la capitale (les carrosses à cinq sols) l'année de sa mort[2] ?

Il s'agit alors, selon lui, d'articuler deux constats :

> Du début à la fin de sa vie, et dans toute son œuvre, Pascal fait preuve d'une remarquable attention à la réalité terrestre de l'existence humaine ; il a le souci permanent d'en apercevoir la logique. Et pourtant, il professe un mépris

1 Jean-Luc Marion, *Sur la pensée passive*, *op. cit.*, p. 61.
2 Laurent Thirouin, *op. cit.*, p. 212.

> métaphysique pour tout ce qui n'est pas Dieu, un désintérêt radical pour tout ce qui ne conduit pas à Dieu[1].

Une articulation que Laurent Thirouin dégage en tirant la conclusion d'une position ironique de Pascal :

> Il se livre [à une telle comédie] entièrement et avec passion, mais de façon toujours ironique, et en gardant le sentiment que les règles qu'il respecte (ou qu'il aide à établir) sont des règles dérisoires[2].

Il y a à notre sens une autre voie pour relier de manière cohérente les préoccupations diverses de Pascal, qui consiste à souligner l'importance qu'il accorde au corps : son « mépris pour tout ce qui n'est pas Dieu » n'est pas « métaphysique », parce que l'ancrage humain dans le corps et dans la condition corporelle est justement un passage obligé pour conduire à Dieu. Parce que la soumission à la dimension physique ne relève pas de l'observance d'une règle humaine, donc effectivement « dérisoire », mais de l'acceptation d'une règle divine qui a établi tel qu'il est le fonctionnement du corps.

Selon cette perspective, l'engagement de Pascal dans l'entreprise des carrosses n'est plus si troublant. L'analyse qu'en propose Éric Lundwall dans *Les Carrosses à cinq sols, Pascal entrepreneur*, fait ainsi apparaître comment Pascal, en cherchant à organiser des transports en commun, mettait le corps au centre de ses préoccupations par une entreprise commerciale au service de la circulation de ses semblables dans l'espace urbain.

Tel est le constat initial d'Éric Lundwall :

> Mort en août 1662, à l'âge de 39 ans, Pascal consacre les dernières années de sa vie à trois entreprises. Une entreprise commerciale : les Carrosses à cinq sols [...]. Une entreprise et un défi intellectuels [...] : la Roulette. Une entreprise spirituelle : [...] le projet d'Apologie de la religion chrétienne[3].

Reliant ces divers aspects, l'étude d'Éric Lundwall rejoint notre propos dans la mesure où elle resitue les écrits apologétiques de Pascal dans le contexte d'activités par lesquelles il consacrait son attention au monde physique, que ce soit sur le mode intellectuel de l'étude ou sur le mode

---

1 *Ibid.*
2 *Ibid.*
3 Éric Lundwall, *op. cit.*, p. 18-19.

économique. Ce regard original permet de restituer sa part à « Pascal homme d'action[1] », en notant à juste titre qu'elle est généralement sous-estimée :

> Tout comme les proches de Pascal, les critiques contemporains posent de pieuses limites à la dispersion de ses activités : savant jusqu'au bout certes, mais Pascal déchoir du spirituel pour mener à bien une entreprise commerciale[2]...

La mise en relief de cette cohérence, qu'atteste à elle seule la réalité biographique[3], fait apparaître un homme dont le profond engagement spirituel était compatible non seulement avec la recherche scientifique, mais aussi avec une entreprise toute matérielle visant à mettre en place des transports publics, entreprise dont il attendait, de surcroît, qu'elle dégageât des profits. Éric Lundwall montre bien la continuité entre l'orientation pieuse de la vie de Pascal et ces considérations matérielles, qui l'animèrent jusqu'à la fin : si effectivement « l'expérience de l'entrepreneur [a] nourri la pensée de l'apologiste de la religion[4] », c'est que l'être humain ne peut réellement exprimer sa foi sans passer par le corps. Le fragment 944 l'indiquait clairement : « il faut que l'extérieur soit joint à l'intérieur », et l'engagement du corps était là, directement, celui du sujet dans une action orientée vers Dieu : « ... c'est-à-dire que l'on se mette à genoux, prie des lèvres... » (L 944 / S 767). Dans le cas qui nous occupe, cette jonction de l'extérieur à l'intérieur consiste à faire de l'entreprise matérielle et commerciale l'expression de la piété.

Il n'est pas indifférent que la pieuse générosité de Pascal à l'égard de ses concitoyens se soit en l'occurrence manifestée par un projet de facilitation du mouvement des individus, pris non comme des singularités égocentriques, mais comme des éléments équivalents mis en relation dans un espace commun ; un projet concernant des êtres physiques dont il s'agit de gérer l'appartenance à la réalité plus globale de la communauté urbaine. C'est ce que dit le slogan de promotion des Carrosses : « Afin que de partout on puisse aller partout ». La formule met en scène un sujet indifférencié, car considéré non en fonction d'un statut social mais

1 Éric Lundwall, *op. cit.*, p. 56.

2 Éric Lundwall, *op. cit.*, p. 57.

3 Même si l'observateur extérieur ne peut que former des hypothèses pour en rendre compte – et même si, à vrai dire, la logique interne de cette cohérence échappait à Pascal lui-même –, elle n'en est pas moins un objet offert à notre réflexion sur lui.

4 Éric Lundwall, *op. cit.*, p. 19.

d'une condition humaine commune soumise aux contraintes physiques de l'espace et de ses obstacles. De plus, elle renvoie à la neutralité d'un espace doublement géométrisé : d'une part, la possibilité de s'y mouvoir sans encombre le débarrasse de caractéristiques qualitatives pour en faire un pur lieu du mouvement. D'autre part, l'identité du terme désignant les points de départ et d'arrivée du voyage fait apparaître un espace destitué de la valeur qu'il a pour les « moi » qui y circulent : du point de vue de l'entrepreneur, le service rendu au moi particulier mû par son désir et son intérêt s'efface devant la représentation globale d'une communication fluide des corps. En cela, l'activité de l'entrepreneur participe de la grandeur de l'homme telle que la présente le fragment 106, « grandeur [...] d'avoir tiré de la concupiscence un si bel ordre » (L 106 / S 138). Elle témoigne que « l'aventure des Carrosses n'est pas divertissement mais digression au sens pascalien, c'est-à-dire ouverture sur l'ordre du cœur[1] », et manifeste du même coup son affinité avec la démarche scientifique dont elle partage la représentation mécaniste et la fonction de préparation à l'ouverture religieuse.

L'activité scientifique, l'activité entrepreneuriale et la recherche du salut, dont l'unité peut sembler paradoxale, se rejoignent dans l'importance qu'elles donnent au corps comme lieu d'une désappropriation, situant le sujet dans la perspective d'une appartenance à une totalité qui le dépasse.

LA SCIENCE COMME EXPÉRIENCE DE DÉPASSEMENT DU CORPS INDIVIDUEL

Une telle conception de l'homme trouve un de ses fondements dans le regard scientifique qui fait apparaître sa situation de corps parmi les corps. Or elle implique que cet ancrage dans le corps ne concerne pas seulement l'homme comme objet mais aussi comme sujet de la science : l'activité du savant est fondamentalement tributaire de son appartenance à un corps qui le dépasse, corps social de la collectivité humaine, et corps matériels des instruments auxquels il se fie.

1 Éric Lundwall, *op. cit.*, p. 92.

C'est ainsi l'une des caractéristiques de la démarche scientifique telle que la présente et la pratique Pascal que de ne pas prêter à la consolidation d'un sujet souverain, parce qu'elle est une expérience de dépassement du corps individuel, et ce sous deux angles. Pour utiliser une distinction que masque le terme français, indifférencié, disons qu'elle relève d'une part d'une *experientia*, sédimentation du savoir produit par une collectivité, et d'autre part d'un *experimentum*, construction instrumentale fondant la légitimité scientifique dans la mise en jeu de corps, humains ou non, extérieurs au sujet[1].

Examinons d'abord le premier aspect de cette science d'expérience. On a vu plus haut que Pascal insiste sur le caractère inévitablement partiel et situé du regard que l'homme porte sur toutes choses. N'ayant accès qu'à une saisie phénoménale, hors de toute certitude métaphysique, le savoir humain relève ainsi du témoignage, dans lequel il doit chercher sa fiabilité relative. Or sur le plan de la pratique du scientifique lui-même, cette conception implique qu'il se situe dans une communauté. Communauté synchronique des contemporains dont la contribution est requise pour attester les expériences qui fondent la physique ; communauté diachronique des prédécesseurs et successeurs par lesquels ces expériences « multiplient continuellement », pour reprendre la formule de la *Préface au Traité du vide*. Le modèle du scientifique que Pascal représente et incarne se situe dans cette double collectivisation de la production de la connaissance. Aussi l'investissement dans l'activité scientifique peut-il constituer pour lui une occasion de se vivre comme membre d'une entité qui le dépasse, et de reconnaître que sa contribution au savoir tire sa valeur moins d'une propriété individuelle que d'une appartenance collective. Sous

1 Notre distinction entre *experientia* et *experimentum* rejoint l'analyse qui en est faite par Christian Licoppe dans *La formation de la pratique scientifique. Le discours de l'expérience en France et en Angleterre (1630-1820)*, Paris, La Découverte, 1996, mais notre usage diffère du sien. Licoppe propose de considérer que le second terme, *experimentum*, concerne un discours scientifique portant sur « la manière dont la nature s'est comportée en certaines circonstances singulières et artificielles », alors que le second, *experientia*, ressortirait à « la manière dont la nature se comporte en général », en précisant que « cette distinction héritée de l'aristotélianisme est classique dans la tradition philosophique du début du XVIIe siècle » (*op. cit.*, p. 22). La distinction opérante pour notre propos passe moins entre deux modes de fonctionnement de la nature qu'entre deux démarches de connaissance. Et l'un des points importants de la réflexion épistémologique et de la pratique scientifique de Pascal est l'imbrication complexe de ces deux aspects, sous le couvert du terme unique d'expérience.

cet angle, pareil engagement s'articule facilement avec la préoccupation du chrétien soucieux de détrôner le moi.

Effectivement, la relativisation du point de vue propre d'un membre de la communauté au profit de celui d'un autre membre est au fondement même de la confiance indispensable à l'élaboration d'une science reposant sur l'expérience. Ce point est à juste titre souligné par Christian Licoppe, à la suite de Lorraine Daston : « la validation du savoir expérimental repose alors sur des valeurs morales comme la confiance, bien plus que sur une hypothétique reproduction, souvent hors d'atteinte[1] ». Selon notre perspective, cette confiance repose sur la conscience, de la part des membres, d'appartenir à une communauté au sein de laquelle les places singulières communiquent au profit du développement du tout (ici, de la connaissance collective). Et la notion d'expérience est un opérateur particulièrement efficace pour produire cette conscience. Entendue dans le sens d'une sédimentation progressive des savoirs acquis au fil du temps, et d'une connaissance dès lors disponible comme vérité reconnue, elle est porteuse d'une dimension corporelle à la fois individuelle et collective, en étant validée à la fois par son ancrage personnel et par son impersonnalité.

La manière dont Pascal l'invoque dans les *Pensées* permet de le faire apparaître. L'expérience peut être sollicitée comme savoir attesté par la perception personnelle du sujet : vouloir montrer aux impies que Dieu est partout dans la Création, « c'est leur donner sujet de croire que les preuves de notre religion sont bien faibles et *je vois par raison et par expérience* que rien n'est plus propre à leur en faire naître le mépris » (L 781 / S 644 [je souligne]). Dans ce passage, l'expérience complète la raison en tant que réalité vécue par le sujet. Ailleurs, cette même épreuve des choses faite à titre personnel est la base de la réflexion anthropologique. S'étonnant de l'indifférence manifestée par ses semblables face aux rigueurs de la condition humaine, l'apologiste des *Pensées* parle d'un état « dans lequel il semble incroyable qu'une seule personne puisse être ». Le constat expérientiel vient alors rectifier cette impression : « Cependant, *l'expérience m'en fait voir* un si grand nombre, que cela serait surprenant si nous ne savions que la plupart de ceux qui s'en mêlent se contrefont et ne sont pas tels en effet » (L 427 / S 681 [je souligne]). L'attestation de la réalité par l'engagement du sujet fournit au raisonnement sa véritable base.

1 Christian Licoppe, *op. cit.*, p. 86.

Il faut néanmoins noter que l'expérience place en même temps l'élaboration du savoir anthropologique sur un terrain collectif : ce que l'expérience *me* fait voir est relayé par ce que *nous* savons. Cette transition est rendue possible par la nature propre de l'attestation expérientielle : ici, le sujet grammatical de la formule n'est pas l'homme, mais l'expérience elle-même. Le processus expérientiel décrit est impersonnel, témoignant d'un mouvement par lequel, pour reprendre les mots de Pierre-François Moreau à propos de Spinoza, « l'expérience neutralise l'individualisation de la connaissance[1] ». Cette impersonnalité peut prendre d'autres formes grammaticales :

> Qu'est-ce que nos principes naturels sinon nos principes accoutumés. Et dans les enfants ceux qu'ils ont reçus de la coutume de leurs pères comme la chasse dans les animaux. Une différente coutume en donnera d'autres principes naturels. *Cela se voit par expérience...* (L 125 / S 158)

Peu importe finalement qui « voit », quel est le support individuel de cette épreuve du réel. La dimension expérientielle du savoir sert non à exprimer une particularité irréductible, mais à faire apparaître une position commune de tous les sujets en face au savoir. L'expérience est à la fois ce qui se valide en chacun et vaut pour tous – pour *nous* :

> L'expérience *nous* fait voir une différence énorme entre la dévotion et la bonté. (L 365 / S 397 [je souligne])
>
> Je puis bien concevoir un homme sans mains, pieds, tête, car ce n'est que l'expérience qui *nous* apprend que la tête est plus nécessaire que les pieds. (L 111 / S 143 [je souligne])

L'expérience que nous faisons sur la base de notre propre vie, de notre propre corps, nous met immédiatement en contact avec l'appartenance collective à une condition. Dans ce sens, la solitude de l'homme égaré dans l'univers n'est qu'un fantasme du moi incapable de se vivre autrement que sur le mode de la séparation. Car même dans le constat de cette misère, il est parmi ses semblables :

> En voyant l'aveuglement et la misère de l'homme, [...] j'entre en effroi comme un homme qu'on aurait porté endormi dans une île déserte et effroyable, et qui s'éveillerait sans connaître et sans moyen d'en sortir. [...] Je vois d'autres

1 Pierre-François Moreau, *Spinoza. L'Expérience et l'Éternité*, Paris, PUF, 1994, p. 260.

> personnes auprès de moi d'une semblable nature. Je leur demande s'ils sont mieux instruits que moi. Ils me disent que non… (L 198 / S 229)

L'île déserte du fragment 198 n'est que la représentation métaphorique d'un sentiment d'isolement que contredit la réalité d'une communauté humaine avec laquelle un échange est possible : je rencontre la présence de mon semblable, je lui parle, il me répond – fût-ce pour partager le désespoir d'une ignorance.

L'expérience commune, c'est-à-dire ordinaire, en renvoyant l'homme à la pratique singulière de sa vie, lui donne conjointement accès à ce que cette pratique a de commun, c'est-à-dire de partagé, avec une collectivité. Et le corps humain, dans la régularité de son fonctionnement, est la base analogique qui permet ce partage : la fiabilité des automatismes de la machine repose non seulement sur l'appartenance du sujet au corps physique, mais aussi sur son appartenance au corps social. C'est ainsi que peut être lue la complémentarité posée dans le fragment 128 : « Deux choses instruisent l'homme de toute sa nature : l'instinct et l'expérience » (L 128 / S 161).

L'instinct comme l'expérience consiste en un processus de connaissance qui engage le corps. L'un comme l'autre ancre le savoir anthropologique, fondement de toute quête de vérité et de salut, dans un mécanisme de régulation de l'esprit par le corps, qui en contrôle la propension à errer par présomption. D'une part l'instinct rattache la démarche cognitive à un fonctionnement animal plus sûr que celui de la raison humaine ; d'autre part l'expérience la rattache à un fonctionnement social lui conférant sa validité. Ce second point, qui complète nos analyses sur la machine, peut être éclairé par l'approche qu'en fait Pierre Bourdieu, en termes sociologiques :

> L'évidence du corps isolé, distingué, est ce qui empêche de prendre acte du fait que ce corps qui fonctionne indiscutablement comme un principe d'individuation […] est aussi, en tant qu'agent réel, c'est-à-dire en tant qu'habitus, avec son histoire, ses propriétés incorporées, un principe de « collectivisation[1] »…

« Principe de collectivisation », le corps confirme alors sa fonction centrale dans une démarche fondée sur l'expérience qui, tout en reconnaissant

---

1 Pierre, Bourdieu, *op. cit.*, p. 194.

la personne individuelle comme point de départ d'une recherche de la connaissance et du salut, invite à dépasser ce point de vue localisé en le situant dans la perspective d'un tout.

Mais cette dimension d'*experientia* n'est qu'un versant de l'expérience que mobilise Pascal dans sa démarche scientifique : praticien d'une science faite d'« expériences », il est aussi le tenant d'une physique expérimentale, fondée sur l'*experimentum*, c'est-à-dire sur la construction du savoir par le biais de dispositifs matériels élaborés et manipulés par le savant[1]. On voudrait montrer que là aussi, il est possible de dégager une continuité entre l'utilisation du corps machine dans la perspective apologétique et les procédures de l'expérimentation. En effet, tout comme le caractère impersonnel et collectif de l'*experientia* est l'occasion pour le sujet d'un décentrement qui exporte hors de lui le critère validant son savoir, le caractère instrumental de l'*experimentum* le conduit à s'en remettre à des corps extérieurs comme à des instances de validation.

Ces corps extérieurs sont tout d'abord ceux qui sont engagés dans les témoignages dont la contribution est indispensable à la constitution de l'*experimentum* comme preuve. Ainsi, qu'il s'agisse du témoin oculaire présent sur place pour confirmer ce qui s'est passé, du lecteur initié invité à mobiliser son propre corps pour reproduire l'événement, ou du lecteur plus profane sollicité dans son expérience quotidienne pour le comprendre par analogie, les écrits de Pascal touchant les expériences sur le vide font apparaître la figure d'un témoin dont la capacité d'attestation repose sur la mise en jeu de son corps[2]. Vue sous cet angle, la science expérimentale comme « technologie sociale », telle qu'elle a pu être étudiée par Shapin et Schaffer[3], destitue le sujet d'une prérogative qui pouvait lui revenir tant que l'exercice scientifique était essentiellement vu comme activité de l'esprit. C'est en vertu de sa présence physique et de l'expérience qu'il fait de et

1 Sur ce point l'expérience comme construction, voir Dominique Descotes, *op. cit.*, qui parle chez Pascal d'une préférence pour une conception de la science comme faites d'« effets construits pour permettre des comparaisons réglées » (p. 268).

2 Sur ce point, voir notre article « L'expérience et son récit, Remarques sur la présentation de l'expérience chez Pascal », in Anne-Lise Rey (dir.) *Méthode et histoire, Quelle histoire font les historiens des sciences et des techniques ?*, Paris, Garnier, 2013, p. 39-55.

3 Steven Shapin et Simon Schaffer, *Leviathan et la Pompe à air, Hobbes et Boyle entre science et politique*, 1985, Paris, La découverte, 1993, en particulier le chapitre 2.

avec son corps que l'autre construit la validité du savoir, obligeant le savant au décentrement.

Ensuite, ce processus peut être rapproché d'un autre aspect de l'*experimentum*. Faisant jouer l'extériorité physique du témoin comme un critère de fiabilité dans la constitution de la connaissance, il rejoint en effet le recours aux instruments et aux dispositifs mécaniques : là où le corps propre est contaminé dans son aptitude à saisir le monde par son accointance avec l'esprit, le corps d'autrui ou le corps inerte de l'instrument sont dégagés de cette complicité et peuvent plus efficacement servir de pierre de touche – ou, pour reprendre un terme pascalien étudié précédemment, de « règle ».

Étant donné ces limites cognitives de l'homme, ce « sujet plein d'erreur naturelle, et ineffaçable sans la grâce », les corps objectaux des instruments scientifiques viennent, en tant que corps, au secours du corps propre, dont les perceptions par les sens sont toujours susceptibles d'être déréglées par leur union avec l'esprit dans le mixte humain. C'est ainsi qu'en parlant du vide au fragment L 44 / S 78, en parlant de cette « illusion de vos sens, fortifiée par la coutume, qu'il faut que la science corrige », Pascal évoque la possibilité, pour un dispositif matériel extérieur, de rétablir par une expérimentation scientifiquement contrôlée ce que l'expérience du corps propre offre comme perception erronée. Tout se passe comme si ce dispositif externe rétablissait hors du corps humain une fiabilité propre aux sens, qui en eux-mêmes n'errent point, et ne sont principes d'erreur que par leur association avec une activité de l'esprit qui fausse leur témoignage.

Dans cette perspective, recours au témoignage et recours aux dispositifs expérimentaux confrontent tous deux le sujet engagé dans l'exercice scientifique à reconnaître sa dette envers des corps extérieurs dont la fiabilité (qui est relative mais qui est aussi la seule à la disposition de l'homme) repose sur le fait qu'ils relèvent d'un fonctionnement qu'il ne maîtrise pas : une fois mis en place, ils opèrent selon leur propre logique matérielle, leur inertie. De même que, dans l'exercice physique de la prière et de l'agenouillement, le caractère opératoire de la démarche réside dans la suspension de l'intervention mentale, de même, dans la construction de la science, c'est en renonçant à faire prévaloir une raison suspecte dans ses prétentions hégémoniques, au profit d'une confirmation extérieure brute, que l'homme se fraie un chemin vers la vérité – morale ou physique. Dans les deux cas, le corps apporte cette contribution décisive d'une instance considérée comme fiable parce qu'elle échappe au contrôle du sujet[1].

1 Ces considérations sur les expérimentations physiques de Pascal supposent qu'il les ait effectivement réalisées. Or c'est un point qui est sujet à débat, comme en témoignent les travaux de Kimiyo Koyanagi (voir « Cet effrayant petit livret... Expériences nouvelles touchant le vide de Blaise Pascal », in *Les Pascal à Rouen 1640-1648*, Colloque de l'Université de Rouen, 17, 18, 19 novembre 1999, GRHIS-UPRESA 6064-CERHIS, textes réunis par Jean-Pierre Cléro, Publications de l'Université de Rouen, 2001, p. 137-158). Ses recherches la conduisent à conclure : « Je soutiens que [les expériences pascaliennes] sont effectivement fictives, mais en admirant l'auteur de ces "expériences en pensée" géniales, merveilleuses. La vraie valeur du physicien Pascal ne nous apparaîtra qu'après avoir reconnu ces expériences comme fictives. » (p. 138). Signalons cependant que Kimiyo Koyanagi affirme elle-même que de son point de vue, le caractère fictif des expériences décrites par Pascal n'empêche pas de reconnaître la « vraie valeur du physicien », qui réside notamment dans le souci qu'il a de permettre la validation expérimentale de ses hypothèses. Dans un mouvement similaire, Michelle Sadoun-Goupil (« L'œuvre de Pascal et la physique moderne », in *Revue d'histoire des sciences et de leurs applications*, 1963, tome 16 n° 1, p. 23-52) peut d'un côté suspendre son jugement sur la réalisation effective des expériences par Pascal (« Il restera donc à Pascal le mérite et l'originalité, sinon d'avoir réalisé personnellement l'expérience, d'en avoir prescrit tous les détails avec une minutieuse précision », p. 36), et admettre que cela n'entame pas l'importance donnée par ce dernier à la vérification par des dispositifs matériels (« Pascal est proche du physicien actuel par sa méthode de recherche expérimentale » en accordant « une autorité absolue aux expériences », p. 50). Enfin, dernier élément à verser au dossier de ce débat, de récentes investigations menées par des physiciens du Groupe d'Histoire et Diffusion des Sciences d'Orsay ont permis de reconstituer, à partir de 2009, l'expérience faite par Pascal à Rouen en 1647, ce qui les conduit aux conclusions suivantes : « La reconstitution d'Orsay [...] a montré qu'il était possible, en prenant des précautions pour le remplissage des tubes et en tentant d'être fidèle aux conditions et paramètres expérimentaux, de retrouver les phénomènes constatés par Pascal et relatés par Roberval dans sa première narration. [...] La prise en considération de l'ensemble des pièces de cette affaire nous fait penser que cette expérience a bien eu lieu à Rouen, contrairement à ce que laissaient supposer les déclarations d'Alexandre Koyré. Enfin, les difficultés rencontrées pour faire cette reconstitution nous ont permis de nous rendre compte que le talent d'expérimentateur de Pascal était bien réel. » (Armand Le Noxaïc, « Comment Blaise Pascal a pu envisager et réaliser l'expérience des liqueurs de Rouen », *Revue d'histoire des sciences* 2015/1 (Tome 68), p. 22). Ainsi l'état de la recherche permet-il de conclure à la réalité historique des manipulations expérimentales présentées par Pascal. Notons cependant que cette confirmation, certes tout à fait bienvenue, n'était pas nécessaire à notre raisonnement sur la place du corps et le décentrement du sujet tels que nous les découvrons dans la pensée de Pascal. Sur le premier point, les récits de Pascal expriment, dans tous les cas de figure, l'importance du critère de validation par le témoin oculaire et la présence du corps social. C'est dans ce cadre qu'il considère que le fait scientifique doit être produit comme tel. Quant au second point, le caractère fictif de l'expérience, dès lors seulement expérience en pensée, ne supprime pas le fait que c'est la logique propre du corps, en tant qu'indépendante du pouvoir de l'esprit humain, qui est appelée à prévaloir. La suspension de l'intervention mentale est alors organisée par

Ces considérations sur la démarche scientifique de Pascal, démarche caractérisée par sa dimension collective et le rôle qu'elle donne à des corps extérieurs pour se légitimer, montrent qu'elle invite moins à la construction d'une maîtrise individuelle d'un sujet rationnel égocentré qu'à un décentrement et à une soumission de ce moi. Dans la mesure où elle est ainsi envisagée selon l'angle des limites subjectives qu'elle révèle et non selon celui de la domination objective à laquelle elle peut prétendre, elle est une voie pour s'arracher aux prétentions de la concupiscence et pour quitter le terrain du moi.

LE CORPS COMME TOTALITÉ ORGANIQUE

À ce titre, l'exercice de la science qui confronte le sujet aux « choses extérieures » et le conduit à faire l'expérience de lui-même comme d'un corps parmi les autres, le prépare à s'envisager en tant que partie d'une totalité. L'ancrage dans la dimension corporelle lui permet de vivre son appartenance à la nature, au-delà des séparations posées par un esprit soucieux de s'y soustraire pour la maîtriser. Le fragment 668 le formule en ces termes : « Chacun est un tout à soi-même, car lui mort le tout est mort pour soi. Et de là vient que chacun croit être tout à tous. Il ne faut pas juger de la nature selon nous mais selon elle » (L 668 / S 547). Pascal oppose ici la nature au moi générateur de représentations mentales (« à soi-même », « pour soi », « chacun croit ») qui privent le monde de toute extériorité (« un tout à soi-même »), au point de l'absorber complètement (« un tout à tous »). Face à cette usurpation, il propose un décentrement, qui utilise l'instance naturelle comme un point de vue alternatif (non « selon nous, mais selon elle »). « Juger de la nature [...] selon elle » signifie envisager la conscience de la limite non comme clôture sur l'en deçà de la partie mais comme ouverture sur l'au-delà de la totalité – une totalité dont l'appartenance au monde des corps a permis de faire l'expérience.

---

l'esprit lui-même, qui se retire après avoir posé ses hypothèses et conçu le dispositif visant à les confirmer. Dans le cas de l'expérience fictive, le savant met en place mentalement les conditions capables de laisser jouer, mentalement, le fonctionnement propre du corps.

Or la polyvalence du terme de nature permet de mettre en jeu une autre dimension de cette appartenance. Sans ouvrir sur un naturalisme, elle ménage la transition entre la représentation mécaniste d'un corps inerte saisi par ses effets extérieurs et la représentation organique d'un corps autorégulé par des relations internes. Ainsi Pascal approche-t-il le corps humain tantôt en termes de parties, tantôt en termes de membres, selon qu'il l'aborde selon la première ou la seconde dimension, qui chacune exprime une version du « jugement selon la nature ».

Envisagé sous l'angle de la partie, le corps humain se divise en autant de composantes que peut en repérer le regard, identique en cela à tout autre élément de la nature physique :

> Un homme est un suppôt, mais si on l'anatomise que sera-ce ? La tête, le cœur, l'estomac, les veines, chaque veine, chaque portion de veine, le sang, chaque humeur de sang.
> Une ville, une campagne, de loin c'est une ville et une campagne, mais à mesure qu'on s'approche, ce sont des maisons, des arbres, des tuiles, des feuilles, des herbes, des fourmis, des jambes de fourmis, à l'infini. Tout cela s'enveloppe sous le nom campagne. (L 65 / S 99)

Suivant cette approche, l'investigation naturelle se développe en une analyse infiniment reconductible, dans le sens d'une dispersion que seul le geste conventionnel d'une nomination contrebalance pour instaurer une unité. On a ici affaire à une nature homogène, susceptible du même traitement qu'il soit question de l'homme ou d'une réalité géographique. Le fragment présente alors deux mouvements opposés : celui du regard scientifique de l'anatomiste, relayé dans le texte par celui du géographe naturaliste, qui établit une continuité au sein de la nature, et celui du langage humain qui isole arbitrairement des entités dans ce continuum. On pourrait dire que le processus de nomination exprime la réaction de l'homme face au vertige suscité par la conscience de sa place dans la nature, telle qu'elle est ainsi présentée dans le fragment 199 sur les infinis :

> Qui se considérera de la sorte s'effraiera de soi-même et se considérant soutenu dans la masse que la nature lui a donnée entre ces deux abîmes de l'infini et du néant, il tremblera dans la vue de ces merveilles et je crois que sa curiosité se changeant en admiration il sera plus disposé à les contempler en silence qu'à les rechercher avec présomption. (L 199 / S 230)

Le regard théorique qui cherche à saisir des entités dans cette « masse » est finalement tétanisé, et renvoyé à la vanité de l'effort qu'il fait pour constituer des parties manipulables par l'esprit. Cependant, cette confrontation qui débouche sur le silence ouvre également sur une compréhension, et donne d'une certaine façon accès à ce point de vue « selon la nature » qui dépasse celui de l'ego autocentré. En effet, le même fragment 199 fait état de cette prise de conscience à laquelle peut parvenir le sujet d'abord pris d'effroi :

> Toutes choses étant causées et causantes, aidées et aidantes, médiates et immédiates et toutes s'entretenant par un lien naturel et insensible qui lie les plus éloignées et les plus différentes, je tiens impossible de connaître les parties sans connaître le tout, non plus que de connaître le tout sans connaître particulièrement les parties. (L 199 / S 230)

Au-delà de l'effet d'anatomisation et de dispersion, au-delà des parties repérées par le regard théorique, la nature recèle des liens d'interdépendance multiples, qui situent ces parties dans la perspective d'un tout. La fuite du regard en direction de l'infini est arrêtée non par un geste conceptuel humain créateur de « suppôt », mais par la conscience obscure d'une totalité. Cette conscience ne relève pas d'une maîtrise théorique, car la logique humaine de causalité est incapable d'en rendre compte. Elle pose l'appartenance de la partie au tout comme la limite de ce qui peut être saisi par le regard théorique qui, de l'extérieur, cherche à imposer ses catégories : celles de cause, d'aide, de médiation, de distance, de différence. L'esprit qui tente de maîtriser son objet par la mise en œuvre de distinctions échoue devant la réalité d'une relation mutuelle (« s'*entre*tenant ») faite d'un « lien naturel et insensible ». Notons au passage que ce dernier terme, l'insensible étant ce qui peut seulement être senti, renvoie aussi à cette idée que le rapport au tout ressortit au sentiment, et plus précisément à l'amour. Comme le relève Antony McKenna, Pascal conçoit ce rapport comme « conforme à la définition cartésienne de l'amour qui porte la volonté à se joindre au tout dont elle fait partie[1] », une conception qui lui permet de penser le rapport de l'être individuel à l'être universel, clairement ancré dans le domaine du sentiment.

1 Antony McKenna, « Pascal : le cœur… », *op. cit.*, p. 211.

Ainsi la notion de nature, sous les espèces du « tout », pointe-t-elle vers un horizon organique qui permet de comprendre les composantes de la totalité non comme des parties, mais comme des membres. Dans cette perspective-là, le corps est pensé non comme un assemblage, mais comme une totalité unifiée ; et telle est l'idée de corps sur laquelle se fonde la réflexion pascalienne sur les « membres pensants ».

Dans les fragments qui développent cette réflexion, le rapport à la totalité, ce « lien insensible » que ne saisit pas le regard scientifique analytique, devient le pivot de la définition même du membre :

> Être membre est n'avoir de vie, d'être et de mouvement que par l'esprit du corps. Et pour le corps, le membre séparé ne voyant plus le corps auquel il appartient n'a plus qu'un être périssant et mourant. (L 372 / S 404)

Ici, le modèle n'est pas celui du corps inerte dont l'anatomiste sépare les composantes, mais celui du corps vivant dont les membres ne fonctionnent qu'au sein de l'organisme ; le membre ne subsiste pas en tant que tel lorsqu'il est séparé. Le corps en vie, c'est le corps dans lequel la relation entre la partie et le tout n'est pas pensée de l'extérieur, mais vécue de l'intérieur – un intérieur qui n'est plus celui du moi enfermé en lui-même (« selon nous »), mais celui de la totalité englobante (« selon la nature »).

Et cette relation implique de la part du membre une soumission à l'ordre du tout que Pascal reconnaît implicitement dans le fonctionnement du corps physique humain :

> Si les pieds et les mains avaient une volonté particulière, jamais ils ne seraient dans leur ordre qu'en soumettant cette volonté particulière à la volonté première qui gouverne le corps entier. (L 374 / S 406)

L'argument repose sur les constats suivants : d'une part pieds et mains n'ont pas de volonté particulière puisqu'ils n'ont pas de volonté ; d'autre part, l'expérience montre qu'ils opèrent généralement en harmonie avec le corps vivant total et dans la dépendance de ce corps total, en quoi ils sont effectivement membres. Or Pascal veut faire apparaître que ces deux faits peuvent se conclure l'un de l'autre : c'est précisément parce que le membre physique n'a pas de volonté (particulière) que sa relation au tout auquel il appartient n'est pas perturbée et ne donne lieu à aucun désordre. Dans ce sens, le corps physique est une réalité tangible dont l'observation est bel et bien susceptible de faire comprendre cette relation d'appartenance que l'homme ressent sans pouvoir en rendre raison.

Et c'est dans ce cadre précis qu'il convient d'entendre la notion très délicate de « membre pensant » : elle résulte d'une application de cette observation à la situation cosmologique de l'homme, en s'efforçant pour ainsi dire de transférer sur elle l'intelligibilité de l'expérience physique. D'où des raisonnements étranges, comme celui du fragment 373 :

> Si le pied avait toujours ignoré qu'il appartînt au corps et qu'il y eût un corps dont il dépendît, s'il n'avait eu que la connaissance et l'amour de soi et qu'il vînt à connaître qu'il appartient à un corps duquel il dépend, quel regret, quelle confusion de sa vie passée, d'avoir été inutile au corps qui lui a influé la vie. (L 373 / S 405)

Raisonnement étrange parce qu'il applique au membre physique un régime qui est celui de la pensée, introduisant dans son fonctionnement comme membre la perturbation à laquelle précisément son statut de membre lui donne d'échapper[1] : est posé comme une hypothèse ce qui est un fait avéré (le pied a toujours ignoré, puisqu'il ne pense pas), et ce en vue d'une conclusion irréelle (l'inutilité d'un pied qui est *effectivement* utile au corps). Car comme tel, et tel qu'on en fait quotidiennement l'expérience, le pied incarne la relation juste du membre au corps, qui est un rapport d'utilité et de dépendance totale ; il correspond à la définition du fragment L 372 / S 404 (« être membre est n'avoir de vie, d'être et de mouvement que par l'esprit du corps »). Dès lors, le raisonnement proposé par Pascal est une sorte de coup de force figuratif, qui sert à introduire dans cette relation harmonieuse une donnée supplémentaire, la pensée, de manière à mettre cette relation sur le même plan que l'expérience humaine. La figure du membre pensant permet de confronter dans une image la non-pensée du membre physique, juste parce qu'elle manifeste un fonctionnement du corps comme unité, et la pensée humaine, fausse quant à elle parce qu'elle manifeste une représentation du corps comme partie séparée.

Aussi la notion de membre pensant ne se contente-t-elle pas de renvoyer à une partie physique dotée de pensée, association qui ne suffit pas à faire exister la relation organique du membre et du tout. En effet,

1 Sur l'origine paulinienne de l'image du pied qui parle, et son utilisation par Pascal, voir Pierre Force, *op. cit.*, p. 77-78.

l'homme auquel Pascal s'adresse est déjà cela. Le problème est que la pensée suscite chez cet homme l'idée qu'il est séparé du corps total au lieu de la conscience de lui appartenir :

> Être membre est n'avoir de vie, d'être et de mouvement que par l'esprit du corps. Et pour le corps, le membre séparé ne voyant plus le corps auquel il appartient n'a plus qu'un être périssant et mourant. Cependant il croit être un tout et ne se voyant point de corps dont il dépende, il croit ne dépendre que de soi et veut se faire centre et corps lui-même. (L 372 / S 404)

La mise en œuvre de la pensée (par la vision – « ne voyant plus... » et la croyance – « il croit... ») échoue chez l'homme marqué par la concupiscence à remplir la fonction qui lui était assignée :

> Dieu ayant fait le ciel et la terre qui ne sentent point le bonheur de leur être, il a voulu faire des êtres qui le connussent et qui composassent un corps de membres pensants. Car nos membres ne sentent point le bonheur de leur union, de leur admirable intelligence, du soin que la nature a d'y influer les esprits et de les faire croître et durer. Qu'ils seraient heureux s'ils le sentaient, s'ils le voyaient, mais il faudrait pour cela qu'ils eussent intelligence pour le connaître, et bonne volonté pour consentir à celle de l'âme universelle. (L 360 / S 392)

Le privilège de la pensée, au lieu d'être pour l'homme l'occasion d'un surcroît de bonheur auquel le monde purement physique n'a pas accès, devient un principe de dérèglement, et le coupe d'une appartenance à la totalité dont les éléments du corps physique témoignent quant à eux sans le savoir. Ainsi ces derniers deviennent-ils un horizon, un modèle pour la pensée déréglée qui entendait les dépasser, sous la forme de membres qui se pensent comme membres, de corps dont la pensée consiste d'une manière minimale en une conscience de soi comme corporels et appartenant à un corps. Autrement dit, pour le membre pensant que l'homme est appelé à être, la dimension spirituelle se donne indissociablement sur le mode du corps – en termes pascaliens, le corporel est figure du spirituel, c'est-à-dire qu'il est ce par quoi le spirituel se manifeste, a une figure.

Dans un tel contexte, ce rapport de figuration n'induit pas que le corporel soit moins digne d'attention que le spirituel qu'il représente, qu'il en soit une sorte de mode dégradé. C'est pourquoi nous souscrivons bien à l'analyse que fait Pierre Guenancia du corps comme figure lorsqu'il indique : « Le caractère voilé de l'expression n'est pas une imperfection de l'expression, il est au contraire constitutif de l'expression qui se fait par figures [...] Ce qui est dit en figures ne peut pas, ne pourrait pas être dit sans figures[1] ». Mais nous ne saurions en conclure avec lui que « la figure du corps (le corps comme figure) est bien plus importante que le corps comme chose réelle[2] », et que « pour ce qui est du corps comme figure, il faut dire que son importance comme figure ne préjuge en rien de son importance comme chose réelle[3]... ». Il fonde en effet cette conclusion sur l'analyse suivante :

> Le corps dont il est question dans ces fragments n'est évidemment pas le corps propre, le corps de chair par lequel nous sentons douleur et plaisir, ce n'est pas le corps de l'union de l'âme et du corps, ce n'est pas une chose, mais le schème de l'unité dans la diversité, un mode d'être sans doute unique de la liaison entre le tout et les parties, celui du corps et de *ses* membres[4].

Nous souhaitons plutôt mettre l'accent sur l'identité des deux aspects qu'il oppose : le corps comme totalité est *aussi* une chose, il est *aussi* le corps de notre expérience, et c'est à ce titre qu'il devient accessible pour l'homme. C'est pourquoi Pascal demande à son lecteur de faire appel à son imagination pour se le représenter, comme l'indiquent les fragments L 371 / S 403 et L 368 / S 401. Le premier indique : « Qu'on *s'imagine* un corps plein de membres pensants » (L 371 / S 403). Loin d'exiger un décrochage de la dimension corporelle, la démarche invite au contraire à un ancrage dans celle-ci. Pour accéder à l'idée de ce corps total, figure de l'unité, il convient non de se dégager du corps propre mais de s'y engager en mobilisant cette pensée avec le corps qu'est l'imagination. C'est du reste la seule voie possible pour cet être composé : les philosophes, dans leur prétention métaphysique à séparer les choses corporelles et les spirituelles, échouent en étant contraints d'utiliser un langage qui les confond[5]. À ce geste intellectuel qui cherche vainement à distinguer, Pascal oppose ici celui d'une saisie conjointe, par lequel le sujet peut accéder à une réalité au-delà du clivage :

1 Pierre Guenancia, *op. cit.*, p. 94-95.
2 Pierre Guenancia, *op. cit.*, p. 101.
3 Pierre Guenancia, *op. cit.*, p. 104.
4 Pierre Guenancia, *op. cit.*, p. 99.
5 Voir L 199 / S 230.

> Pour régler l'amour qu'on se doit à soi-même il faut *s'imaginer* un corps plein de membres pensants, *car nous sommes* membres du tout, et voir comment chaque membre devrait s'aimer, etc. (L 368 / S 401 [je souligne])

Le « corps plein de membres pensants » que Pascal demande d'imaginer n'est pas une fiction philosophique engendrée par les insuffisances du langage ; il existe bel et bien sur le mode de l'indicatif : « nous *sommes* membres du tout ».

LE CORPS, LIEU DE L'APPARTENANCE À LA TOTALITÉ CHRÉTIENNE

Ainsi le corps de l'homme révèle-t-il réellement la « présence d'un Dieu qui se cache » (L 449 / S 690) dans la mesure où il lui permet d'éprouver, sans miser sur une pensée séparatiste, ce qu'est la relation du membre au tout. Le corps physique que l'homme éprouve dans son expérience est alors bien la face visible du corps total dont il est membre, l'imagination permettant de reconnaître qu'il s'agit là d'une seule et même réalité, qui se donne en même temps sur le mode de la présence et sur le mode du voile, ainsi que Pascal le précise dans une lettre aux Roannez :

> Toutes choses sont des voiles qui couvrent Dieu. Les Chrétiens doivent le reconnaître en tout. [...] Prions Dieu de nous le faire reconnaître et servir en tout ; et rendons-lui des grâces infinies de ce que, s'étant caché en toutes choses pour les autres, il s'est découvert en toutes choses et en tant de manières pour nous[1].

Il n'y a pas de distinction entre une réalité qui cache Dieu et une autre qui le révèle : « toutes choses » sont concernées dans les deux cas. Et s'il s'agit, dans une perspective apologétique, de répondre à la demande de celui qui cherche Dieu et s'interroge sur les moyens à sa disposition pour « reconnaître [Dieu] en tout », l'expérience du corps se présente comme une médiation incontournable pour y parvenir. Voici comment

1 Lettre IV aux Roannez, fin d'octobre 1656, in *Œuvres complètes*, *op. cit.*, p. 267 B.

Pascal développe son propos dans la lettre précitée, pour arriver à la conclusion que nous venons de mentionner :

> [Dieu] est demeuré caché, sous le voile de la nature qui nous le couvre, jusque l'Incarnation ; et quand il a fallu qu'il ait paru, il est encore plus caché en se couvrant de l'humanité. Il était bien plus reconnaissable quand il était invisible, que non pas quand il s'est rendu visible. Et enfin, quand il a voulu accomplir la promesse qu'il fit à ses apôtres de demeurer avec les hommes jusqu'à son dernier avènement, il a choisi d'y demeurer dans le plus étrange et le plus obscur secret de tous, qui sont les espèces de l'Eucharistie. [...] Le voile de la nature qui couvre Dieu a été pénétré par plusieurs infidèles, qui, comme dit saint Paul, ont reconnu un Dieu invisible par la nature visible. Les chrétiens hérétiques l'ont connu à travers son humanité, et adorent Jésus-Christ Dieu et homme. Mais de le reconnaître sous des espèces de pain, c'est le propre des seuls catholiques : il n'y a que nous que Dieu éclaire jusque-là[1].

La nature, Jésus-Christ et le pain apparaissent ici comme les « manières » dont Dieu « s'est découvert » à l'homme, trois voies corporelles pour lui faire prendre conscience de son appartenance au corps total. Pascal trace ici une succession de trois corps (la nature par la Création, Jésus-Christ par l'Incarnation, le pain par l'Eucharistie), par laquelle Dieu s'est rendu à la fois de plus en plus accessible et de moins en moins reconnaissable : de plus en plus accessible en passant d'une manifestation par l'immensité majestueuse de la nature à une présence familière, quotidienne et proportionnée sous la forme modeste du pain ; et de moins en moins reconnaissable du même coup, en permettant non à l'ensemble des infidèles, mais aux seuls catholiques, de le saisir sous cette forme plus accessible. Mais ce qui peut être lu comme une progression ne doit pas masquer le caractère central de la deuxième « manière », le rôle central de Jésus-Christ : « Jésus-Christ est l'objet de tout, et le centre où tout tend. Qui le connaît connaît la raison de toutes choses » (L 449 / S 690).

Cette centralité est notamment la clé qui permet de situer les unes par rapport aux autres les manifestations de Dieu recensées dans la lettre, et de voir comment Pascal articule les trois figures du corps comme totalité que sont le peuple juif, Jésus-Christ et l'Église[2]. L'avènement de Jésus-Christ détermine un avant et un après. D'une part, il donne

1 *Ibid.*

2 Sur l'Église comme corps chez Pascal, voir Gérard Ferreyrolles, *Pascal et la raison du politique*, Paris PUF, 1984, p. 205 *sq.*

existence à la communauté chrétienne, autorise à qualifier d'infidèles ceux qui pourtant ont reconnu Dieu dans la nature et, au-delà, fait apparaître le peuple juif comme préfiguration du corps total. D'autre part, il fonde la possibilité d'une perpétuation de cette communauté par le maintien de sa présence dans l'Eucharistie, constitutive de l'Église catholique, figure de ce corps.

Tout d'abord, la manière dont Pascal présente les Juifs éclaire la relation, difficile à cerner, entre le corps et les membres pensants, parce qu'elle permet d'opposer une modalité judaïque et une modalité chrétienne du rapport au corps comme unité. Les Juifs ont pour caractéristique d'être et de se vivre comme membres d'une communauté :

> Avantages du peuple juif.
> Je vois d'abord que c'est un peuple tout composé de frères, et au lieu que tous les autres sont formés de l'assemblage d'une infinité de familles, celui-ci quoique si étrangement abondant est tout sorti d'un seul homme, et étant ainsi tous une même chair et membres les uns des autres, composent un puissant état d'une seule famille, cela est unique. (L 451 / S 691)

Pascal met ici l'accent sur la continuité physique entre les éléments d'un tout (« une seule famille »), fondée sur une identité de matière (« une même chair ») ; la « composition » de ces éléments exprime une unité qui relie des « membres », contrairement à l'« assemblage » qui partout ailleurs associe des parties marquées par une multiplicité infinie. Mais cette unité n'est pas qualifiée de corps, et Pascal n'use pas de ce terme à propos des Juifs – lorsqu'il le fait, c'est pour marquer une incompatibilité : « L'Église a trois sortes d'ennemis : les Juifs qui n'ont jamais été de son corps… » (L 858 / S 437). Les Juifs sont membres d'une « chair ». Leur relation au tout est charnelle, la différence entre chair et corps faisant entendre en quoi les Juifs sont exclus de ce qu'ils préfigurent[1] : la totalité à laquelle l'individu se relie par la chair est pour ainsi dire une totalité partielle (dans le texte cité, une « famille »). Si la logique de la fratrie (« un peuple tout composé de frères ») induit une communauté horizontale qui transcende les différences individuelles, elle ne dépasse le particulier que pour le rétablir à un niveau supérieur,

---

1 Les Juifs en tant que tels du moins. Pascal reconnaît en effet une ligne de partage qui en fait passer certains du côté de la chrétienté : « Les Juifs le refusent mais non pas tous » (L 593 / S 493) ; « Les Juifs étaient de deux sortes. Les uns n'avaient que les affections païennes, les autres avaient les affections chrétiennes. » (L 289 / S 321).

celui du peuple. La modalité judaïque du rapport entre le membre et le tout reste de l'ordre de la chair (d'une concupiscence visant à consolider le moi, le propre, le singulier), elle n'accomplit pas le mouvement de renoncement à soi qui constitue véritablement le membre comme tel. En cela, les Juifs empruntent le bon chemin, et s'arrêtent en route :

> Il faut tendre au général, et la pente vers soi est le commencement de tout désordre, en guerre, en police, en économie, dans le corps particulier de l'homme. [...] Si les membres des communautés naturelles et civiles tendent au bien du corps, les communautés elles-mêmes doivent tendre à un autre corps plus général dont elles sont membres. (L 421 / S 680)

C'est ainsi que l'on peut comprendre la méconnaissance de Jésus-Christ par les Juifs[1] : une méconnaissance du corps comme totalité, du corps dans lequel s'exprime une unité et non du corps par lequel s'exprime une séparation – par lequel on reste charnel.

Telle est la relation qui s'institue entre corps et membres avant l'avènement de Jésus-Christ, pivot dans l'histoire de la manifestation divine. Après l'Incarnation, la question qui se pose est de savoir comment la persistance du sentiment d'appartenance à un corps unique peut être assurée, en Jésus-Christ mais après lui[2] : la figure du corps qui le permet alors est le pain de l'Eucharistie, et à travers lui, l'Église catholique qui se constitue à partir de ce mystère. Pour reprendre les termes de la lettre aux Roannez :

> ... quand il a voulu accomplir la promesse qu'il fit à ses apôtres de demeurer avec les hommes jusqu'à son dernier avènement, il a choisi d'y demeurer dans le plus étrange et le plus obscur secret de tous, qui sont les espèces de l'Eucharistie. [...] de le reconnaître sous des espèces de pain, c'est le propre des seuls catholiques : il n'y a que nous que Dieu éclaire jusque-là[3].

Pour l'apologétique pascalienne, suivant en cela une image paulinienne reprise par Augustin, c'est l'Église qui assure ce relais, en tant que corps du Christ – une thématique paulinienne et augustinienne que Pascal articule à la conception cartésienne de la passion de l'amour comme

1 Voir L 256 / S 288, L 488 / S 734.

2 Sur la position symétrique, de part et d'autre de Jésus Christ, des Juifs et de l'Église, voir L 826 / S 667 : « Dans les Juifs la vérité n'était que figurée ; dans le ciel elle est découverte. Dans l'Église elle est couverte et reconnue par le rapport à la figure. »

3 Lettre IV aux Roannez, fin d'octobre 1656, in *Œuvres complètes*, *op. cit.*, p. 267 A-B.

appartenance à une totalité[1]. Ces membres pensants que Pascal demande à l'imagination de percevoir sont indissociablement membres de Jésus-Christ et de l'Église, « assemblée *visible* » (L 757 / S 626 [je souligne]) dans laquelle « Dieu a établi des marques *sensibles* [...] pour se faire connaître à ceux qui le chercheraient sincèrement » (L 427 / S 681 [je souligne]). Aussi l'appartenance à ce corps prend-elle des formes elles aussi corporelles, celles des « formalités » de la religion catholique : « C'est être superstitieux de mettre son espérance dans les formalités, *mais c'est être superbe de ne vouloir s'y soumettre* » (L 364 / S 396 [je souligne]). C'est à ces « formalités » que Pascal invite son lecteur à se plier en recourant à la Machine – ce mécanisme impersonnel auquel la volonté du sujet accepte de se soumettre pour rejoindre la totalité organique :

> Il faut que l'extérieur soit joint à l'intérieur pour obtenir de Dieu ; c'est-à-dire que l'on se mette à genoux, prie des lèvres, etc., afin que l'homme orgueilleux qui n'a voulu se soumettre à Dieu soit maintenant soumis à la créature. Attendre de cet extérieur le secours est être superstitieux ; ne vouloir pas le joindre à l'intérieur est être superbe. (L 944 / S 767)

Il faut trouver l'équilibre entre l'intérieur et l'extérieur, et donner à l'action du corps sa juste place. La superstition consiste dans ce contexte en une séparation (« ne pas vouloir joindre »), mauvais usage du corporel interdisant l'accès au spirituel qu'il figure. En d'autres termes, être superstitieux, c'est se tromper de corps, jouer le corps partiel contre le corps total :

> Alors Jésus-Christ vient dire aux hommes qu'ils n'ont point d'autres ennemis qu'eux-mêmes, que ce sont leurs passions qui les séparent de Dieu, qu'il vient pour les détruire, et pour leur donner sa grâce, afin de faire d'eux tous une Église sainte, qu'il vient ramener dans cette Église les païens et les Juifs, qu'il vient détruire les idoles des uns et la superstition des autres. (L 433 / S 685)

Le corps au service du moi (les passions), au service du particulier (la singularité du peuple juif), est transcendé par le corps sous la forme de l'Église, totalité une (« *une* Église sainte »), englobante (« faire d'eux tous »). Par cette place qu'il donne à l'Église comme corps, Pascal est

---

1 Antony McKenna, « Pascal : le cœur... », *op. cit.*, *passim.* Sur la réflexion menée par Descartes à propos de l'appartenance du sujet singulier à diverses formes de totalités qui l'englobe, voir sa lettre à Élisabeth du 15 septembre 1645, *Correspondance avec Élisabeth*, Jean-Marie Beyssade et Michelle Beyssade (éd.), Paris, Flammarion, 1989, p. 132-133.

bien un catholique de son temps, manifestant, pour reprendre l'analyse de Jean Orcibal, une « réaction contre les traits saillants de la révolution protestante », voyant « l'Église comme réalité sociologique » contre la promotion de l'unité invisible du corps mystique, du témoignage personnel du Saint-Esprit, du culte intérieur[1]. Cet accent sur la dimension « extérieure » le place dans le contexte d'une Contre-Réforme dont les théologiens, explique Antoinette Gimaret, « défendent plutôt l'idée que l'on ne peut rejeter le signe extérieur sans rejeter l'intérieur, rejeter le corps sans rejeter la Parole, comme le Christ est à la fois homme et Dieu dans son Incarnation[2] ».

Finalement, la réalité du corps comme totalité organique, préfigurée de manière inaccomplie par la nature et par le peuple juif, et manifestée sous les espèces de Jésus-Christ et de l'Église, est ce à quoi celui qui cherche Dieu doit accéder pour transformer l'expérience qu'il fait de lui-même et de sa place. Et cette prise de conscience de n'exister que comme membre et d'appartenir à la totalité résulte d'une profonde acceptation et d'une compréhension de sa condition corporelle. Car c'est cette dimension seule qui peut faire voir et éprouver la relation à Dieu. En mettant Jésus-Christ au centre de sa foi, Pascal exclut le fantasme d'un rapport immédiat et direct dont le corps ne soit pas le support. « Le Dieu d'Abraham, le Dieu d'Isaac, le Dieu de Jacob, le Dieu des chrétiens » (L 449 / S 690), ce Dieu qu'invoque le *Mémorial*, il ne le connaît que grâce au corps de ce peuple et à celui du Livre qu'il a constitué, grâce à ce frêle corps physique qui lui fait réaliser sa misère, à ce corps mécanique qu'il a plié à la prière, et avant tout, à ce corps humain souffrant de Jésus-Christ. Par tous ces aspects, l'apologétique pascalienne témoigne d'une foi qui tient au corps, une foi qui naît et s'entretient dans le corps individuel du sujet pour le révéler comme membre du corps total.

---

1 Jean Orcibal *Études d'histoire et de littérature religieuses, XVIe – XVIIIe siècles*, Paris, Klincksieck, 1997, p. 328.

2 Antoinette Gimaret, *op. cit.*, p. 171.

CONCLUSION

À l'issue de cette exploration, on peut voir que l'expérience du corps est sollicitée par Pascal, aussi bien dans sa réflexion théorique et apologétique que dans la pratique de sa vie, pour utiliser la condition corporelle de l'homme dans un sens compatible avec la recherche de Dieu. Examiner son œuvre sous cet angle montre comment elle répond à la question formulée à la fin du fragment 418 : « Que voulez-vous donc que je fasse ? » (L 418 / S 680).

Cette réponse n'a de valeur, de façon assez évidente, que pour qui se poserait la question – à première vue, un interlocuteur qui éprouve un manque, qui reste dans l'attente. Or l'anthropologie pascalienne oblige à aller au-delà de cette évidence, en faisant de la quête non une position provisoire à laquelle il s'agirait de mettre fin, mais une position permanente qu'il s'agit d'entretenir. Pour reprendre les termes de Lucien Goldmann, « la thèse fondamentale des *Pensées* est que l'homme pour être homme ne saurait cesser de chercher une vérité vraie, une justice juste, qu'il ne saurait cependant jamais trouver. » Nous n'en restons pourtant pas à la conclusion qu'il en tire, à savoir que « l'homme est ainsi un être paradoxal, grand par cette recherche, petit par son impossibilité d'aboutir[1] ». L'être humain en effet n'a de cesse de se fixer des buts qu'il croit atteindre, dans une constante et vaine dénégation de son insuffisance intrinsèque ; alors il y a certes une grandeur dans la recherche, mais autre chose que de la petitesse dans l'impossibilité d'aboutir. La démarche proposée par Pascal consiste à en prendre véritablement et profondément acte, plutôt qu'à vouloir la surmonter. L'homme auquel il s'adresse n'est pas seulement quelqu'un qui cherche, mais quelqu'un qui ne cesse pas de chercher, et l'expérience du corps intervient moins comme une solution que comme une modalité de la quête.

Pascal exprime clairement le caractère primordial de cette quête :

1 Lucien Goldmann, *op. cit.*, p. 116.

> Il n'y a que trois sortes de personnes : les uns qui servent Dieu l'ayant trouvé, les autres qui s'emploient à le chercher ne l'ayant pas trouvé, les autres qui vivent sans le chercher ni l'avoir trouvé. Les premiers sont raisonnables et heureux, les derniers sont fous et malheureux. Ceux du milieu sont malheureux et raisonnables. (L 160 / S 192)

Selon cette typologie, l'interlocuteur de Pascal susceptible de tirer le meilleur parti moral et religieux de sa condition corporelle est à ranger parmi les derniers mentionnés, à savoir ceux qui cherchent, ceux dont la quête peut prendre la forme de l'interrogation formulée dans le fragment du pari citée plus haut. Mais cette position est la seule que Pascal envisage véritablement, et on peut montrer que les deux autres s'y ramènent en réalité.

Ceux qui « vivent sans [...] chercher » sont exclus du tableau, et l'on peut leur appliquer, de manière globale, ce que Lucien Goldmann déclare à propos du destinataire du fragment sur le pari :

> On ne peut pas s'adresser à ceux qui ne cherchent pas Dieu, parce que ceux-là n'admettent pas ce qu'ils doivent parier ; puisqu'ils sont inconscients, il faut les ramener à la conscience, ce n'est qu'après que peut commencer le discours sur le pari[1]...

Ces hommes témoignent d'une inconscience que Pascal ne semble pouvoir même reconnaître, à laquelle son discours refuse en fait toute légitimité, voire toute existence : pour lui, même ceux qui ne cherchent pas Dieu sont situés dans la perspective qui consiste à le chercher, dans la perspective qui consiste à le trouver (ou non). Admettre la réalité de cette position de non quête exigerait en l'occurrence de lui reconnaître cette caractéristique, d'être indifférente au fait de trouver, d'exister en amont de la question. Il faudrait renoncer à la qualifier de « malheureuse » : si la folie peut (voire ne peut que ?) être diagnostiquée de l'extérieur, le malheur en revanche est bien une perception du sujet lui-même, qui aura toujours raison s'il se perçoit, lui, comme heureux. Ainsi la dernière « sorte de personnes » repérée par Pascal dans le fragment 160 n'a-t-elle finalement qu'une consistance purement logique. C'est un cas de figure qui vient compléter les deux catégories précédentes, représentant le pôle négatif dans l'éventail des possibles. Mais ces gens restent en fait en dehors de l'horizon apologétique.

1 Lucien Goldmann, *op. cit.*, p. 154.

Quant à ceux qui « servent Dieu l'ayant trouvé », leur situation est ambivalente : dans la mesure où ils ne cherchent plus, ils semblent ne pas être concernés par le propos apologétique. « Heureux », ils ont su quoi faire pour parvenir à cet état. Or justement, qu'en est-il de cet état ? On peut appliquer à tout chrétien individuellement la formule que Pascal emploie dans une perspective historique dans sa *Comparaison des chrétiens des premiers temps avec ceux d'aujourd'hui* : les croyants sont sujets à des « chutes et rechutes continuelles[1] ». C'est même le cœur de l'enseignement chrétien tel que le comprend Pascal :

> Il n'y a point de doctrine plus propre à l'homme que celle-là qui l'instruit de sa double capacité de recevoir et de perdre la grâce à cause du double péril où il est toujours exposé de désespoir ou d'orgueil. (L 354 / S 386)

L'instabilité de cette condition fait que le maintien dans une position ferme est une illusion que Pascal condamne :

> Je blâme également et ceux qui prennent parti de louer l'homme, et ceux qui le prennent de le blâmer, et ceux qui le prennent de se divertir et je ne puis approuver que ceux qui cherchent en gémissant. (L 405 / S 24)

Celui qui cherche est opposé à celui qui prend parti, qui sélectionne une position dans la réalité et croit pouvoir s'y tenir[2]. L'approbation donnée dans ces lignes se traduit notamment par le fait que pour Pascal, le gémissement ou les pleurs n'empêchent pas d'attribuer à un état la qualification de bonheur, comme en témoigne la description de l'état des saints eux-mêmes :

> Heureux ceux qui étant sur ces fleuves, non pas plongés, non pas entraînés, mais immobilement affermis sur ces fleuves, non pas debout, mais assis, dans une assiette basse et sûre, d'où ils ne se relèvent pas avant la lumière, mais après s'y être reposés en paix, tendent la main à celui qui les doit élever pour les faire tenir debout et fermes dans les porches de la sainte Jérusalem où l'orgueil ne pourra plus les combattre et les abattre, et qui cependant pleurent, non pas de voir écouler toutes les choses périssables que ces torrents entraînent, mais dans le souvenir de leur chère patrie de la Jérusalem céleste, dont ils se souviennent sans cesse dans la longueur de leur exil. (L 545 / S 460)

1 Pascal, *Œuvres complètes*, *op. cit.*, p. 361 A.

2 Le privilège accordé à la mobilité du point de vue, plus fidèle à l'instabilité des choses, fait écho aux déclarations du fragment 130 : « S'il se vante je l'abaisse. S'il s'abaisse je le vante. Et le contredis toujours… » (L 130 / S 163).

Ces lignes montrent qu'il n'y a pas d'incompatibilité entre le bonheur et la tristesse, l'assise du repos et l'errance de l'exil. Il y a même une sorte de concomitance nécessaire entre ces deux situations. La parole divine qui s'exprime dans le fragment 919 l'indique en une formule frappante : « Console-toi, tu ne me chercherais pas si tu ne m'avais pas trouvé » (L 919 / S 751), formule qui assume le paradoxe du maintien de la quête comme signe de son aboutissement.

Celui-là même qui a trouvé n'a pas pour autant fini sa quête, la fin heureuse n'étant jamais vraiment atteinte dans une stabilité définitive, conformément à une perspective théologique repérable chez Jansénius. Vincent Carraud note ainsi chez ce dernier la permanence de l'instance de la chair : « L'exemple de saint Paul montre que Dieu "ne veut pas étouffer cet aiguillon de la chair" afin d'empêcher le repos, et de faire perdurer, même chez les plus grands saints, la conscience de la faiblesse et de la misère de l'état présent contradictoire d'avec l'orgueil[1] ». Le rapport à Dieu n'est pas une position acquise, mais un processus inchoatif, sujet à des intermittences[2]. Aussi cette relation est-elle toujours soumise aux conditions anthropologiques qui déterminent celui qui cherche et exigent de lui une vigilance.

Dès lors, cette vigilance, comment la maintenir ? Comment faire en sorte que cette incontournable instabilité ne soit pas un facteur de perdition ? Le recours à la mécanique du corps, à l'ancrage dans les régularités du monde physique permet de retrouver cette orientation juste. C'est ce dont le chrétien heureux d'avoir trouvé Dieu fait l'expérience et ce qu'il offre comme planche de salut à celui qui cherche – et avec lequel il sait s'identifier. Ce qu'il peut offrir parce qu'il en a fait et continue d'en faire l'expérience, en homme conscient de devoir encore et toujours chercher.

Cette fonction apologétique du corps est due à son caractère pour ainsi dire transitionnel, au sens où le sujet peut s'en servir comme point d'appui pour passer d'une perception égocentrée de lui-même à la conscience d'une appartenance, de la quête de son confort à celle de la vérité, de l'enfermement à l'ouverture. Cette transition suppose qu'une distinction soit faite entre le corps pris comme un instrument

---

1 *Vincent Carraud, Pascal et la philosophie*, *op. cit.*, p. 147.

2 Pour adapter à notre contexte un terme utilisé comme titre d'une série d'entretiens consacrés à Pascal : *Pascal ou les intermittences de la raison*, interviews par Raphaël Enthoven ; interviewés : Gérard Ferreyrolles, Jean-Pierre Cléro, Laurent Thirouin, … (*et al.*).

du plaisir (autrement dit, la chair) et le corps pris comme une règle. Elle suppose une décision initiale du sujet, par laquelle il se désiste de son appétit propre au profit d'une instance qui résiste à son contrôle et dont il reconnaît la souveraineté. Ainsi l'efficacité apologétique de l'instance corporelle consiste-t-elle en un exercice paradoxal de la volonté. D'une part, celle-ci est sollicitée dans la prise de position du sujet qui s'assume comme chercheur de Dieu. Et d'autre part, elle ne s'institue comme point de départ de cette quête que pour aussitôt renoncer à la conduire, et pour s'en remettre à un principe qui la dépasse.

Le corps est cette réalité essentiellement constitutive de l'être humain qu'il perçoit à la fois comme intimement sienne et irréductible à son désir. La confrontation du sujet avec la dimension corporelle est alors pour lui l'occasion de reconnaître sa situation de dépendance ; l'occasion de reconnaître que si la dignité de l'homme est dans la pensée, c'est dans la stricte mesure où cette pensée connaît sa propre faiblesse, et voit que sa productivité n'a de validité que fondée sur la réceptivité du corps auquel elle est liée.

Cette relation avec le corps comme extériorité résistant à la tendance appropriatrice du moi oblige à un décentrement, qui dégage l'élan de la quête de son origine égocentrique. Cet élan, initialement donné par la volonté du sujet (ou par la volonté divine – mais l'assignation claire de cette causalité n'est pas du ressort de l'homme) est alors pris en charge par l'inertie du corps et y trouve une forme de stabilité. Non pas le repos, mais une neutralisation des mouvements erratiques de l'esprit concupiscent, dès lors régulé par la loi du corps. L'analyse que fait Pascal de la situation de l'homme, sans Dieu ou avec Dieu mais toujours dans les limites de sa condition, témoigne ainsi d'un antihumanisme[1] foncier dans le sens où elle insiste sur la nécessité de rompre avec l'affirmation du moi et la quête d'une réalisation individuelle. Mais elle ne prive pas pour autant l'homme de toute marge de manœuvre. L'expérience du corps qu'il peut faire dans la souffrance, dans la pratique scientifique,

1 Sur l'antihumanisme de Pascal, voir Hall Bjornstad, *Créature sans créateur*, *op. cit.*, notamment p. 3 : « Pascal a donc fait une analyse perspicace de la situation de l'homme sans Dieu, de ce qu'on pourrait appeler la mauvaise conscience de la modernité. Et on se demande tout naturellement : où cela mène-t-il ? Où la reconnaissance de sa misère amène-t-elle l'homme ? La réponse cruelle est : Nulle part. Insistons en outre sur le fait que la réponse est la même du point de vue de Pascal. C'est là une conséquence extrême de l'antihumanisme qui est aussi bien celui de Pascal que celui de son enquête anthropologique. »

dans l'appréhension de la Machine, dans la communion, lui ouvre une voie pour faire de la reconnaissance de la misère une position justement humaine, à la fois une pratique active et une réceptivité, une disponibilité choisie par laquelle le sujet laisse agir en lui autre chose que le moi. « Les miracles, dit Pascal, prouvent le pouvoir que Dieu a sur les cœurs par celui qu'il exerce sur les corps » (L 903 / S 450).

La place qu'il donne au corps dans sa pensée et dans son apologétique montre que celui-ci se présente, aussi bien dans l'usage ordinaire de la vie, comme un instrument de Dieu[1]. C'est-à-dire l'instrument qui a été donné à l'homme pour agir en homme, dans les limites de sa condition, et pour produire cette foi humaine qui lui permettra de découvrir et de nourrir sa relation à Dieu. Le sujet peut avoir le sentiment, autrement dit, pour lui, la certitude que Dieu s'adresse à lui par d'autres biais, et lui donne accès à ce qu'il ressentira comme des vérités. Mais on ne peut sortir du sentiment. Pour reprendre les termes d'Antony McKenna,

> l'homme est livré au sentiment. Quelle que soit son intensité, sa certitude intérieure (voir le *Mémorial* : « Certitude, certitude, sentiment, joie, paix »), le sentiment ne peut qu'être senti ; il ne peut pas être démontré. Dieu reste un Dieu caché[2].

Nous n'excluons pas, pour notre part, que ce sentiment relève de la relation avec une transcendance, ou plus exactement soit ressenti comme tel ; il n'en reste pas moins invérifiable, incommunicable, bref : Dieu est un objet hors de portée, pour des raisons anthropologiques indépassables. Pour ce qui est de l'homme en tant que tel et des marges de manœuvre qui sont les siennes, la relation avec cette totalité ineffable ne se construit que par l'expérience du corps.

---

1 Formule que nous voudrions rapprocher de celle qu'emploie Pierre Force, dans une perspective voisine de la nôtre, à propos de son analyse de la maladie : « Pour Pascal, c'est la maladie elle-même, en tant qu'elle fait souffrir, qui permet la saisie du sens de la maladie. En ce sens, c'est le corps qui convertit l'âme et non pas l'âme qui convertit le corps. Dans la théologie augustinienne de Pascal, le corps, en tant que "machine", est tout à la fois obstacle à la conversion et instrument de la conversion. » *Op. cit.*, p. 81.

2 Antony McKenna, « Pascal : le cœur... », *op. cit.*, p. 216.

OUVRAGES CITÉS

SOURCES

DESCARTES, René, *Œuvres*, Adam et Tannery, présentation J. Beaude, P. Costabel, A. Gabbey et B. Rochot, Paris, Vrin-CNRS, 1964-1974.

FURETIÈRE, Antoine, *Dictionnaire universel contenant généralement tous les mots françois, tant vieux que modernes, & les termes de toutes les sciences et des arts*, 1690.

MONTAIGNE, Michel de, *Essais*, édition Pierre Villey, Paris PUF, 1965.

PASCAL, Blaise, *Œuvres complètes*, édition Louis Lafuma, Paris, Seuil, coll. « L'Intégrale », 1963.

ÉTUDES CRITIQUES

BAH OSTROWIECKI, Hélène, « Une apologie par l'extérieur : la place du corps dans les *Pensées* de Pascal », *Chroniques de Port-Royal*, n° 63 (2013), *Relire l'apologie pascalienne*, p. 137-151.

BAH OSTROWIECKI, Hélène, « Mise en texte, mise en ordre et mise en corps chez Pascal », in Kazuhiro Matsuzawa et Gisèle Séginger (dir.), *La mise en textes des savoirs*, Presses universitaires de Strasbourg, 2010, p. 153-163.

BAH OSTROWIECKI, Hélène, « Métaphore et métaphysique chez Pascal », in Bruno Petey-Girard et Caroline Trotot (dir.), *Métaphore, savoirs et arts, au début des Temps modernes*, Paris, Garnier, p. 243-256, 2016.

BAH OSTROWIECKI, Hélène, « L'expérience et son récit, Remarques sur la présentation de l'expérience chez Pascal », in Anne-Lise Rey (dir.) *Méthode et histoire, Quelle histoire font les historiens des sciences et des techniques ?*, Paris, Garnier, 2013, p. 39-55.

BJORNSTAD, Hall, *Créature sans Créateur, Pour une anthropologie baroque dans les* Pensées *de Pascal*, Presses de l'Université de Laval, Éditions du CIERL, 2010.

BJORNSTAD, Hall, *Twice written, never read : Pascal's* Mémorial *between superstition and* superbia, *Representations*, 124, Fall 2013, p. 69-95.

BOUCHILLOUX, Hélène, *Pascal*, Paris, Vrin, 1987.

BOURDIEU Pierre, *Méditations pascaliennes*, Paris, Seuil, 1997.

CANTILLON, Alain, « *Corpus pascalis* », *Yale French Studies*, n° 86 (1994), p. 39-55.

CANTILLON, Alain, *Le-pari-de-Pascal, Étude littéraire d'une série d'énonciations*, Paris, Vrin, EHESS, 2014.

CARRAUD, Vincent, *Pascal et la philosophie*, Paris, PUF, 1992.

CARRAUD, Vincent, *Pascal, des connaissances naturelles à l'étude de l'homme*, Paris, Vrin, 2007.

CARRAUD, Vincent, *L'Invention du moi*, Paris, PUF, 2010.

CERTEAU, Michel de, *La Fable mystique*, Paris, Gallimard, 1982.

CERTEAU, Michel de, « Mystique au XVIIe siècle, le problème du langage mystique », in *L'homme devant Dieu, Mélanges offerts au P. de Lubac*, Paris, Éd. Aubier, 1964, p. 267-291.

CHEVALLEY, Catherine, *Pascal. Contingence et probabilités*, Paris, PUF, 1995.

CHRÉTIEN, Jean-Louis, « Neuf propositions sur le concept chrétien de témoignage », in *Le Témoignage, Perspectives analytiques, bibliques et ontologiques*, *Philosophie* n° 88, hiver 2005, Paris, Les Éditions de Minuit, p. 73-94.

DESCOTES, Dominique, *L'argumentation chez Pascal*, Paris, PUF, 1993.

Dictionnaire de théologie catholique, A. Vacant, E Mangenot, E. Amann, Paris, Librairie Letouzey et Ané, 1923.

FERREYROLLES, Gérard, *Pascal et la raison du politique*, Paris, PUF, 1984.

FERREYROLLES, Gérard, *Les Reines du monde. L'imagination et la coutume chez Pascal*, Paris, Honoré Champion, 1995.

FERREYROLLES, Gérard, « Goldmann visionnaire », *Chroniques de Port-Royal*, n° 49 (2000), p. 71-86.

FERREYROLLES, Gérard, « Histoire et finalité : sur les origines du discours providentialiste au XVIIe siècle », *Seventeenth Century French Studies*, vol. 23, 2001, p. 1-14.

FERREYROLLES, Gérard, « La loi naturelle dans les *Provinciales* et les *Pensées* », Dominique Descotes et Gilles Proust (dir.), *« Le droit a ses époques ». De Pascal à Domat*, CD-Rom, Clermont-Ferrand, Presses Universitaires Blaise-Pascal, 2003, 1-13.

FERREYROLLES, Gérard, « La preuve et l'épreuve : statut pascalien de l'expérience », in *L'esprit des Lettres. Mélanges offerts à Jean-Pierre Landry*, Olivier Leplatre (dir.), Cahiers du GADGES, n° 8, Université Jean Moulin Lyon-3, 2011, p. 213-231.

FONTANIER, Pierre, *Les figures du discours*, Pierre Fontanier, *Les figures du discours*, Paris, Flammarion, 1977, p. 64.

FORCE, Pierre, « Maladies de l'âme et maladies du corps chez Pascal », in *Le corps au XVIIe siècle*, Actes du premier colloque conjointement organisé par la North American Society for Seventeenth-Century French Literature et le Centre International de Rencontres sur le XVIIe siècle, Ronald Tobin (éd.), Paris-Seattle-Tübingen, 1995, p. 77-86.

FRIGO, Alberto, « *"Notre âme est jetée dans le corps"*. Funzione e figure del corpo nelle *Pensées* di Pascal », *Alvearium* nº 5, Centro interdipartementale di studi su Descartes e il seicento, Università del Salento, Anno 5, numero 5, Ottobre 2012, p. 47-62.

GHEERAERT, Tony, « Les accidents de la vie. Maladie, traumatisme et création chez Blaise Pascal », *XVIIe siècle*, nº 255 (2012/2), p. 285-308.

GIMARET, Antoinette, *Extraordinaire et Ordinaire des croix : les représentations du corps souffrant, 1580-1650*, Paris, Champion, 2011.

GIOCANTI, Sylvia, « La Mothe Le Vayer : modes de diversion sceptique », in *Libertinage et philosophie au XVIIe siècle, 2. La Mothe Le Vayer et Naudé*, Publications de l'Université de Saint-Étienne, 1997, p. 33-48.

GOLDMANN, Lucien, « Le pari est-il écrit pour le libertin ? », in *Blaise Pascal, l'homme et l'œuvre, Cahiers de Royaumont*, Philosophie, nº 1, Éditions de Minuit, 1956, p. 111-131.

GUENANCIA, Pierre, « Remarques sur le corps comme figure chez Pascal », in *Les significations du corps dans la philosophie classique*, Chantal Jaquet et Tamas Pavlovits (dir.), Paris, L'Harmattan, 2004, p. 91-105.

GUENANCIA, Pierre, *Divertissements pascaliens*, Paris, Hermann, 2011.

GUION, Béatrice, « De l'abandon à la méditation : représentations de l'espace intérieur à Port-Royal », *Études littéraires*, vol. 34 (2002), p. 39-53.

HOUSSET, Emmanuel, « L'objet du témoignage », in *Le Témoignage, Perspectives analytiques, bibliques et ontologiques*, *Philosophie* nº 88, hiver 2005, Paris, Les Éditions de Minuit, p. 145-158.

ICARD, Simon, *Port-Royal et saint Bernard de Clairvaux (1608-1709), Saint-Cyran, Jansénius, Arnauld, Pascal, Nicole, Angélique de Saint-Jean*, Paris Champion, 2010.

ICARD, Simon, *Le Mystère théandrique*, Paris, Champion, 2014.

JOUSLIN, Olivier, *« Rien ne nous plaît que le combat », La campagne des* Provinciales *de Pascal, étude d'un dialogue polémique*, Presses Universitaires Blaise Pascal, 2007.

KOLAKOWSKI, Leszek, *Dieu ne nous doit rien. Brève remarque sur la religion de Pascal et l'esprit du jansénisme*, Paris, Albin Michel, 1997.

KOYANAGI, Kimiyo, « Cet effrayant petit livret… Expériences nouvelles touchant le vide de Blaise Pascal », in *Les Pascal à Rouen 1640-1648*, Colloque de l'Université de Rouen, 17, 18, 19 novembre 1999, GRHIS-UPRESA

6064-CERHIS, textes réunis par Jean-Pierre Cléro, Publications de l'Université de Rouen, 2001, p. 137-158.

LEDUC-FAYETTE, Denise, *Pascal et le mystère du mal*, Paris, Éditions du Cerf, 1996.

LE NOXAÏC, Armand, « Comment Blaise Pascal a pu envisager et réaliser l'expérience des liqueurs de Rouen », *Revue d'histoire des sciences* 2015/1 (Tome 68), p. 5-22.

LICOPPE, Christian, *La formation de la pratique scientifique. Le discours de l'expérience en France et en Angleterre (1630-1820)*, Paris, La Découverte, 1996.

LUNDWALL, Éric, *Les carrosses à cinq sols, Pascal entrepreneur*, Paris, Science infuse, 2000.

MACHEREY, Pierre, « Pascal et la Machine », intervention du 9/11/2005 pour le groupe d'études « La philosophie au sens large » de l'équipe *Savoirs, Textes, Langages* (UMR8163), http:// stl.recherche.univlille3.fr/seminaires/philosophie/macherey/macherey20052006/macherey09112005cadreprincipal.html (texte non paginé). Page consultée le 12 décembre 2014.

MARION, Jean-Luc, *Sur le prisme métaphysique de Descartes*, Paris, PUF, 1986.

MARION, Jean-Luc, *Sur la pensée passive de Descartes*, Paris, PUF, 2013.

MCKENNA, Antony, « Pascal et le corps humain », *XVIIe siècle*, n° 177 (oct-déc. 1992), p. 481-494.

MCKENNA, Antony, « Les *Pensées* de Pascal : une ébauche d'apologie sceptique », in Pierre-François Moreau (dir.) *Le scepticisme au XVIe et au XVIIe siècle*, Paris, Albin Michel, 2001, p. 348-361.

MCKENNA, Antony, « Pascal : le cœur et les passions », in *Libertinage et philosophie au XVIIe siècle, 4. Gassendi et les gassendistes et Les passions libertines*, Saint-Étienne, Publications de l'Université de Saint-Étienne, 2000, p. 209-217.

MCKENNA, Antony, « Le dilemme de l'apologétique au XVIIIe siècle », in Nicolas Brucker (éd.), *Apologétique 1650-1802. La nature et la grâce*, Berne, Peter Lang, 2010.

MÉCHOULAN, Éric, « La question de la répétition dans les *Pensées* de Pascal », in Ziad Elmarsafy (dir.) *Philosophies of Classical France / Philosophies au siècle classique en France*, Berlin, Weidler Buchverlag, 2001, p. 183-190.

MESNARD, Jean, « Structures binaires et structures ternaires dans les *Pensées* de Pascal », *Littératures classiques*, n° 20, supplément 1994, p. 45-58.

MESNARD, Jean, « Le thème des trois ordres dans l'organisation des *Pensées* », in *La culture du XVIIe siècle. Enquêtes et synthèses*, Paris, PUF, 1992.

MESNARD, Jean, « Histoire secrète de la recherche pascalienne au XXe siècle », in *Pascal, New trends in Port-Royal studies*, Actes du 33e congrès annuel de la North American Society for Seventeenth-Century French Literature, tome I, Arizona State University (Tempe) May 2001, David Wetsel et

Frédéric Canovas (éd.), Biblio 17 – 143, Gunter Narr Verlag Tübingen, 2002, p. 13-38.

MICHON, Hélène, *L'Ordre du cœur : philosophie, théologie et mystique dans les* Pensées *de Pascal*, Paris, Champion, 1996.

MOREAU, Pierre-François, *Spinoza. L'Expérience et l'Éternité*, Paris, PUF, 1994.

MOROT-SIR, Édouard, *La métaphysique de Pascal*, Paris, PUF, 1973.

ORCIBAL, Jean, *Études d'histoire et de littérature religieuses,* XVIe *–* XVIIIe *siècles*, Paris, Klincksieck, 1997.

PAPASOGLI, Benedetta, *Le « fond du cœur », Figures de l'espace intérieur au* XVIIe *siècle*, Paris, Champion, 2000.

PARKER, Thomas, *Volition, Rhetoric and Emotion in the Work of Pascal*, New York, London, Routledge, 2008.

PAVLOVITS, Tamas, « Corps et connaissance chez Pascal », in *Les significations du corps dans la philosophie classique*, Chantal Jaquet et Tamas Pavlovits (dir.), Paris, L'Harmattan, 2004, p. 107-124.

PAVLOVITS, Tamas, *Le rationalisme de Pascal*, Paris, Publications de la Sorbonne, 2007.

PHILLIPS, Henry, « Pascal et les *Pensées* : Négligence de la douleur, douleur de la négligence », *Ull Critic*, n° 9-10 (2005), p. 231-243.

RABOURDIN, David, Pascal, *Foi et Conversion*, Paris, PUF, 2013.

RICŒUR, Paul, *La Métaphore vive*, Paris, Seuil, 1975.

SADOUN-GOUPIL, Michelle, « L'œuvre de Pascal et la physique moderne », in *Revue d'histoire des sciences et de leurs applications*, 1963, tome 16 n° 1, p. 23-52.

SCHAFFER, Simon, et SHAPIN, Steven, *Leviathan et la Pompe à air, Hobbes et Boyle entre science et politique*, 1985, Paris, La découverte, 1993.

SELLIER, Philippe, *Pascal et saint Augustin*, Paris, Armand Colin, 1970.

SELLIER, Philippe, « Pour une poétique de la légende : *La vie de Monsieur Pascal* », in *Chroniques de Port-Royal*, 31, 1982, p. 51-65.

SELLIER, Philippe, *Port Royal et la littérature I, Pascal*, Paris, Champion, 1999.

SELLIER, Philippe, « Pascal : imaginaire et théologie », in *Pascal, New trends in Port-Royal studies*, Actes du 33e congrès annuel de la North American Society for Seventeenth-Century French Literature, tome I, Arizona State University (Tempe) May 2001, David Wetsel et Frédéric Canovas (éd.), Biblio 17 – 143, Gunter Narr Verlag Tübingen, 2002, p. 39-57.

SHIOKAWA, Tetsuya, *Pascal et les miracles*, Paris, Nizet, 1977.

TAYLOR, Charles, *Les Sources du moi*, Paris, Seuil, 1998.

THIROUIN, Laurent, *Le Hasard et les Règles, Le modèle du jeu dans la pensée de Pascal*, Paris, Vrin, 1991.

THIROUIN, Laurent, « Se divertir, se convertir », in *Pascal, auteur spirituel*, Dominique Descotes (dir.), Paris, Champion, 2006, p. 299-322.

INDEX NOMINUM

TABLE DES MATIÈRES